成人(网络)教育系列规划教材

CHENGREN (WANGLUO) JIAOYU XILIE GUIHUA JIAOCAI

银行营销管理

YINHANG YINGXIAO GUANLI

主　编　罗　军
副主编　阮小莉　尹志超

西南财经大学出版社
Southwestern University of Finance & Economics Press

成人（网络）教育系列规划教材
编 审 委 员 会

总 序

随着全民终身学习型社会的不断建立和完善，业余成人（网络）学历教育学生对教材的质量要求越来越高。为了进一步提高成人（网络）教育的人才培养质量，帮助学生更好地学习，依据西南财经大学成人（网络）教育人才培养目标、成人学习的特点及规律，西南财经大学成人（网络）教育学院和西南财经大学出版社共同规划，依托学校各专业学院的骨干教师资源，致力于开发适合成人（网络）学历教育学生的高质量优秀系列规划教材。

西南财经大学成人（网络）教育学院和西南财经大学出版社按照成人（网络）教育人才培养方案，编写了专科及专升本公共基础课、专业基础课、专业主干课和部分选修课教材，以完善成人（网络）教育教材体系。

由于本系列教材的读者是在职人员，他们具有一定的社会实践经验和理论知识，个性化学习诉求突出，学习针对性强，学习目的明确。因此，本系列教材的编写突出了基础性、职业性、实践性及综合性。教材体系和内容结构具有新颖、实用、简明、易懂等特点；对重点、难点问题的阐述深入浅出、形象直观，对定理和概念的论述简明扼要。

为了编好本套系列规划教材，在学校领导、出版社和其他学院的大力支持下，首先，成立了由学校副校长、博士生导师丁任重教授任主任，成人（网络）教育学院院长唐旭辉研究员和出版社社长、博士生导师冯建教授任副主任，其他部分学院领导参加的编审委员会。在编审委员会的协调、组织下，经过广泛深入的调查研究，制定了我校成人（网络）教育教材建设规划，明确了建设目标，计划用两年时间分期分批建设。其次，为了保证教材的编写质量，在编审委员会的协调下，组织各学院具有丰富成人（网络）教学经验并有教授或副教授职称的教师担任主编，由各书主编组织成立教材编写团队，确定教材编写大纲、实施计划及人员分工等，经编审委员会审核每门教材的编写大纲后再编写。

经过多方的努力，本系列规划教材终于与读者见面了。在此之际，我们对各学院领导的大力支持、各位作者的辛勤劳动以及西南财经大学出版社的鼎力相助表示衷心的感谢！在今后教材的使用过程中，我们将听取各方面的意见，不断修订、完善教材，使之发挥更大的作用。

西南财经大学成人（网络）教育学院

2009 年 6 月

前 言

  银行要把金融产品顺利地传递到客户手中、实现自己的经营目标，需要树立先进的营销观念，积极开展市场营销活动，重视和加强营销管理。特别是在我国国民经济持续增长、对外开放不断深化、金融竞争日趋激烈的今天，更需要我国的银行不断提高营销管理的水平，从而提供更多的产品和服务来满足社会日益增长并不断变化的金融需求，在竞争中站稳脚跟、持续发展。

  银行营销管理是一门理论和实践并重的学科，内容非常丰富。同学们在学习过程中既要掌握有关营销管理的基本理论、策略和方法，又要理论联系实际，通过案例分析、调查研究等方式，紧密结合国内外银行业营销活动的历史和现状，才能真正学好这门课程。

  本书由罗军主编、总纂，阮小莉、尹志超任副主编，参加编写的人员有：罗军、唐娟、夏灏铨、周迪（第一章、第四章、第六章、第九章）；阮小莉、马俊、浦文剑（第七章、第八章）；尹志超、蒲伶俐（第二章、第三章、第五章）。

  在本书编写过程中，我们参考了大量相关的著作、论文等资料，并听取了西南财经大学金融学院、工商管理学院许多教授的建议，特别是金融学院李燕君副教授对全书的体系设计及写作都提出了宝贵的意见。西南财经大学成教学院、出版社的领导及杨国富老师、李玉斗老师也给予了我们大量的帮助，在此对他们一并深表谢意。

  限于编写人员的水平，书中的错误和疏漏在所难免，敬请各位专家、读者指正。

编者

2010 年 6 月

目　录

第一章　银行营销管理导论

中国加入世界贸易组织后，经济全球化趋势进一步扩大，金融贸易自由化已成为一种主导趋势。外资银行的进入，促使中国金融市场的进一步活跃，国外银行超前的营销理念也随之进入我国，在这样的环境背景下，我国银行界要在激烈的市场竞争中获胜，就必须系统地学习研究国外银行营销的成功经验，结合中国国情开展银行的市场营销，以全面提升我国银行的竞争力和企业形象。

第一节　银行营销的含义与特点

一、营销的含义

市场营销是一门发展中的新兴学科，20 世纪 50 年代以来，随着企业市场营销实践的不断发展，市场营销的定义也在不断变化，出现了众多定义。从微观角度出发的、能说明市场营销发展趋势的、具有代表性的市场营销定义如下：

定义 1——美国市场营销协会定义委员会（1960 年）的定义：市场营销是引导产品和服务从生产者到消费者或用户过程中的一切企业活动。这一定义，将"营销"等同于销售，它是产品生产出来后的一种企业营销活动。

定义 2——麦卡锡（E. J. Maccarthy）认为："市场营销是引导货物及劳务从生产者至消费者或使用者的企业活动，以满足顾客需求并实现企业目标。"

定义 3——美国市场营销协会（1985 年）定义："市场营销是指通过对货物、劳动和计谋的构思、定价、分销、促销的计划和执行过程，以创造达到个人和组织的目标的交换过程。"这一定义突出了"管理"，即市场营销过程包括了分析、计划、执行和控制等管理职能。

定义 4——美国彼得·F. 德鲁克（Peter F. Drucker）认为："市场营销是整个企业的活动，营销目的在于深刻认识和了解顾客，从而使产品或服务完全适合顾客的需要，而形成产品或服务的自我销售。"这一定义，充分体现了以顾客需求为中心的现代营销观念。

在这里，我们采用美国著名的营销学大师菲利普·科特勒（Philip Kotler）于 1994 年对市场营销所下的定义：市场营销是指个人或集体通过创造、提供出售并同别人交换产品和价值，以获得其所欲之物的一种社会和管理过程。

二、银行营销的含义

银行营销是企业市场营销在金融领域的发展。银行营销是指银行以金融市场为导向，利用自己的资源优势，通过运用各种营销手段，把可盈利的银行金融产品和服务销售给客户，以满足客户的需求并实现银行盈利最大化为目标的一系列活动。

银行营销也是一种营销活动，具有一般产品营销的共性：必须面对市场，了解市场需求、了解竞争者，通过交换比竞争对手更好地满足目标顾客的需求，并在长期的经营中建立和发展良好的关系；必须注重对营销过程的管理，通过分析、计划、实施和控制来提高营销的总体水平；必须注重营销的社会性，兼顾消费者利益、企业利益和社会整体利益。

三、银行营销的特点

由于银行是一种特殊的企业，它与一般工商企业存在着诸多区别，所以银行营销具有自身的特点。银行营销既要灵活应用一般企业营销的经验，又要适合银行自身的特点。

1. 直面营销

首先，银行提供的产品从本质上讲是无形的服务。无形的金融服务是客户在购买之前没有办法利用感觉器官来感受其价值及使用效果的，客户只有在接受服务的过程中才能感觉到金融服务的好坏及价值。其次，银行金融服务的生产（产品的提供）与消费（服务的分配）在时空上是不能分离的，消费囿于生产过程中，两者是同步进行的。同时，金融服务既不能被储存，也不能被运输。金融服务产品的这种无形性与不可分离性促使银行服务营销基本上采用直接销售渠道，向客户面对面地销售各类金融服务。因此，银行机构通过其各营销网点的工作人员在与顾客接触和为顾客服务过程中因地、因时、因人，自然而然地向顾客介绍其新的金融产品，往往会不经意间使顾客改变态度，认同或接受新的金融服务产品。这种面对面的直面营销更具有针对性和渗透性。根据该特点，银行应加强网点规划与网络建设，方便客户接受各类金融服务。

当然，近些年随着技术的进步，信用卡、自动取款机等的广泛应用，网络银行、电话银行、自助银行的迅速发展也使金融产品的提供与服务的分配出现一定程度的分离，因而间接分销渠道也必须受到银行管理者的高度重视。

2. 注重形象

由于金融服务产品具有同质性与易模仿性的特点，因而依靠产品自身的差异性来建立竞争优势是很困难的。这就促使银行营销竞争焦点从金融产品本身转移到服务现场的形象塑造上，攻心为上、吸引客户。现场形象"包装"由 3 个层面构成：①物质条件。这是指营业场所硬件，包括银行的地理位置、建筑物宽敞明亮程度、治安安全等级、服务设施完善方便、门面装潢、柜台设置等。②服务水平。这在银行营销中尤为重要，是构成核心竞争力极其重要的因素，包括银行服务人员的衣着、精神面貌、语言态度、面部表情、行为举止、工作效率等。③信息展示。它对顾客接受服务有着重要的引导作用。这个层次主要是指各种金融产品的宣传手册的获取、服务流程提示、服务项目内容与定价及广告等。

　　3. 专业性要求强

　　银行客户对服务的需求往往具有多方面性，且专业性较强，要求银行营销人员具有广泛的专业知识，在金融服务过程中能够自如地处理各种问题，让客户满意，如回答客户的各种问题，消除客户的种种疑虑，充当客户的投资顾问或参谋，帮助客户分析、计算、推测和谋划。为了提高服务质量，增强竞争能力，银行需要大量雇佣各种专家型人才。在一定意义上，银行的竞争就是人才的竞争。

　　4. 注重品牌营销

　　随着金融新产品的不断开发与品种的逐渐繁多，品牌营销在银行营销中就显得比金融产品的功能营销更重要。由于同一类金融机构提供的服务，其功能都是大致相同的，顾客在接受金融服务时往往首先不是被金融产品功能带来的服务盈利或便利所吸引，而是被熟知的品牌所吸引，如招商银行"金葵花理财"、中国民生银行"非凡理财"就在银行理财市场中形成了自己的品牌效应。

　　5. 营销风险大

　　银行营销对象是货币资金及各种金融服务。银行对集中起来的资金大多数只拥有使用权，到期必须足额偿还并支付利息；银行的贷款业务也要求借款人到期按时足额偿还贷款并支付利息。这些信用特征使得银行的营销面临着比一般企业更大的风险。这些风险包括借款人到期不能或不愿归还款项的违约风险，由于市场利率变动引起的价格风险，由于汇率变化带来的外汇风险，国家政策改变导致的政策风险等。银行营销人员在营销活动中必须十分注意这些风险。银行在业务的扩张、分支机构的设立及金融产品的销售中都要认真考虑自身的风险承受能力，避免出现大量损失。

　　6. 强调整体营销

　　由于金融产品及服务的特殊性，客户对金融产品及其知名度的认识是从了解银行机构开始的。只有在顾客对银行产生认同和信任的基础上，才能接受其提供的金融服务。因此，银行的市场营销比一般企业的市场营销更注重机构自身的整体营销。

第二节　银行营销的内容和营销观念

一、银行营销的内容

　　关于银行市场营销的内容，可以按照菲利普·科特勒教授的分析，大致归纳为十个"P"，即属于营销战略计划的四个"P"，属于营销战术的四个"P"，以及为了实现营销目标，特别是国际市场营销目标，还必须掌握和运用的另外两个"P"。

　　（一）属于营销战略计划的四个"P"

　　1. 第一个"P"是探查（Probing）

　　探查就是要调查研究市场，对金融市场进行衡量和预测。它主要包括三方面的内容：

（1）银行应认清自己所处的市场营销环境，包括宏观环境和微观环境，特别是竞争对手的状况并从中发现对自己有利的市场机会，弄清自身优势。

（2）银行应了解金融市场的现状，客户的金融需求和购买行为，并对市场进行衡量，弄清银行金融产品的市场需求的大小，市场潜力如何，客户需要金融产品的种类、数量、时间、条件和方式等。

（3）科学地预测金融市场的未来，为营销决策提供坚实的基础。

2. 第二个"P"是划分（Partitioning）

划分就是要区分不同类型的客户，对金融市场按照一个或多个因素进行细分。由于不同的顾客具有不同的金融需求、不同的购买行为，因而有必要对银行营销的市场进行细分，以便银行能为具有某些相同偏好的顾客群提供相应的金融产品及营销组合。任何一家银行都不可能为金融市场上所有的顾客服务，满足他们的一切需要，因此他们就必须对金融市场进行细分，并从中找出适合银行自身并能使其获利的细分市场作为自己的目标市场。银行细分金融市场可按照不同的因素进行，如对于个人客户可按照地理因素、人文因素、心理因素、行为因素等进行细分；对于企业（团体）客户则可按地理因素、企业规模、行业类型等进行细分。

3. 第三个"P"是优先（Prioritizing）

优先即是选择目标市场。银行在对各细分市场进行综合评价的基础上，结合本企业的资源条件、市场机会、竞争优势以及企业目标，从中选择出能为自己带来最大利润的、本企业能为之提供良好服务的细分市场，作为自己的服务对象。

4. 第四个"P"是定位（Positioning）

定位就是银行按照其实际业务范围，在顾客心目中找到一个特定的位置，树立富有个性的、独特的企业形象。定位的目的在于帮助顾客了解竞争银行之间的真正差异，以便与其他银行区分开来。

（二）属于营销战术的四个"P"

1. 产品（Product）策略

银行的金融产品是指其向市场提供的能满足人们金融方面的需要的，与货币和信用联结在一起的一切东西，它既包括无形的各种服务如咨询服务，也包括一些有形的东西如贷款，但从本质上讲，金融产品是一种服务，因为金融产品具有服务所有的一切特征。银行的某种金融产品可能只包含一项服务，也可能包含着一系列成套的服务。银行的金融产品即包括各类资产业务如贷款、贴现、投资等，也包括各类负债业务如各种存款、借款、金融债券及 CDS（可转让大额存单）等，还包括各种中间业务如结算、信托、租赁、保管、代收代付等，当然也包括在以上这些业务基础上产生的各种创新业务如各种表外业务等。

金融产品是银行开展市场营销活动的基础。银行应该开发出尽可能多的金融产品来满足客户多样化的金融需要。银行在开发金融产品时，最方便的方法是模仿，即模仿国内外银行已有的产品项目，加以适当调整、修改与补充，成为本行的新产品，如我国商业银行开发的"银团贷款"、"抵押贷款"、"押汇"等就是仿效国外做法而来；

再一种方法就是交叉组合法，将两个或几个原有产品结合改造而成，如"定活两便存款""存款一本通"等均是；最后，还有一种方法就是创新法，通过创新获得全新的金融产品，由于金融产品极易被竞争对手模仿，不能申请专利，因而银行要想拥有新产品的差别优势，就必须不断创新。

2. 地点（Place）策略

银行的分销渠道具有多种形式，除最普通的分支机构、营业网点外，建立在现代通讯和电脑网络基础上的新型渠道已经崛起，如 ATM、POS、网上银行等，另外，代理行、代办点、行际通存通兑、同业联盟等均属分销渠道范围；在时间的分销安排方面，有正常营业的，有全天候营业的，也有节假日照常营业的。分销渠道畅通，才能广泛地吸收存款、发放贷款、推销各种产品和服务，分销渠道的多样化、广布性和密集性是扩大金融产品销售必不可少的条件。当然，分销渠道的设置要讲求经济效益，避免盲目追求数量，不讲质量的做法。

3. 促销（Promotion）策略

促销是银行运用各种手段，将金融产品推向社会，让顾客了解有关信息，知道购买力所在，从而引起顾客的兴趣，激发他们购买的欲望，促使其作出购买决定，以扩大金融产品的销售。

银行的促销方式是多样的，它包括广告促销、人员促销、销售促销、公共宣传和公共关系等，恰当地运用促销策略可以大幅度地增加销售，增加顾客忠诚度，树立企业良好的形象。

4. 价格（Price）策略

金融产品的价格是一个敏感的问题。定价过高，会抑制需求；定价过低，又影响效益。同时，金融产品的价格受政策因素制约较强，政府管制较多，因而合理定价收费就应当充分考虑各种因素，严格遵守有关法规。

金融产品的定价要考虑的因素很多，如成本、产品特性、风险度、市场需求状况、市场上同类产品的价格等。制定价格的方法也是多样的，可根据成本定价，也可根据需求或价值定价，还可根据竞争情况定价。当然，无论采取哪种方法都必须以遵守有关金融法规为前提，在政策允许的范围内适当调节价格，充分发挥价格的杠杆作用促进银行既定目标的实现。

（三）银行实行跨国经营所必须重视的另外两个"P"

按菲利普·科特勒教授的"大市场营销"理论，银行开拓国际市场，进行跨国经营，还需要运用另外两个"P"：一是政治或权力，也就是企业营销人员必须了解东道国的政治、法律环境，与东道国政府打交道。银行要到外国设立分支机构，开拓业务，不仅要与东道国的金融和工商管理的主管部门打交道，甚至还须同立法机构打交道，只有这样，才能有效地在东道国站稳脚跟，发展金融业务。二是公共关系，银行的营销人员还要善于处理好公共关系，使该银行在东道国公众心目中树立良好的形象，使人们对该银行的金融服务产生好感，培养和提高东道国公众对该银行的忠诚程度。

此外，由于商业银行属于金融服务业，因此有学者认为作为服务营销其内容有必要增添更多的要素，还应该包括：人、有形展示和过程。

1. 人（people）

银行营销成功与否与人员的素质有紧密联系，银行服务人员的内在素质、精神风貌、仪容仪表、服务水平等都会对银行营销的效果带来重大影响，客户对银行的评价会因员工素质的不同而大不相同。人员是银行营销策略的重要组合因素。银行应从员工招聘、在职员工培训、员工激励等一系列问题上多下功夫，营造良好的用人环境，实现人尽其才，人尽其用，不仅能吸引人才，更要能留住人才。同时，在银行服务过程中，顾客与顾客之间的接触程度及相互关系也应予以重视。一个顾客对银行服务产品质量的认知，很可能是受到其他顾客的影响，因此，银行营销管理者应当考虑如何进行顾客与顾客间相互影响方面的质量控制。

2. 有形展示（physical evidence）

银行无形的服务需要通过有形的元素来进行展示。有形展示包括的要素有：实体环境以及提供时所需要的装备实物（银行建筑、装修、颜色、陈设、声音、计算机、服装等），还有其他的实体性线索（标志、标示等）。一个银行如果拥有良好的营业场所、先进的电子设备，使客户能在舒适安静的环境中接受准确、周到、快捷的服务，这无疑会给客户留下美好的印象，银行的产品无疑会在客户心目中加分，更利于销售。

3. 过程（process）

银行营销过程即是银行服务的传递过程，合理组织、协调控制银行营销过程对银行也十分重要。营销活动涉及的环节较多，各环节应该是紧密相连、协调统一，任何环节的出错都会影响到营销的整体效果。因此过程管理十分必要。只有正确做出过程管理的决策，将各部分、各环节有效组织起来，进行灵活的协调，才能使银行的营销过程更完善，营销效率更高。

进入 20 世纪 90 年代以后，随着市场营销的发展，银行营销传统的"4P"又逐渐受到"4C"的挑战，4C 是指：把产品先搁到一边，银行应该加紧研究顾客的需求和欲望（Consumer wants and needs），不要再卖所制造的产品，要卖顾客所确定想购买的产品；暂时忘掉定价策略，快去了解顾客要满足其需要与欲求所须付出的成本（Cost）；忘掉分销策略，应当思考如何给客户方便（Convenience）以购买产品；最后，请忘掉促销，20 世纪 90 年代正确的词汇是沟通（Communication）。

二、营销观念

企业营销观念是指企业从事营销活动的指导思想或经营哲学。其核心是企业"以什么为核心"从事营销活动。任何企业或组织的营销，都是在一定的营销观念指导下进行的。然而，由于企业面临的营销环境的差异，导致了企业在不同的环境下，便产生了不同的营销观念，不同的营销观念又会导致产生不同的营销行为，不同的营销行为又会导致不同的营销后果，最终形成促进企业营销成功或导致企业营销的失败。

银行营销活动自从产生以来，在其发展的每个阶段，都与银行营销观念的转变存在着密切的关系。因此，银行要在激烈的市场竞争中获胜，关键在于能否树立正确的营销观念。

银行的营销观念，主要包括以下四大支柱：客户导向、利润、全公司的努力和社会责任，如图1-1所示。

图1-1 银行的营销观念的四大支柱

（一）客户导向

20世纪60年代美国营销学教授西奥多·莱维特提出了"客户导向"概念，不仅是企业营销观念的创新，同时也是指导企业营销实践的指南。由于市场竞争激烈，消费者需求的多变，企业要吸引客户，就必然要确立"以市场为导向，以客户需求为中心，一切让客户满意"的营销观念。这就要求企业要重视客户需求的调研分析，能够及时地发现客户需求，并积极地满足客户需求，提高客户需求满足的程度，实现稳固客户的目标。

20世纪70年代，西方银行界也开始接受以客户为导向的营销观念，成为指导银行从事营销活动的指导思想。银行推行营销观念的关键是如何发现客户的金融需求，通过提供能够满足客户需求的金融产品，以实现银行的经营目标。

银行在推行客户导向营销观念时，应从以下两个方面引起高度重视，以便将营销观念落到实处。

1. 重视客户需求

银行营销中，不仅要研究客户的现实需求，更应重视潜在需求，从整体上满足客户的需求；不仅把客户需求的满足作为银行营销的出发点，而且应将满足客户需求贯穿于银行营销的全过程，渗透于银行营销的各部门，围绕营销进行银行组织机构及业务流程重组，以适应市场环境的变化，为银行的生存与发展创造良好条件。

2. 为客户谋求长远利益

客户导向营销观念要求银行的营销活动要立足当前，着眼于未来。要做到这一点，银行营销不仅要满足客户需求，而且要使客户满意，以树立银行良好形象，激励客户重复购买，培育真诚客户，掌握客户资源，优化提升客户资源结构，并将这一观念贯穿于银行营销的全过程。

（二）利润

营销观念并不意味着客户满意是一个企业唯一的目标。营销观念并非一种以牺牲企业利益帮助客户的慈善理论。与此相反，营销观念认为要达到利润目标就必须在消费者满意和追求利润之间取得平衡。实际上，只有使客户满意，企业才能够最有效地实现利润目标。

营销上非常成功的企业总是根据消费者的需要和要求寻求最为有效的资源分配途径。一家银行可以通过提供无需支付手续费、服务费或取消最低余额限制的支票账户来提高客户的满意程度。然而，支票账户是银行中成本最高的产品之一，如此定价是不可取的。从市场营销的角度看，理想的方式应该是设计与支票有关的各种账户以满足客户的需要和要求，然后选取既可使银行获取利润又可最大限度地满足消费者需求的服务费和最低余额的组合。现在许多银行都提供一系列的支票账户服务，从基本的价格低廉但享受最简单服务的账户到需要保持很高的余额但提供诸如红利利率和优惠贷款利率多种附加服务的各种生息账户。客户对价值形成的概念也是使客户满意的一个重要因素。在客户看来，那些使其支票账户具有最高价值的银行能够以略高于其竞争对手的价格吸引更多的客户，客户对银行越满意，银行的手续费收入和存款就越多，收益也就越高。

（三）全公司的努力

营销观念必须成为整个企业而不仅仅是营销部门的指导思想。与其他企业一样，对银行来说，有效地统一和协调员工行动的重要性也是基于这样一个简单道理之上的：员工即企业。客户每次与员工接洽业务之时，也就是银行开展营销之机。当一名出纳员和客户打招呼的时候，他实际上已经在做营销工作了。如果这名出纳员言行无礼，那么在客户看来这家银行就很无礼。问题并不在于这名出纳员是否应该参与营销——因为出纳工作本身就是营销，问题在于出纳员是否有效地对银行的服务进行了营销。将营销观念有效地融入银行的整体运作之中，增加了使出纳工作以及其他所有工作都与营销观念保持一致的可能性。

以客户为导向的观念是不会自发产生的，必须经过管理者的培养。必须由最高管理层作出使客户满意的承诺并予以支持，同时还要依靠一种银行一切工作均以客户为中心的企业文化来实施。以这种方式来推行营销观念就通过一个共同的目标将多个不同部门的员工联系在了一起，银行的每个部门都会在某种程度上将自己看作在为客户服务。在一家以市场为导向、以客户为中心的银行里，所有的员工都明白，"如果你不直接服务于客户，那么你就在为那些直接服务于客户的员工提供服务"。

（四）社会责任

社会责任是营销观念的一个重要组成部分，对银行来说尤其如此。银行是直接服务社会的窗口行业，银行的营销活动应直接体现其社会意识和社会伦理准则，要突出公众意识，突出社会责任、以明确的社会导向赢得客户的信任。要树立正确的"义利观"，坚持"德、业"并举，"义、利"双赢。对内，整合营销资源，明确市场定位，防范各类风险，实现利润最大化和"与员工共成长"这一最高价值；对外，以实现"与客户共发展"、"与社会共进步"为最高价值，以诚实守信，服务公众，奉献社会为行为准则，追求客户价值与自身价值最大化的统一。

第三节　银行营销的产生与发展

银行营销是商品经济发展到一定阶段后出现的产物。随着经济的发展，银行营销不断走向成熟，其内容也在不断完善。当然，推动银行营销日益深化的原因也是多方面的。

一、银行营销的发展过程

银行营销的产生是社会经济发展的必然结果，纵观西方国家银行营销管理发展的历史，它的发展主要经历了六个阶段，在每一个阶段，人们对银行营销的理解、评价及运用等各方面都存在着差异。

（一）广告与销售促进阶段

营销进入银行界并不是以"营销观念"为导向的。20 世纪 50 年代末，美国的一些银行开始借鉴工商企业的做法，在个别竞争激烈的业务上采用广告与促销手段。他们通过赠送雨伞、收音机等小礼品来吸引更多的顾客。面对日益加剧的竞争，许多对手也纷纷开始效仿，加大了广告与促销的力度。这一时期的手段主要是广告促销。这时银行家们还只是把市场营销管理人员的工作看做是从事创造性活动，设计招贴广告与手册，策划精美的创意，也就是说，他们眼中的市场营销更接近于艺术，而非科学。

（二）友好服务阶段

银行发现自己靠广告促销带来的优势很快为竞争对手效仿所抵消，他们感到除了吸引客户以外，更重要的是使客户变得忠诚。于是，银行开始要求银行职员学会微笑，并移走柜台前面的栏杆，以营造一种温暖、友好的气氛。这对银行的影响是迅速而有效的，结果是绝大多数银行都改变了以前冷漠、高高在上的态度，变得亲切感人，以至于人们很难以服务态度来选择银行了。

（三）金融创新阶段

20 世纪 70 年代，许多银行开始意识到经营业务的本质是满足客户不断发展的金融需要，于是不断从创新的角度向顾客提供新的金融产品，如信用卡业务、共同基金、货币互换、利率互换等。应该说，这时银行已意识到了金融企业与一般商业企业一样，只有不断满足客户的需要才是生存发展之道，这已接近了现代市场营销的本质。但银行家并未从更深层次上认识到市场营销是一个系统工程，不仅仅是一两次创新，必须探求营造银行自身竞争优势的战略措施。

（四）金融服务定位阶段

当所有银行都注重广告促销、微笑服务和创新时，它们又回到了竞争原点，这时银行家们开始认识到竞争优势应是一个银行自身独有的、不易被其他银行模仿复制的特殊优势。他们发现没有一家银行可成为全能银行，能满足所有客户的要求。管理先进的银行应当在本行业中寻找合适自己的目标市场，把自己与其他银行区分开来。这一时期，许多银行纷纷确立自己的形象与服务重点，或定位于大客户、大公司、或定位于中小企业。明确市场定位表明了银行营销已经进入了战略竞争阶段。

（五）营销管理阶段

随着金融市场竞争的日趋激烈，前沿的市场营销理论开始被运用于银行经营管理。先进的银行发现，如果一家银行在广告、服务、创新、定位等方面都很完善，但若整体缺乏一个健全的计划和控制管理体系，那么银行只能获得短暂的成功。长期的成功应建立在制度、组织和人力资源管理的基础之上，通过一整套的营销分析、计划、执行、控制，使银行营销管理贯彻于经营活动的全过程。

（六）情感营销阶段

近些年来，随着银行业务由卖方市场转向买方市场，银行之间的业务竞争变得越来越激烈，国际上大多数银行为了应付日益激烈的竞争，逐渐开始重视情感在银行营销中的积极作用。

银行情感营销是指以情感为基本纽带，在银行、员工和客户之间建立长期、持续、稳定和互动的关系；以情感为基本元素，使银行的金融产品更加体现个性化和人性化，进而实现银行间的差异化竞争；以情感为整合手段，将情感渗透到银行营销各环节，对传统银行营销理念、模式和流程等再造，从而全面提高银行金融产品的有效价值。

相对于传统的银行营销而言，银行情感营销有两大典型特征：一是"情感"力量。情感营销不是"情感"和"营销"两个单词的简单组合，而是两者的高度融合，体现了一种新的营销理念。它更好地吻合了人类最富有情感、情感左右行为的心理特性和社会属性，使得银行营销更能打动人心；它充分利用了情感不易模仿的特性，使得银行营销更富有个性。二是情感营销追求客户、员工和银行的三方满意。不同的营销理念差异源于对客户、员工和银行三方利益重视程度的不同。过去的银行营销是以银行为中心，目前的银行营销强调以客户为中心。而情感营销侧重客户、员工和银行三者之间的利益均衡及关系和谐。

银行情感营销的基本要素包括营销基础（Foundation）、服务期望（Expectation）和服务体验（Experiment）等构成的服务感知、倾听（Listen to）、互动（Inter act）、情感培育（Nurture）、情感营销目标（Goal）。它们的英文首写字母恰好能够组成一个与情感营销内涵紧密呼应的英语单词："FEELING"。上述七大基本要素的有机组合同时也构成了银行情感营销的基本模式。由于其呈链状结构，故可称之为"银行情感营销链"。

营销基础是指情感发挥作用所需具备的外部条件和辅助支持。它有两层含义：一是银行产品必须性能可靠、价格合理。因为即使情感力量再大也不能营销劣质或价格高得离谱的产品。二是情感营销需要银行内部相关资源的支持。营销基础也是情感营销的起点。各种性能可靠、价格合理的银行产品、银行品牌、银行形象等共同组成了情感营销的客体。正是通过情感营销，银行将这一客体顺利传递给客户。

情感的形成和其作用的发挥需要借助一定的载体和手段，主要是通过倾听、互动和情感培育来共同实现。倾听是指银行要真诚、耐心、细致、持续地了解客户需求和对银行产品的意见，这是贴近客户、服务客户的信息依据；互动是银行要努力让自身被客户充分理解，这样方可彼此包容，相互促进，最终形成亲密关系；情感培育则指针对目标客户和情感发展不同阶段的特点，采取相应培育措施。

情感营销必须面向银行的广大客户。客户对情感营销的反应主要来自服务期望和服务感知的对比。服务期望指客户在心目中所期望的银行服务应达到的水平；服务感知则指客户真实感受到的银行服务水平。服务期望和服务感知构成了情感营销发挥作用的两个基点，客户是否满意取决于两者的对比。

情感营销应该围绕一个目标来展开，它由客户满意、员工满意和银行满意三大目标有机构成。从三个目标之间关系看，员工是银行的化身，银行只有让员工满意，才能通过员工让客户满意；客户一旦满意，便会扩大对银行产品的购买，进而使得银行满意。可见，员工满意是客户满意的源泉，客户满意是银行满意的源泉。

二、银行营销发展的动因

(一) 宏观环境的变化是促使银行市场营销发展的根本原因

(1) 西方主要发达国家在经历了二战后二十多年的经济高速增长后，在 70 年代以后普遍出现了经济增长放慢，而通货膨胀高居不下的"滞胀"局面，这为银行开展市场营销提供了必要的经济环境。世界各国经济增长速度放慢使得工商企业对资金的需求相对减少，资金借贷市场从过去的"卖方市场"向"买方市场"转化，银行与工商企业之间的关系发生了变化；另外，二战后，由于西方国家大都推行凯恩斯主义的经济政策，靠扩大政府开支来刺激经济增长，这必然会造成巨额的财政赤字，政府不得不依靠大量发行国债来弥补，这就导致通货膨胀加剧，市场利率上升。国债的大量发行使西方国家证券市场迅速发展，经营证券买卖的证券商大获其利，而银行由于受到经济"滞胀"的影响，加之金融管制政策的束缚，其利润难以增长，在借贷市场上所占份额下降，银行贷款作为企业融资的主渠道地位被削弱。这一系列的变化迫使银行要主动寻找客户，利用广告、促销手段加强与顾客的沟通，创新金融产品，改善服务态度，开展市场营销。

(2) 金融管制的逐步放松，为银行开展市场营销提供了有利的政策环境。各国政府在经历了 1929 年世界性经济萧条，银行大规模破产倒闭风潮以后，60 年代之前大都对金融部门尤其是银行实施了不同程度的金融管制，如：规定银行存、贷款利率上限，规定银行与投资银行业务分开，禁止银行包销公司股票和企业债券等，这样，受到从严管制的银行为了获得业务的发展，取得更多的利润，就不得不千方百计地通过金融产品的创新来绕过法规的限制。20 世纪 70 年代以来，随着西方国家经济、金融的发展，在金融创新浪潮的冲击下，各国金融管制普遍放松，银行逐步摆脱了过去的种种限制，业务具有了很大的灵活性，经营范围扩大，这为银行市场营销活动的广泛开展铺平了道路，提供了良好的政策环境。

(二) 日益激烈的金融竞争是促使银行开展市场营销的动力

金融市场中的竞争是多方面的，它既有国内不同银行之间的竞争，又有国内银行与非银行金融机构之间的竞争；既有来自本国金融企业甚至非金融企业附属金融机构的竞争，又有来自外国的银行和非银行金融机构的竞争。随着政府金融管制的逐步减弱，金融业的竞争日趋激烈，金融业原有的专业分工界限被打破，各种金融企业间彼此业务相互交叉。一些新的综合性、多功能的银行的创建，原有银行通过联合、兼并等形式使经营规模扩大，都导致银行之间以及银行与其他金融机构之间在吸收存款、发放贷款、争夺市场份额、创新金融产品等方面的竞争不断加剧。任何一家银行为了站稳脚跟，求得生存和发展，都必须认真学习和掌握市场营销的原理和方法，运用各种营销策略和手段开展市场营销。

（三）客户多样化、高质量的金融需求是银行开展市场营销的催化剂

银行不同类型的客户，由于其行为方式不同，他们对银行提供的金融产品的种类、服务形式和手段的需求也往往存在着一定的差异。尤其是 20 世纪 70 年代以来，金融客户的需要日益向着多样化、追求高质量的方向发展。西方国家的个人客户一般都比较成熟，他们往往收入较高，受过高等教育，具备一定的金融知识，他们要求银行提供兼备安全性、流动性和盈利性的金融产品，要求形式多样的优质服务。而工商企业等单位客户在选择银行时，则在安全、方便性相同的情况下，更倾向于选择那些能提供一揽子、综合性、高质量金融服务的银行。这些银行往往在国内外都设有分支机构，能提供各种金融服务，其声誉卓著，形象优良。客户多样化、高质量的金融需要促使银行增加金融产品的品种，不断提高金融服务的质量，这也就推动了银行市场营销活动的开展。

（四）科学技术的进步为银行开展市场营销提供了有利的物质技术条件

20 世纪 70 年代以来，电子计算机和先进的通讯技术在银行业务中得到了广泛应用。这大大改变了银行传统的经营方式和操作手段，增强了金融信息的处理和传递能力，从而突破了原有的业务范围，为银行不断地开发新的金融产品，推出各种快捷、便利的金融服务项目提供了有力的物质保证和技术条件。如在美国，一些大的银行在60 年代就开始装备计算机，用于内部财务管理、市场分析和行业预测等；1969 年开始使用自动取款机，1971 年开始装备具有自动存款功能的存款机。与此同时，少数大商业银行实现了"第一次电子计算机综合联机化"，对全行的存、取款等业务进行综合业务处理；20 世纪 70 年代开始"第二次电子计算机综合联机化"实现了主要银行之间的资金划拨、汇款、清算的电子化，客户可以在所有参加联机的银行间实现通存通兑，当然这一切无疑极大地促进了银行市场营销的进一步发展。

第四节　银行营销在我国的应用

我国银行的营销行为的出现，是我国改革开放和金融体制改革深化的结果，特别是随着中国正式加入 WTO 后，银行对营销管理的需求更加迫切。在金融改革不断深化的今天，借鉴国外银行的成功做法，大力发展我国的银行营销具有积极的意义。

一、我国银行营销的产生与发展

我国银行营销的演变过程，同我国银行体制和银行体系改革基本同步，大致可分为如下五个阶段：

1. 无市场营销阶段

主要是指 1978 年以前的"大一统"阶段，人民银行仅仅是国家财政的出纳，银行功能非常单一，不存在经营问题。

2. 市场分割阶段

1979 年至 1984 年，我国相继成立了中国农业银行、中国银行、中国建设银行、中国工商银行四大国有银行，对金融市场进行了行政分割。这一阶段，金融市场处于严重的"卖方市场"，银行之间不存在任何形式的竞争，仅仅是一个地盘的划分，银行还不是商业银行，实质上是带有很大的行政色彩的权力机构，因此银行也就不存在营销问题。

3. 改善服务与促销竞争阶段

1984 年以后，我国银行体系和管理体制进行了突破性改革，商业银行与中央银行职能开始分离，四大国有银行出现了"工行下乡、农行进城、建行破墙、中行上岸"的格局，交通银行、中信银行、招商银行、广东发展银行、深圳发展银行等股份制银行相继成立，中国银行业的竞争开始出现。在这种环境背景下，银行开始具备了一定的商业银行性质，出现竞争，各银行开始重视服务的改善和进行零星的促销活动。

4. 金融创新阶段

1992 年后，随着我国经济体制改革的目标确立为要建立社会主义市场经济体制，四大国有银行真正开始商业化，并逐步推向市场。这时，银行开始重视金融产品创新和服务创新，以提高银行的竞争能力。在这一阶段，各银行都进行了营销管理理论在经营管理中的探索实践，从塑造银行形象、服务品牌的构建、业务功能的推广，到运用 CIS 战略、整合营销传播、品牌营销、关系营销和文化营销等，都在我国银行得到了不同程度的应用，也取得了一定的成效。

5. 营销的国际化阶段

随着 2001 年我国加入 WTO，我国银行业的国际化营销已非常迫切。一方面面临跨国金融机构进入中国营销本土化的挑战，另一方面我国银行进入国际金融市场营销。因此，银行一定要树立全球营销观念，在国际金融舞台上获得一席之地。

二、我国银行营销的必要性

随着我国市场经济的确立，银行经营的主体地位和经营环境发生了显著的变化。在继承和改进传统的经营方式、方法和手段的同时，认识和发展营销观念、加强营销管理无疑是促进银行效益不断提高的一种切实可行的途径。我国银行之所以要开展市场营销，主要是由于以下几个方面的原因：

1. 竞争的不断加剧

我国银行业过去被四大国有专业银行垄断的状况目前已发生了根本性变化。随着一些股份制银行的设立，信托投资机构、保险公司及财务公司等非银行金融机构的兴起，国有专业银行一统天下的格局已被打破，而外资金融机构的逐渐进入又构成对国有银行强有力的挑战。

此外，银行竞争不仅限于机构的设置，还涉及业务、人才、技术、手段、服务和形象等诸多方面。银行要想在激烈的竞争中确立自己的优势和地位，获得生存和发展，就必须依靠银行自身大胆、积极地引入营销手段，借助市场细分，寻找市场机会，不断调整经营方向和结构，采取多种经营策略，确立有利的竞争地位。

2. 银行产品买方市场的形成

随着我国经济的发展和国民收入分配结构的重大调整，储蓄与投资功能日益分离，投资主体和储蓄主体呈现多元化趋势。尽管目前间接融资在融资领域仍占主导地位，但伴随全球金融深化的加速，资本市场的逐渐发达，直接融资的比重将会进一步提高，从而导致银行产品销售市场份额下降，促使银行的产品从卖方市场转向买方市场。银行在自身垄断地位和市场环境发生巨大变化的情况下，必须转变经营观念，否则将被市场淘汰。

3. 消费需求的多元化

与改革前相比，目前已形成的包括国营、集体、股份制、中外合资、外商独资、民营、个体等多种经济形式并存的格局，必然会对公司银行产品提出多样化的消费需求。从居民个人来看，随着我国经济长期持续的增长，居民收入的增加以及社会福利和医疗保障及养老保险制度等方面的改革，居民储蓄存款动机也有很大的变化，居民个人对零售银行产品的需求也开始涉足贷款、个人理财等领域。在这种情况下，客观上要求银行必须积极地运用市场营销手段，以客户为中心，开发适应客户需要的银行产品，变被动为主动，最大限度地满足客户对银行服务多样化的需求，以此不断巩固和扩大自己的市场份额。

4. 金融监管的不断完善

随着金融体制改革不断深化，我国金融监管部门逐步加大金融监管力度，监管手段也日益多样化。金融监管机构开始严格规范银行市场中的竞争行为，依法制裁违规行为，并且对经营不善，甚至亏损严重的银行采取救助措施或逐出市场的严厉措施，从而促进银行经营管理由适应规模、指标、额度等各类硬性指令变为运用符合市场经济运行的营销手段和策略积极参与竞争，实现经营目标。这也是银行体系内部给银行开展营销管理施予的一种压力和动力。

三、当前我国银行营销中存在的问题

近年来，我国银行已经意识到了市场营销的重要性，并开始建立市场营销体系，但总体上还属比较低的层次，对市场营销的认识也不系统和全面，营销策略也比较零散，没有形成系统的营销组合。具体表现在以下几个方面：

1. 营销意识比较淡薄

近年来，面对外在的巨大压力，为适应新形势的发展，我国不少银行在经营过程中开始引入了市场营销理念，初步建立了市场营销体系，并采取了一些营销手段和措

施，如分销渠道的建立，广告和公关手段的应用等。但主动从事市场营销的意识还比较淡薄，从深层次来看，还没有真正摆脱传统的经营观念，以客户为中心的市场营销观念还未真正确立，对市场营销在银行中的地位还缺乏足够的认识，没有将其提高到应有的战略高度，因而使得市场营销的作用在我国银行中还没有充分发挥出来。

2. 对营销认识不全面

目前，我国不少银行对市场营销认识不足，在经营中仍带有较深的计划经济的痕迹，不愿做更深入的市场调研，不愿开拓新业务。简单地视市场营销为强化日常管理，将市场营销等同于推销，而不是根据客户的需求系统完整地制定市场营销策略。在经营机制上，把营销看做仅仅是市场部门的事情，造成银行内部各部门之间缺乏配合，影响银行整体合力的发挥。不愿进一步加大改革力度，以适应市场需要；在经营策略上虽也借用了营销概念，但往往又把营销当作推销，甚至有的银行为争存款，出现了给储户送礼品、赠券等违规行为。

3. 目标市场不明确

要想在激烈的市场竞争中处于不败之地，银行需要有准确的市场定位，并采取相应的市场营销策略，这样才有利于银行提供有自身特色的、个性化的服务。而我国银行的市场营销往往比较盲目，对市场环境变化不够敏感，缺乏主动性和创造性，对不同的现实顾客和潜在顾客的需求特点及其变化趋势的系统分析不够，从而无法科学地进行市场细分和选择目标市场。为了取得所谓的竞争优势，在许多业务领域投入大量的人力、财力、物力，片面强调"大而全"。没有建立在系统、科学的市场细分基础上的、确切的市场目标、客户目标和产品目标。目标市场不明确，使各银行在市场营销中雷同现象非常严重，竞争策略针对性不强，个性不足，难以充分满足多样化、个性化的客户需求。

4. 营销缺乏总体策划与创意

我国银行普遍缺乏从长远角度来把握对市场的分析、定位与控制，而是简单地跟随金融市场竞争的潮流被动零散地运用促销等营销手段，这与营销管理需要有精确的市场定位和周密的总体策划的要求格格不入。各银行虽在不同程度上利用广告等形式进行公关宣传，同时也加强了业务的促销活动，但业务的拓展以公关、促销为基本手段，与营销管理手段的多样化相距甚远。另外，各银行虽在渠道设计上利用了高新技术，配备了如 ATM 机、POS 机等硬件，但分销渠道的扩展策略仍以增设营业网点为主要方法，这与银行内涵集约式发展的道路是相悖的。

5. 在关系市场营销认识上存在误区

银行在关系市场营销上存在一定的误解，简单地等同于社会上普遍流行的"拉关系"。其实，关系市场营销与"拉关系"在手段上、目的上和社会效果等方面都有着本质的不同。在银行领域竞争日趋激烈的今天，有些银行仍采取请客送礼或给予回扣等办法拉拢客户，甚至不惜采取大肆贬低其他银行以抬高自己的做法，同客户建立一种互相利用的关系。这牵制了银行众多的人力、财力、物力，还导致银行疏于内部管理，同时在抢夺客户中开出的种种优惠条件由于多属违规经营，也给银行日后经营埋下了隐患，不利于银行的健康发展。

四、我国银行营销的发展趋势

当前，我国正在按照加入世贸组织的承诺进一步开放金融市场，国内银行业的市场需求、竞争格局和技术手段也都发生了较大的变化。面对变化着的环境，国内银行的营销也将因时、因势而变，具体而言，将出现以下五个方面的趋势。

1. 清晰的市场定位将成为必然选择

近年来，国内银行在产品定位、品牌定位、企业定位等方面进行了初步探索，如中国工商银行定位于"身边的银行"、招商银行定位于"技术领先银行"等。但大多数银行的定位尚处于初始阶段，比较模糊，缺少特色。差异化的清晰定位将是未来国内银行抢占市场先机，获得竞争优势的必然选择。以下两个层次的定位将成为银行的关注重点：

一是立足于核心能力进行发展定位。市场定位是识别竞争优势、选择竞争优势、显示竞争优势的过程，必须以核心竞争力为出发点。经过几年的营销实践与定位探索，国内银行立足核心竞争力进行清晰的发展定位将被提上重要议程，可能会出现"全能型银行"、"零售银行"、"批发银行"等发展定位。

二是产品的感性、象征性定位增多。目前国内银行的产品定位，以功能性定位为主。这在市场细分化初期是可行的，但银行产品的模仿性强，以功能定位形成的产品特征很快就会被抹平，创新产品的生命周期也越来越短。因此，国内银行今后将依托产品功能，重视产品的感性、象征性定位，赋予银行产品更多的心理、情感、文化、社会地位等方面的象征特点。

2. "一对一"营销将成为营销的主流模式

未来国内银行的营销将面临三大挑战：一是如何更加准确地评估客户价值，区分出赢利性客户，并进一步细分；二是如何进一步通过提供差异化、个性化、人性化的服务，维系现有的赢利性客户；三是如何进一步从满足客户需求，转向培育客户需求，挖掘更多的赢利性客户。"一对一"营销为国内银行提供了上述问题的解决方案。"一对一"营销强调以客户占有率而非市场占有率为中心，注重通过双向互动沟通和为客户提供量身定做的产品，与客户建立持久、长远的"双赢"关系。它与传统营销在做法上的最大不同之处在于：传统营销是先开发一种产品，然后试图为该产品找到客户；而"一对一"营销是先找到一个客户，然后试图为该客户寻找合适的产品。无论是对公业务，还是对私业务，"一对一"营销都具有广阔的应用前景。事实上，国内银行已经推出的客户经理制，就体现了"一对一"营销的思路与做法。

国内商业银行一对一营销可以有以下几种实现形式：一是实施客户经理制，建立客户关系管理（CRM）系统，将柜面、网络、电话、自助银行设备等各种营销渠道与服务手段进行充分的、深层次的整合，对市场进一步细分，通过为客户提供量身定制的个性化、人性化产品与服务，提高客户的满意度和忠诚度；二是银行同业之间建立竞合互动的良性关系，实现服务网络等资源的共享；三是与证券、保险、基金、电信、能源等行业建立战略联盟，共同开发市场，共享客户资源；四是与优质企业和高端个人客户建立和谐紧密的长期伙伴关系，为客户创造终生价值，从而实现市场主体的共赢格局。

3. 品牌营销将成为大势所趋

营销竞争中产品的价格弹性越来越小，而品牌能有效地增加产品的附加值，为企业带来更高的市场份额和新的利润来源，所以品牌营销在国内银行营销中将占据越来越重要的位置。

一方面，国内银行已从国外银行和国内其他行业的成功的品牌营销实践中，认识到品牌这一无形资产的价值空间，有的还初步尝到甜头。如中国银行的"长城卡"，招商银行的"一卡通"、"一网通"，建设银行的"乐得家"住房金融服务等，通过品牌推广开展营销，取得了较好的成效。另一方面，由于银行机构越来越多、产品同质化越来越严重，银行需要借助品牌来塑造个性，扩大知名度，增强识别性和消费者的认同性。

未来国内银行品牌营销的着力点，一是不遗余力地塑造和提升各自的核心品牌；二是注重品牌发展的科学规划；三是大力推进品牌家族化建设；四是重视以品牌为中心的整合营销传播运作；五是加强品牌忠诚管理实践探索。

4. 网络营销将成为营销竞争的焦点

在网络经济发展的进程中，银行被推到网络资源整合者的位置。国内银行对这一角色的争夺战即将拉开序幕，网络营销将成为新的营销竞争焦点。

网络经济曾以出人意料的速度向前发展，但在本世纪初却陷入了低潮。网络经济退潮的根本原因在于对信用、安全、资金、物流、信息等资源缺乏有机整合，网络经济复苏的关键也在于这些资源的有机整合。银行业的行业特性，使其在信息、支付、信誉、安全、客户等方面拥有他人无法取代的优势，非常适合电子商务对安全高效的资金支付服务、强大有力的信誉支持和持久可靠的安全保障以及方便快捷的商情沟通的需求，因此，银行业有必要也最有可能成为网络经济各种资源的整合者。

担当网络资源整合者，将使国内银行的网络营销从目前单纯的网上银行业务营销向网上综合金融服务营销转变，即牵头建立综合金融服务网站，综合多家金融机构的网上服务，与各金融机构的交易系统建立直接链接，对众多的金融服务进行打包加工，并共享客户信息。在此基础上，将进一步向电子商务服务营销发展。例如，利用网络平台，实现与航空、旅游、保险等服务机构的合作，整合机票销售、保险销售、旅游服务等各个商务环节，为客户提供完善的增值服务。

5. 营销管理走向科学化

科学的营销管理是分析、计划、实施、领导和控制的整合流程，需要有专业人才、组织体系和管理机制的保证。未来国内银行营销管理将向科学化迈进，具体体现在以下方面：

（1）以市场为导向的营销管理机制加快建立。在营销体系内，将在完善营销职能岗位和部门专业化设置与分工的同时，通过设置区域经理等方式加强营销组织的纵向沟通与联系，加大重点区域市场的开发和差别营销力度，在营销终端建立以客户经理为主的专职营销队伍。在营销体系外，全面强化非营销部门对营销的辅助和支持功能，从而提高营销组织管理的内部效率，确立以营销为导向的组织体系，使银行保持敏锐的市场反应能力和强大的市场竞争能力。

（2）营销管理信息系统建设全面推进。经过多年努力和大量的投入，国内银行普遍建立了相对独立的电脑网络系统，但尚未具备全面支持营销管理的信息功能。未来各行将全力推进营销管理的信息化，建立由营销情报系统、营销数据分析系统、营销决策支持系统和营销评价系统组成的完整的营销管理信息系统。特别是通过建立客户资料数据库，强化对客户资料的收集、分类和分析评价，使各类营销活动定位清晰，目标明确，效果量化，全面提高营销管理与决策的科学化和专业化水平。

（3）营销队伍建设不断加强。近年来，国内银行初步形成了各自的客户经理队伍，同时广泛引进市场研发、营销策划、公共关系、广告传播等营销专业人才，使原来单一的人才结构有了转变。未来几年，营销队伍的素质将成为决定各行营销竞争胜负的关键，各行将在营销队伍建设上进一步加大力度，在继续引进营销专业人才，全面推行客户经理制、品牌经理制的同时，营销培训将得到空前重视，培训投入将大幅度增加，培训的内容、手段、方式等都将发生巨大变革。

本章小结

银行营销是指银行以金融市场为导向，利用自己的资源优势，通过运用各种营销手段，把可盈利的银行金融产品和服务销售给客户，以满足客户的需求并实现银行盈利最大化为目标的一系列活动。银行营销不同于一般的企业营销，具有自身的特点。

银行市场营销的内容，包括属于营销战略计划的四个"P"，属于营销战术的四个"P"，以及为了实现营销目标，特别是国际市场营销目标，还必须掌握和运用的另外两个"P"。银行在营销过程中，要贯彻客户导向、利润、全公司努力、社会责任四大营销观念。

银行营销经过了广告与销售促进阶段、友好服务、金融创新、金融服务定位、营销管理、情感营销六个阶段，其内涵随着经济的发展而不断扩大。我国银行营销的引入时间并不长，也存在着较大问题，发展银行营销对我国金融业具有重要意义。

思考题

1. 银行营销与一般的企业营销相比，具有哪些自身的特点？
2. 为什么银行营销在第二次世界大战后会得到很大发展？
3. 银行营销理论包括哪些内容？
4. 简述我国银行营销的发展过程。
5. 分析我国银行营销的发展趋势。

案例一　大象终于起舞

加入世贸组织后，为了与国际惯例接轨，中国银行业在提高市场营销管理水平方面做了大量的准备工作，四大银行在不断增强的趋利动机影响下，逐渐树立"以客户需求为中心"的经营理念。

中国加入世贸组织后的 2002 年，几乎成为四大银行的营销年。这些中国金融业的"大象"，终于在营销的舞台上唱大戏了。各家银行不约而同地通过转变观念、转变机制、调整结构，大力强化和组织市场营销成为一道亮丽的风景线。

其一，选择市场营销战略目标，成了四大银行的首要功课，各银行纷纷根据自身优势，量身定做了不同的营销战略。

中国工商银行 2002 年确立了信贷营销的六大目标市场，即顺应经济现代化、城市化、信息化、全球化、多元化和融资方式多样化的发展趋势，竞争和扩大基础设施和重点基础产业贷款市场，开拓多种市场，并面向市场需求，全面调整五大结构，即调整客户结构、业务结构、区域结构、产品结构、期限结构。

中国银行在建立良好公司机制的大背景下，通过改变各项业务营运方式，坚持结构调整，特别突出了营销工作的重要性。

中国建设银行则把营销作为企业生存与发展的"牛鼻了"，以前所未有的力度加大市场调研工作，瞄准市场与客户，抓关键、抓重点搞营销。

其二，四大银行加快营销体系建设，一支支强有力的营销队伍开始展现。

中国农业银行把营销管理提高到总揽全局的战略高度，要求全行确立以客户为中心的观念，强化以市场为导向的理念，树立公共关系观念，培育全员营销观念，切实提高市场经营能力。

农业银行从 2002 年初就开始不断加强市场营销体系的完善，建立了以总行为龙头，以客户部门为中心，以客户经理为主体，以科技、产品和服务为支撑、各部门相互配合、系统联动、全员参与的市场营销体系。上半年该行与一批有影响的客户及国内外同业建立了合作关系，资产业务和人民币存款业务的市场份额稳步上升，汽车消费信贷规模居同业第一，房地产金融业务迅速发展，银行卡发卡量和消费迅速增长，国际业务增量市场占有率有所提高，同业存款业务呈现出良好的发展势头。

其三，四大银行积极推出金融创新，创新活动更加活跃，金融组织、金融市场、金融制度、金融产品、营销手段等方面不断推陈出新。

一个显著的变化，就是新的金融及金融衍生产品不断涌现，银行中间业务发展空间增大，代理、咨询、银行卡等非信贷资产的盈利水平大幅度上升。如"一卡通"、"外汇宝"、无折续存、理财账户等新品种，在多方面满足了客户的不同需求。有人预计，这种金融服务性的营销，将有可能在一定时期内成为商业银行信贷资产外营销的主渠道。

其四，四大银行开始重视市场定位，通过市场细分，在充分考虑产品条件、市场性质、竞争状况、资源条件等因素的基础上，采取集中型或差异型策略，凸显自身特色，尽情发挥本行优势。

工行普遍推行了客户经理制，由总行牵头在全国范围内选定了 300 户大型优质客户组织营销，根据不同层次目标客户的市场需求特点实行分类营销，提供差别服务，尤其对重点客户还采取"度身设计"金融服务方案等新营销方式。

中行紧紧围绕优质客户和国家重点项目，重点抓住垄断性国内大型集团公司、正在步入国际化经营的国内大公司、优质上市公司、在华国际跨国公司等客户组织营销。建行则继续加大对电力、公路、邮电、石油石化、铁路、城市基础设施等重点行业的投入。

其五，四大银行以遍布全国的分支机构网点为基础，大力拓宽分销渠道，借助自助银行、电话银行、网上银行、自动柜员机和 POS 机等方式，提高了服务的效率。而四大银行网点的形象设计基本统一，品牌建设渐入佳境。

资料来源：韩宗英. 商业银行市场营销. 北京：中国金融出版社，2007.

案例二　招商银行与客户共生共荣

招商银行与 S 公司共同成长的故事，是一个经典案例。

S 公司成立于 1997 年，是一家为国内外众多知名企业提供量身定制的供应链服务的物流企业，目前公司在全国拥有 30 多个城市配送中心。经过近几年的快速发展，S 公司在供应链物流服务行业中建立良好的声誉，成为海关、税务、银行等机构重点关注的进出口大户。

2000 年秋，招商银行下属支行通过偶然的途径得知 S 公司的情况，于是主动上门展开营销，迅速根据企业经营特点设计授信方案。由于公司注册资本只有 550 万元，且资产总额中固定资产占比较低，在前几次审批中均未能通过，但招商银行银行没有简单地抛弃这个潜力客户，而是前后台进一步加强沟通，针对 S 公司作为第三方物流特点（上下游客户均为国内外知名的 IT 企业等），在授信方案设计了详细的账户监管等贷款监控措施。这样经过不断沟通完善，授信方案终获通过。

随着 S 公司的发展壮大，公司对银行的业务需求也逐渐增多，作为一家大型商业银行，招商银行不仅在企业成长之初给予扶助，还配合企业的成长提供更为深入和个性化的服务。例如，S 公司尝试通过各种合法渠道提高员工收入，而招商银行住房公积金产品，以个人及其所在单位按照职工个人工资收入一定比例逐月缴存，是一种具有保障性和互助性的职工个人住房储金，正好满足了企业的需求。又如，招商银行商务卡是由公司申请单位信用额度，并分配给特定员工，供其在差旅、餐饮、采购等公务消费时使用，由公司集中对账、统一还款，一卡双币，全球通用，是符合国际标准的商务信用卡，招商银行针对 S 公司特点每月为公司提供员工商务卡汇总对账单、明细汇总对账单和持卡人对账单，交易账项一目了然，减少了财务手工单据处理的环节和可能的差错，提高了公司财务管理效率。再有招商银行在收到 S 公司票据后，不管是同城票还是异地票，在审验汇票票面符合要求后，即时办理贴现。另外针对 S 公司银行承兑汇票收款人大又集中的特点，招商银行还为 S 公司上游客户办理了"即开即贴"业务，大大提高了 S 公司公司及其客户的资金结算效率。经总行批准，招商银行还为 S 公司办理了全国范围系统内首笔足额人民币存单质押 T/T 项下海外代付业务，并报请招商银行总行批准了该公司全国销售网络的建立。

S 公司于 2000 年开始与招商银行建立业务合作关系，这种成长过程中结下深厚的友谊，一直延续到了今天，双方相互支持，共同成长为一流的企业。

第二章　银行营销的环境分析

第一节　银行营销的环境分析与市场调研概述

一、银行营销环境与特征

（一）营销环境的含义

环境是指企业生存和发展所需的独立于企业之外的，并约束和影响企业行为的各种外界客观因素的总和。企业的活动都是在一定环境中进行的，它是企业不可控制的因素。企业的活动要以环境为依据，主动去适应环境。

营销环境，是指企业营销职能外部不可控制的，与企业营销活动相关联的各种因素和外部条件。

根据对企业活动影响程度和范围的大小，可以将其概括为两大类：一类是企业的微观市场营销环境，另一类是企业的宏观营销环境。微观环境直接影响和制约企业的营销活动，而宏观环境，一般以微观环境作为媒介去影响和制约企业的营销活动。两者共同构成多因素、多层次、多变的企业市场营销综合体。

银行营销环境也可以分为微观环境和宏观环境。微观环境指与银行紧密联系，直接影响银行营销能力的各种参与者，包括银行自身、客户、竞争对手等。宏观环境指影响微观因素的一系列巨大的社会力量：如政治、经济、社会文化、技术等（简称 PEST 分析：Politics，Economic，Society，Technology）。这将在后面的第二三节详细讲述。

（二）银行营销环境的特征

1. 差异性

银行所面对的营销环境是千差万别的。这表现为不同银行所面临的环境不同；同一银行在不同时期的环境不同。银行应从自身特点出发，根据市场营销环境的变化，采取不同的营销策略。

2. 多变性

银行营销环境是一个动态的系统。构成营销环境的诸因素，随着社会经济的发展而不断变化。其不确定程度是由环境因素的变化程度和复杂程度决定的。环境的变化既给银行提供机会，也给银行带来威胁。

3. 相关性

银行营销环境诸因素，相互影响，相互制约。某一因素的变化，会带动其他因素的相互变化，形成新的营销环境。如商业银行产品的价格，不但受客户需求和商业银行供给的影响，而且还要受经济发展与国家货币政策、财政政策的制约。

二、市场调研在银行业的发展与内容

市场调研，是指银行利用多种形式收集与银行营销活动有关的各种信息，并运用科学的方法进行整理分析的一系列活动。它的作用是为了银行选择目标市场，更好地制定适合本行发展的营销战略。市场调研在银行业的历史并不悠久，直到20世纪60年代早期，英国才有少数几家银行意识到营销调研对于它们未来计划和当前经营决策都很重要。1973年，所有主要的英联邦银行都设立了营销部，大部分具有市场调研职能。但上述机构的营销研究人员还不是专业的市场调研人员，而主要是业务研究人员和统计人员。20世纪70年代以后，欧美主要银行的营销部门都具备了规范的营销调研功能。随着外部环境的日新月异的变化和日益激烈的行业竞争，银行更多地需要市场调研来掌握、分析金融服务领域的市场信息，如客户的数量和构成，影响客户选择银行的因素，银行形象比较，金融产品和服务如何更好吸引客户，申请贷款者的情况及其贷款用途等，并以此为基础进行营销决策。市场调研逐渐受到金融业前所未有的重视。

市场调研的主要内容有：

1. 宏观营销环境调查

这主要包括：①对不同国家的法律、政策的调查。②对经济状况的调查。在经济繁荣时期，贷款的需求会增加，在经济萧条时，企业普遍对未来预期悲观，对银行服务的需求就会大大下降。③对社会文化的调查。由于人们的生活传统、消费方式、消费习惯的差异，会对银行的营销活动产生较大的影响，因此，银行应通过对社会文化的调查，制定出符合所在地社会文化特点的产品。比如对具有节俭习惯的社会群体，银行应侧重储蓄产品的开发，而在一个消费倾向较大的地区，银行应积极开拓消费信贷市场，引导客户消费。

2. 客户需求调查

这主要包括：①对人口数量及构成的调查。一般来说，人口数量越多，对银行服务的需求会越大。另外，银行还要对城市中人口构成进行分析，主要分为年龄构成、职业构成、性别构成、民族构成等，不同的人口构成也会有不同的消费需求。②客户的行为调查。客户的行为主要受到需求动机、文化程度、宗教信仰、收入状况与生活方式等影响，其表现多种多样，但具有可诱导性。银行通过市场调研对其进行全面分析，了解各种因素变化对消费行为的影响，从而制定合适的营销计划，通过营销活动来引导人们的行为。

3. 对市场的供求状况分析

这主要包括：①本行营销活动状况调查，包括产品调查、销售渠道调查、促销活动调查与销售服务调查等。通过这些调查，可以了解客户对银行经营管理水平的认识和评价，社会对银行产品价格及服务的满意程度等，以便适应市场的需要改进银行的营销策略，维持与扩大市场占有率。②竞争对手状况调查。为了在竞争中处于优势地位，银行必须做到知己知彼，对竞争对手进行详细的分析。包括了解对手的数量及机构设置、在市场中的份额、经营规模与能力、主要客户与销售渠道、营销活动的特点，及他们开发新产品的信息、成本、质量、价格等。通过与其他银行的对比，银行可以找出自身的优缺点，从而更加有的放矢，制订出反映本行特色的计划，在竞争中获得比较优势。

第二节　银行营销的宏观环境分析

对银行营销的宏观环境分析，主要从政治（法律）、经济、社会和技术四大方面进行分析，简称 PEST 分析。

一、政治环境

政治环境主要是指国家的总体稳定程度以及政府对金融、对商业银行的作用所持的具体态度。一般分为国内政治环境和国际政治环境两大类。政治环境稳定与否是商业银行市场营销成败的保障性条件。

一国的方针、政策及其调整变化对银行的营销活动有重要影响。一国特定的政治制度构成该国商业银行从事经营活动的宏观背景。例如一国政策上致力于经济高速增长，则会带来投资规模和借款需求的扩大。商业银行的资产业务增加，从而具有宽松的营销环境。另外，一国政治的稳定状况对银行营销活动也很重要。政局稳定，社会公众会保持很强的储蓄倾向；反之，政治动乱或事变往往是违约和挤兑的诱因。

当然，银行的营销环境也离不开国际政治环境的变化，包括世界和平所处的具体状态，本国与其他国家政治经济和商贸往来的密切程度。一国会通过政治权力影响银行的市场营销，采取措施约束外来金融机构，国际上的重大事件和突发性的政治事件，会引起全球金融市场动荡，这些都会对银行的营销活动产生直接或间接的影响。

二、法律环境

法律环境是指与商业银行营销活动相关的法律法规和条令。在国际上，影响比较大的有《巴塞尔协议》。它分别对资本充足率、风险资产的加权计算、母国与东道国的监管分工等方面做了制度安排。世界不少发达国家银行已全面遵守《巴塞尔协议》的规定。而我国商业银行也正在积极采取措施适应《新巴塞尔协议》的要求，为全面实施协议做好准备。

影响国内银行营销的法律主要有《中国人民银行法》、《商业银行法》、《票据法》、《合同法》、《担保法》等。这些法律法规是商业银行经营的行为准则。银行必须自觉接受监管当局的监督，依法依规运作，既保护存款人的利益，也使银行本身的合法利益得到保障。

三、经济环境

经济环境是指商业银行市场营销活动所处的宏观经济背景。它包括经济发展状况、产业周期、投资和消费趋向、进出口贸易、政府的各项经济政策，如财政税收政策、产业政策等。经济环境是对商业银行市场营销影响最大的环境因素，是经营活动的基础。如一国经济发展迅速，企业对资金的需求就会增加，直接影响银行的资产数量，业务种类；如一国发生通货膨胀，物价会大幅度上扬，货币会贬值，人们可能减少银行储蓄，出现挤兑风潮，或将银行储蓄转到其他投资报酬率更高的资产上，从而造成金融市场上不同金融企业经营业务量的变化。

四、社会文化环境

社会文化环境是指人们在长期的历史演进中形成的民族特征、风俗习惯、信仰、社会价值观念、宗教、消费习惯和模式等。表面上社会文化环境与银行营销没有直接联系，但实际上它对商业银行的发展规划、营销策略有着渗透性、广泛性的影响。比如在一个具有节约倾向的社会群体，银行产品开发应侧重储蓄产品；而在一个具有较高消费倾向的社会群体，银行应积极引导客户消费。客户的受教育程度，对银行营销信息的理解和吸收能力，也直接影响商业银行的营销策略和策略所收到的效果。宗教美学、语言文化，也决定了营销中各策略的设计制定和推销技巧。另外，社会文化因素对银行职工的思想情绪和工作态度，也有潜在的影响。

五、科学技术环境

科学技术是第一生产力。技术不仅影响着商业银行的外部竞争，也可提高银行内部的营销管理水平。银行运用现代化技术的能力已成为衡量其竞争能力强弱的重要标志。电子信息技术的发展改变了商业银行营销的传统方式。自动柜员机、商店的终端机、电话银行、网络银行极大方便了银行客户的同时，也使商业银行扩大了业务的延伸范围，降低了营销成本。

第三节　银行营销微观环境分析

银行的微观环境具有特殊性，每个银行面对的微观环境是不同的，它对银行营销有更为直接的影响。银行的微观环境一般从客户、竞争者、银行本身三个方面进行分析。

一、客户

客户是商业银行营销活动的核心，是开展营销活动的根本出发点。商业银行的客户一般分为两类：一类是公司客户，包括国内与国外的工商企事业单位、金融机构、政府及社会团体；另一类是个人客户，主要是个人消费者和投资者。与个人客户相比，公司客户所需资金额大，涉及的服务项目多，业务选择稳定，需求具有衍生性。个人客户则受到收入水平、生活方式、消费观念与文化程度的影响。随着我国居民收入水平的提高，金融消费观念的转变，他们对金融产品的需求不再仅仅集中在银行储蓄上，而开始转向国库券、股票、基金等投资。这增加了银行储蓄营销的难度，但也提供了开发其他理财产品的机会。另外，在我国多数城市居民衣食消费基本稳定的情况下，住房、汽车、高档家电正成为新的消费热点。商业银行可以通过对客户的分析，找准营销的突破口，抓住市场的有利机会。

二、竞争者

对于竞争者的分析主要从竞争者的数量、竞争者的市场份额、竞争者的营销活动三方面进行。商业银行营销中的竞争对手主要有非银行金融机构和银行同业。非银行金融机构的代表有保险机构、合作金融机构、邮政储蓄机构、融资租赁财务公司、证券公司等。银行同业主要包括中国建设银行、中国银行、中国农业银行、中国工商银行、地方性商业银行、外资银行等。银行与非银行金融机构的金融竞争，造成找国银行的储蓄存款不断下降，从而使整个金融行业的资金结构产生重要变化。这种变化会促进银行与非银行金融机构的竞争和营销，同时使得我国金融企业向低利和微利方向发展，失去行业优势。银行要改变这种状态，就需要深入挖掘内部潜力，进行金融创新，扩大业务范围。

银行同业之间的竞争：随着我国金融改革的不断深入，股份制银行纷纷建立，打破了原先国有商业银行一统天下的垄断局面。外资银行入驻中国，带来了先进的金融企业经营理念、方法、技术和手段，但同时竞争也更白热化，营销成为金融竞争的主要手段。

三、银行自身

银行开展营销活动并不是孤立的，它需要和银行的其他职能部门如高层管理者、财务部门、研究开发部门相配合。这些部门运行状况如何，和营销部门配合是否协调，对银行的营销制定与实施影响极大。在进行商业银行内部因素分析时，应采用实证与规范分析相结合，整体分析与局部分析相结合。实证分析在于说明现实中银行内部条件的客观状况，而规范分析则要说明银行内部条件是否合理。银行营销部门的目标是银行整体目标的一部分，它必须在高层管理部门规定的职责范围内作出营销决策　因此，在进行其内部实力研究时要有整体观念，重视整体分析，但同时也要重视细节，因为局部分析是将整体分析引向深入的必需的途径。

第四节　金融市场调研方法与预测

一、市场调研的必要性

在第一节我们讲述了市场调研的概念及内容。长期以来，商业银行习惯将注意力集中在资金、设备和人才管理等方面。但在经济金融全球化的今天，信息资源也至关重要。首先，随着商业银行扩大市场地域范围，市场由本地发展到全国乃至国际，银行经营者需要更多的市场信息进行决策，特别是商业银行开拓新的市场时，要了解当地市场情况，这就需要市场调研。其次，随着人们物质精神生活水平的提高，客户的需求也越来越多样化。银行不仅要能满足客户现有的需求，更重要的是发现客户的潜在需求，并能引导客户的需求。银行需要通过市场调研掌握最新的，合乎心理学规律的客户需求信息。再次，当今金融竞争越发激烈，只有进行营销调研，才能准确掌握竞争者的状况，及时了解客户对银行产品和服务的反应，调整营销计划，进行有效竞争。最后，银行从以前单一业务发展到多样化经营，经营者决策的难度加大，为了把分散的信息及时迅速收集起来，并能及早发出警告信号，有效控制营销计划，需要更多地依靠市场调研发挥作用。

概括起来，市场调研具备的作用有：①发现市场机会和问题；②寻找问题发生的原因；③监测和评价营销活动；④预测未来。

二、银行市场调研的类型

根据市场调研的不同课题及要达到的不同目的，我们可以将市场调研分为三种类型：

1. 探测性调研

探测性调研是指在银行对出现的问题尚不清楚症结，无法确定从何下手进行调查时，采用找人座谈、搜寻资料进行分析等方法来初步了解情况，发现问题的一种调研方式。这种调研并不提出解决问题的方法，而是注重发现问题，了解应从哪些范围入手来进行深入调查。探测性调研主要用于搜集有关市场资料和信息，为进一步调查做准备。如某银行连续三个月存款储蓄额下降，是由于宏观经济走弱，还是收入水平下降，还是企业信誉危机？银行不能一一深入调查，就可以通过探测性调研寻找最可能的、最重要的原因，确定调研重点和方向。

2. 描述性调研

描述性调研是市场调研的主要形式，即在对问题初步了解的情况下，采用询问和观察等方法了解问题的详细情况，对某一问题作出定量的描述，借以发现问题的实质。如调查不同年限的活期存款占总存款的比例，信用卡销售增加与广告支出增加的关系等。它只解决是什么，不说明为什么。这种调研有助于研究问题的轻重缓急和对有关市场问题的资料的全面收集。

3. 因果关系调研

因果关系调研，主要用于弄清问题的原因和结果之间有关变量的关系。在考察某一结果是否是由某种原因引起的，可以采用实验方法，假定其他市场因素不变，观察其他市场因素改变是否会造成结果的改变。这种调研可以使调研人员了解问题的原因，以及解决问题时应从何处下手。它主要解决为什么的问题。但这种方法强调调研方法的科学性，以及有关变量因素的相互关联程度、出现的时间先后顺序及原因和结果。比如银行新开发的某项消费信贷业务不受欢迎的原因。

三、市场调研的程序

市场调研是一个复杂而又细致的工作，需要一套系统科学的程序。通常情况下，银行市场调研有五个步骤：确定问题、设计调研方案、搜集资料、分析数据、编制调研报告。下面将详细论述。

（一）确定问题

这是市场调研中的第一步。就是要明确在调研中要解决什么问题，通过调研需要取得什么资料，以及这些资料有什么用途等。这要求对问题要有清晰、简洁的陈述，否则就无法确定营销调研目标，造成资源浪费。

（二）设计调研方案

（1）确定调研内容。比如针对个人客户进行的银行形象研究，将帮助银行确定在个人客户心中是否有吸引力。该项调研的主要内容包括：客户对银行的地理位置是否满意、客户对银行员工服务态度和亲切度的评价如何等。从中我们可以看出调研内容是将调研问题进一步细化。

（2）决定资料类型。即为了达到调查目标，是选择第一手资料还是第二手资料。第一手资料，又称原始资料，是调研人员专门针对本次调研而收集的。第二手资料是指那些已经存在于银行内部和已公布的外部资料。两者各有优缺点。前者针对性强，能随时间，市场环境变化而变化，但成本较高，耗时长；后者收集简便，成本低，耗时少，但不一定非常契合本次调研。因此银行应该综合利用第一手、第二手资料。

（3）确定调研方法。根据调研目的、经费和时间，银行选择合适的调研方式和方法。搜集原始资料一般有访问法、观察法、实验法等。后面将详细论述。

（4）设计样本。营销调研者必须在调研对象整体中选择一定比例的客户进行调查。这一比例的客户称为样本。样本设计包括样本容量、样本结构及样本抽取方法的确定。

（5）确定调查时间和调查期限。调查时间是指调查资料所属时间和时期。调查期限是指调查工作进行的起止时间，包括搜集资料和报送资料的整个工作所需的时间。

（6）制定营销调研的组织实施计划。这包括调研机构、人员及培训、经营预算、进度安排等。

（三）搜集资料

这一阶段是正式调查阶段。银行按照调研方案的具体要求，深入现场、全面系统收集相关资料。这是营销调研工作的重点。搜集资料有很多要素，重要的是设计调查问卷和实地调查。收集第一手资料前应对所有的第二手资料的来源做一个全面的搜寻，以帮助能实现调研目标的任何有用信息。原始资料是用所选择的调研方法来搜集，通常分为预调查阶段和实际调查阶段。预调查阶段是先在一个小范围测试，利用小样本来检测试剂调查中资料搜集计划是否合适。通过预调查可以减少许多资料搜集过程中的偏差和错误。

（四）分析数据

该阶段是银行将搜集到的资料，根据调研的目的，运用统计技术和方法，进行加工汇总，使其系统化、条理化、科学化，以得出商业银行某一特定问题的资料。

（五）编制调研报告

这是市场调研的最后一步。根据调查资料进而分析结果，写出调研报告，提出问题的解决方案和建设性意见，为制订营销计划提供参考。调研报告一般由调研目的、调研方法、调研结构及资料分析、对策建议和附录组成，附录包括整理后的有关资料、技术分析图表等，以备决策者查用。

四、市场调研方法

市场调研的方法多种多样，每种方法都有其独特的功能和局限性。调研人员应根据调研的目的、任务、调研对象的特点及调研的成本和时间来选择合适的方法。

（一）访问法（questioning survey）

访问法，就是将拟调查的事项，通过当面、电话、网络或书面的形式向被调查者提出询问，以获得所需资料的方法。它是银行市场调研中最常用的方法。按问卷递送方式不同可将其分为面谈访问、电话访问、邮寄问卷、留置问卷、网上调查等。

面谈访问法，包括一对一面谈和小组面谈。即与一小群人或焦点群体交谈；一次面谈与多次面谈，还有动机调查所用之深层面谈等调查方法。面谈方法的优点是：当面听取被调查者的意见，并观察其反应，问题回收率高；调查者还能从其着装、言谈举止、住所等推测其经济情况。缺点是：调查成本太高，覆盖面太小；调查结构正确与否，受调研人员的技术熟练程度和调查对象诚实与否的影响。

电话访问法，是指调研人员根据抽样规定和样本范围，电话询问受访者意见。其优点是：可以短时间内调查多个样本，成本较低。缺点是：对方可能不配合，较复杂的问题不宜询问等。

邮寄问卷法，是指调查者将设计好的问卷邮寄给被调查者，一般附有回邮的信封和邮票，要求被调查者答复后寄回。其优点是：调查成本低，样本随机性强，抽样误差低。其缺点是：收回率通常偏低；无调查员在场，被调查者有可能误解问卷的意义。邮寄问卷法是西方商业银行市场调研常用的方法。

留置问卷法，是指调查者将调查表当面交给调查对象，说明调查意图和要求，由被调查者在一定时间里填好后，调查者按约定的时间收回的一种方法。此法介于面谈访问和邮寄问卷法之间的一种方法，可以弥补当面提问因时间仓促，被调查者考虑问题不成熟等缺点，又可以克服邮寄问卷回收率低的不足。缺点是调查地域和范围受一定限制，调查费用相对较高。

网上调查法，是指银行将设计好的问题通过互联网发给被调查者，请其回答的一种方法。我国1994年正式接入国际互联网以来，互联网用户以半年翻一倍的速度增长，网上调查在市场调研中起着越来越重要的作用。通过网络进行调查访问，可以省去印刷、邮寄、数据录入等过程，节省这些环节产生的费用，提高了问卷制作、发放、数据回收的速度，调研人员和客户之间可以有更快捷的沟通。但其缺点是网络的使用人群一般是年轻人、教育水平较高及有关技术的人，在线调研对象不是从整体中随机抽选的样本，结果存在一定的偏差，同时，网络调研的保密性不强，竞争对手容易获得相关信息。

（二）观察法（observational survey）

观察法，是指调查人员在现场对调查对象的言行进行直接观察和记录，从而取得市场信息的一种调查方法。调查人员为保证观察结果的客观性和可靠性，一般要以一种事先确定的格式做出记录，不对观察对象的言行做出修正、改变或引导。他们可以借助录音机、照相机、录像机和其他器材记录被调查者和现场。这种方法的最大特点就是被调查者不感到正在被调查。根据调查人员是否参与到现场活动中，可将观察法分为参与观察法与非参与观察法。

参与观察法，是指调查人员与被观察者一起共同活动，亲临其境，体验被观察者的感受，倾听他们的交谈，观察他们的举止，从中了解问题产生的原因。参与观察法的关键是观察员有责任感，公正合理，能够消除被观察者的戒备心理。

非参与观察法，是指调查人员以局外人的身份独立地观察现场活动。该观察法能对所观察的事项做到客观、清楚、系统的认识。但缺点是不能深入细微的调查，无法了解这些现象的内在原因。因此只适合于一些探索性调查及一般的认识和了解。

（三）实验法（experimental survey）

实验调查源自于自然科学的实验室试验法。在市场调研中，主要用于市场销售实验。此处所谓实验是指先进行某项服务方法的小规模实验，然后再通过市场调查分析这种实验是否值得大规模推行。

实验调查法优点：使用的方法科学，具有客观性价值。但实验时间过长，成本高。这里简单介绍银行较常采用的三种实验调查法。

1. 实验前后对比实验

通过对比实验单位实验前后所观察的现象变化情况，分析原因，了解实验变量的效果。如某银行想了解每发一张信用卡赠送一个高级保温杯对发卡总数的影响。选择A、B两个分支机构作为实验单位。A单位实验前发卡数是2 000张，实验后发卡数是2 700张，变动量700张。B单位实验前发卡数是2 500张，实验后发卡数是3 100张，变动量600张。如果经分析确定没有其他因素影响，便可知赠送保温杯可扩大信用卡发行量的结论。进一步分析，还可将赠送保温杯的成本投入和信用卡发行增加所带来的收益进行对比，来决定是否采用赠送保温杯的策略来扩大信用卡发行量。

2. 实验单位与非实验单位对比实验

这是指在同一时间内将实验单位和非实验单位进行对比，以测定实验效果的方法。这种方法一般都是事后测验其实验效果。如 X 代表实验单位事后测量值，Y 代表非实验单位事后测量值，则实验效果为 $E = X - Y$。

3. 实验单位与非实验单位前后对比实验

这种方法是前后两种实验方法的结合。设实验单位在实验前、实验后的测量值是 X_1，X_2，非实验单位测量值是 Y_1 与 Y_2。则实验效果为：$E = (X_2 - X_1) - (Y_2 - Y_1)$。

五、金融市场的预测

预测是指借助对过去的分析获得对未来的了解，是利用科学的预测方法和技术，对金融市场的未来变化，对商业银行营销活动的影响和效果作出趋势判断。它是银行营销工作的重要内容。

(一) 金融市场预测的内容

金融市场的预测，是运用科学的预测方法，对影响金融市场中的资金供求关系变化的各种因素，进行调查、研究、分析和测算，并推断其发展趋势。对银行来说，进行金融市场预测，主要有以下几个方面：

(1) 市场需求预测，它主要对市场需求的变化做出估计；

(2) 市场供给预测，它主要对银行同类产品的市场供应量作一个预测；

(3) 供求动态预测，即预测金融产品的供求平衡状况；

(4) 市场价格变化预测，根据供求关系变化及其变动来对价格走势做出估计；

(5) 金融产品生命周期预测，判断产品在市场上所具有的生命力；

(6) 产品销售预测，根据市场占有率及竞争力，对本行的产品销售情况做出预测。

(二) 市场预测的方法

预测方法，一般分为定性预测和定量预测。定性预测，是指预测人员根据经验和理论用直观方法进行定性分析的预测。这种方法相对比较容易，直观。定量预测，是运用数理统计方法和技术手段，对预测对象的未来趋势进行数量分析的预测。

定性预测常用的有以下几种方法：

1. 个人经验法

个人经验法主要是指预测人员，凭借自身所积累的经验和所掌握的资料，对事物前景作出直观判断。这种方法比较简便快捷，比较适合在短期内需要迅速做出判断和决策的情况。缺点是：这种分析往往带有主观色彩，预测结果由于个人经验的局限性会出现偏差。所以一般需要将这种方法与其他方法结合起来运用，相互补充，相互检验。

2. 德尔菲法

这种方法是美国兰德公司在20世纪50年代创立的。它是指当历史资料或数据不够充分，或者当模型中需要相当程度的主观判断时，采用问卷方式对选定的一组专家进行意见征询，经过反复几轮的征询，使专家意见趋于一致，从而得到对未来的预测结果。它的特点是匿名、反复函询和集中性。匿名是指参与的专家互不见面，互不相知，各专家独立地回答问题。反复函询是指对专家的意见加以综合整理搜集后，反馈给专家，专家再根据反馈的综合意见重新判断和回答，再寄回给预测的组织者，然后再进一步综合整理，再一次反馈给专家。通过多次反馈和修正，使专家意见逐渐趋于一致。集中性是指每次专家的意见都要进行集中，用统计的方法汇总，形成集中反馈再集中再反馈的循环。

3. 平衡匡算法

这是指利用经济现象中某些因素的平衡关系，以公式的形式来匡算某一因素预测值的方法。比如：我们可以根据预测期企业存款额＝预测期企业计划销售额×上年企业存款占销售额的百分比±预测期新因素来匡算企业的存款。这种方法的要点是要掌握有关因素的平衡关系，各因素和项目要没有错漏。这种方法运用较广。

定量预测法。这里主要介绍一些简单的定量预测方法。

（1）算术平均法：利用统计学中的算术平均数进行预测的一种方法。

计算公式为：

$$\hat{Y} = \frac{X_1 + X_2 + \cdots + X_n}{n} = \frac{\sum X}{n} \tag{2-1}$$

式中：$\hat{Y}$ 为预测值，X_1，X_2，$\cdots$，X_n 为历史数据；

n 为历史数据的个数。

这种方法虽简单，但不能反应预测对象季节性的变化和发展趋势，容易受极端变量的影响。一般只适用于经济变化不大的预测。

（2）加权平均法：是指将其在预测中的重要程度取做权数，进行加权而求得平均数的一种预测方法。这种方法在一定程度上克服了简单平均法的缺点，较好地体现了预测对象随偶然性因素引起的发展变化趋势。

其计算公式为：

$$\hat{Y} = \frac{m_1 X_1 + m_2 X_2 + \cdots + m_n X_n}{m_1 + m_2 + \cdots + m_n} = \frac{\sum m X}{\sum m} \tag{2-2}$$

式中：$\hat{Y}$ 为预测值；X_1，X_2，$\cdots$，X_n 为历史数据；m_1，m_2，$\cdots$，m_n 为权数。

例如：某商业银行 1~6 月的储蓄存款分别为 510 万元，535 万元，544 万元，525 万元，533 万元，530 万元。预测 7 月份的储蓄存款额。

设越靠近预测值的数据，重要性越大，越早的数据重要性越小。1~6 月的权数分别取为 1，2，3，4，5，6，则 7 月份的储蓄存款额的预测值为：

$$\hat{Y} = \frac{1 \times 510 + 2 \times 535 + 3 \times 544 + 4 \times 525 + 5 \times 533 + 6 \times 530}{1 + 2 + 3 + 4 + 5 + 6} \approx 531 \text{（万元）}$$

（3）几何平均法：当预测对象的变量之间具有等比或近似等比关系时，可以考虑用这种方法进行预测。

计算公式为：

$$\hat{Y} = \sqrt[n]{X_1 X_2 \cdots X_n} \tag{2-3}$$

式中：$\hat{Y}$ 为预测值；X_1，X_2，$\cdots$，X_n 为历史数据；n 为历史数据个数。

（4）移动平均法：这种方法又称滑动平均法，是把与预测值相邻的若干个历史数据的平均值作为预测值，将其向前移动，以求得下期的预测值。滑动平均的目的就是平滑数据，以消除一些干扰，使趋势变化更好地显示出来。

计算公式为：

$$\hat{Y}_{t+1} = \frac{Y_t + Y_{t-1} + \cdots + Y_{t-n+1}}{n} \qquad (2-4)$$

式中：$\hat{Y}_{t+1}$ 为预测值；Y_t，Y_{t-1}，$\cdots$，Y_{t-n+1} 为历史数据；n 为移动平均的时段长。

如果考虑到各个历史数据的在预测中的重要性不同，还要将每个数据乘上各自重要性的权重，然后再平均。这种方法又被称作加权移动平均法。

另外还有回归分析法等预测方法，这里就不做介绍了。

本章小结

本章主要介绍了银行营销环境分析与市场调研的相关内容。

第一节主要介绍了银行营销环境的概念、特征和市场调研在银行业的发展及内容。银行营销环境是指银行营销职能外部不可控制的，与银行营销活动相关联的内外条件。根据作用于银行活动的直接程度，可分为宏观营销环境与微观营销环境。其具有差异性、多边性、相关性等特征。市场调研在银行业发展历史并不长，但越来越受到银行业的重视。市场调研的主要内容有：宏观营销环境调查、客户需求调查、对市场供求状况调查等。

第二节详细介绍了银行营销宏观分析的内容。采用了 PEST 分析模式，即从政治（法律）环境、经济、社会和技术四个方面分析宏观因素对银行营销的影响。

第三节详细介绍了银行营销微观分析的内容。它一般分为客户、竞争者、银行自身三方面。

第四节首先介绍了市场调研的必要性，其次介绍了三种市场调研类型和市场调研的步骤：确定问题—设计调研方案—搜集信息—分析数据—报告调研结果。然后介绍了市场调研的几种方法：访问法、观察法、实验法。它们各有优缺点，调研人员应根据实际情况选择使用。最后介绍了市场预测的内容。预测是鉴往知来的过程，在营销活动中有重要意义。预测的方法有定性和定量两种方法。定性方法介绍了个人经验法、德尔菲法、平衡匡算法。定量方法介绍了算术平均法、加权平均法、几何平均法、移动平均法。

思考题

1. 什么是银行的营销环境？其特征是什么？

2. 银行营销环境宏观分析、微观分析的内容是什么？用这些因素分析一个营销实例。

3. 为什么要进行市场调研，市场调研的程序是什么？

4. 市场调研的方法有哪些，并评述各自的优缺点。

5. 市场预测的内容及方法。

案例一 重视宏观与微观因素分析，不打无准备之仗

S发电有限责任公司电厂（以下简称S电厂）项目，位于长江之滨，建设规模为两台350MW进口燃煤发电机组，装机总容量700MW，是华中电网当时单机最大的燃煤发电机组，被列为X省重点工程。项目总投资概算37亿元，国内融资11.5亿元。在此之前，J行从未涉足过电力行业，而S电厂已与除J行外的多家银行建立了信贷关系。在初次拜访客户遭到怀疑、冷遇和拒绝后，J行认真分析失败原因，统一思想认识、取得共识后重整营销思路，派出专人多次拜访国内电力行业的专家学者，探究电力市场发展前景。经过多方面努力，J行以其体现出的诚挚的服务精神和专业的学识水平，逐步打动了客户，与客户从不认识到熟知再到成为了朋友。1999年9月，S电厂项目被国务院批准开工，经公司董事会一致同意，与J行达成了初步融资合作意向。J行立即组织人员收集、整理、论证项目贷款申报资料，就在所有项目申报材料准备就绪的时候，该行内部对于S电厂项目贷款却出现了第一次意见分歧，而不同的声音听起来理由似乎也十分充足：当时X省经济发展比较滞后，经济总量小、工业相对落后，加上连年洪涝灾害，农业极不稳定，当时电力消费水平极低，用电过剩，电价持续回落，加上全国宏观经济调控，全国电力市场消费不景气，因此S电厂项目的市场发展前景不能看好。对此，有关电力专家也有两派，而且电力过剩还占了上风，认为J行营销此项目风险很大。针对这些反对意见，J行反复研究，通过对项目各项宏观与微观因素进行细致而科学的分析，逐渐明确：根据经过多方专家论证和由该行调查研究支持的项目发展前景和贷款风险论证的结论来看，X省电力市场目前的不景气，有产业结构不合理和连年受灾等多方面的暂时因素，但根据"十五规划"，X省的产业结构将有大幅度调整，用电水平将至少以8%的速度逐年递增，项目今后的收益和回报是有保证的。1999年12月S电厂项目贷款获J行的上级行批准，工程正式开工。

资料来源：商业银行营销实例与评析. 杨明生. 北京：中国金融出版社，2006.（有删节）

案例二 客户对XX银行服务满意度的调查问卷

问卷编号：

访问编号：

访问时间：

客户对XX银行服务意见的调查问卷

您好！我是XX银行市场调研小组的访问员，我们正在进行一项有关银行服务质量的调查问卷调查，需要耽误您的一点时间，恳请您的配合！谢谢您！

1. XX银行的职工让您感到亲切吗？

A. 亲切　　　　　　B. 比较亲切　　　　　C. 一般

2. XX银行的职员着装整洁吗？

A. 整洁   B. 不太整洁   C. 一般

3. 银行开展服务的速度如何?

A. 很快   B. 比较快   C. 一般   D. 比较慢

4. XX 银行办理业务需要的等待时间一般是多久?

A. 随到随办,不需要等待   B. 平均 5～10 分钟

C. 10 分钟以上   D. 不一定,视情况而定

5. 您觉得 XX 银行需要延长营业时间吗?

A. 需要   B. 不需要   C. 无所谓

6. XX 银行的营业厅环境让您满意吗?

A. 满意   B. 比较满意   C. 一般   D. 不太满意

7. 如果不满意,请您写出具体不满意的地方,以方便我们改进(   )

8. 您选择银行,主要考虑的因素是什么(请按重要程度排序)?

A. 地理位置便捷   B. 服务态度好   C. 营业厅环境好   D. 银行信誉好

E. 他人推荐   F. 其他

9. 您对 XX 银行服务还有什么建议?(   )

下面我们想了解一些您的个人信息,请您真实填写。请放心,所有信息都是严格为您保密的!

1. 性别

A. 男性   B. 女性

2. 您的年龄

A. 28 岁以下   B. 28～35 岁   C. 36～44 岁

D. 45～55 岁   E. 55 岁以上

3. 您的教育程度是

A. 初中或以下   B. 高中、技校/中专

C. 大学   D. 研究生或以上

4. 您的工作单位或工作性质是

A. 机关事业单位   B. 企业   C. 社会团体   D. 自由职业者

E. 其他

5. 您的月平均收入是

A. 1 500 元以下   B. 1 500—3 000 元   C. 3 000—5 000 元   D. 5 000 元以上

E. 10 000 以上

再次感谢您的合作!

第三章 银行营销的战略

第一节 银行营销战略概述

一、银行营销战略的含义和种类

战略（strategy）一词来自于古希腊。但在拿破仑之前，它只有军事含义，大意是指打败敌人或减轻失败后果的艺术和科学。后来它经过推广，运用到各个领域，特别是在企业经营过程中，战略被认为是影响企业利润的一个重要因素。世界第一流的咨询企业——麦肯锡在评价企业经营管理好坏时有"7S"标准，分别是战略（strategy）、结构（structure）、系统（system）、作风（style）、人员（staff）、技能（skill）、共同价值（shared value）。战略被列为首要因素。

银行的营销战略，就是在一定时期内用以指导银行营销活动，包括营销活动水平、营销组合及资源分配的总体思路和基本准则，是具有全局性、决定性、长期性的规划与决策。它是以客观经济规律为基础，有效地利用银行的资源能力（包括现有和潜在的），综合市场上已经及可能发生的各种情况，并兼顾银行营销活动的各个阶段及他们之间的联系而制定的。

营销战略想要达到预期的效果，必须是目标和手段的完美结合。它既要围绕银行的发展目标，又要纵观全局，合理地规定达到目标采用的手段，并应确定银行营销所要解决的重点问题、需经历的阶段、总体力量如何分配等一些重要决策。银行营销战略的活力就在于其应变性，即对市场营销环境发展作出一个正确的预计和评价，超前决定银行如何更好地适应这种发展，掌握先机，谋取更大的利益。

银行营销战略种类通常有以下三个方面：一是按照美国著名的市场营销学教授菲利普·科特勒的分析，银行市场营销战略包含属于营销战略计划的四个"P"，即探查（Probing）、划分（Partitioning）、优先（Prioritizing）、定位（Positioning），也就是包括营销调研战略、市场细分战略、目标市场战略和市场定位战略；二是从商业银行所处的市场环境来看，由于金融竞争日趋激烈，商业银行为适应竞争的需要而采取的营销竞争战略，如本章第四节所提到的进攻型战略、防御型战略和理性型战略三种；三是从商业银行自身长远、持续发展来讲，银行营销战略与银行经营战略密不可分，因此就广义而言还可以包括银行发展战略、企业形象战略、人力资源战略等。

二、银行营销战略的作用

银行以经营利润为主要目的，其经营活动离不开战略。而营销对银行增强其竞争力有重要作用，所以营销战略的意义非常重大。从根本上讲，营销战略是指引银行开展具体营销业务的灯塔，是整个营销活动的灵魂。具体来讲，营销战略可以有以下作用。

1. 减少银行行动的盲目性、明确其未来方向

银行的管理者应从全局出发，高瞻远瞩，从整体上把握银行营销活动。银行通过对市场发展详细全面的观察分析，可以对市场的未来发展趋势作一个基本正确的评价。通过对顺境逆境可能出现的情况准备相应的对策，银行可以掌握经营主动权。这种分析可以较好预测银行未来的活动，减轻消除意外市场变化对银行经营状况的影响，使银行避免较大的损失，捕捉更多的机会。

2. 有利于银行营销活动各个环节的沟通与协调

银行的营销战略会影响到银行的投入、产出、资源配置等各方面。如网点是否增设、销售渠道如何拓展、组织制度的安排、金融产品创新等。一个合理的银行营销战略可以优化银行的内部资源，有利于在营销活动中形成统一的思想，加强各部门的信息交流，协调各部门的行动，将各部门出现矛盾和冲突的可能性降到最低。同时可以充分调动银行营销人员的积极性和凝聚力，提高工作效率。

3. 夯实银行可持续发展的基础

良好的营销战略可以防止银行犯系统性错误。银行在战略管理过程中，不但能充分利用过去的信息和经验，还能把握现在和将来的发展趋势，避免短期行为。银行所面对的市场变化大，变化快，新的技术和产品不断涌现。营销战略是带有前瞻性和整体性的谋划，从根本上为银行的可持续发展奠定了基础。

第二节　银行市场细分

一、市场细分的概念

银行市场细分，是指银行根据客户需要、购买行为与习惯等方面的一定特征，将某一金融产品或服务的整体市场分割为若干个子市场。分割后的顾客需求在一个或若干个方面具有相同和相似的特征，银行可以据此采用特定的营销战略来满足这些不同客户群的需要。银行只有通过市场细分，才能确定自己的目标市场。

市场细分理论基于两个方面：一方面是客户需求的差异性。无论是个人客户市场还是企业客户市场，客户对银行产品和服务的需求总呈现出一定的差异性，不同的细分市场表现出不同需求的客户群。这是市场细分的基础。另一方面，对客户的居住环境、文化背景、年龄及其消费倾向进行比较，可以发现这些需求又具有一定的相似性。

二、银行市场细分的作用

任何一家银行，无论它的资本实力有多雄厚，其资源相对于成千上万客户的多种多样需求来说，都是有限的，因此不可能在所有业务上齐头并进，需要选择一两个细分市场作为重点。市场细分的作用有：

1. 有利于银行发现新的市场机会，更好地满足客户的需求

在金融市场上常常有这样的矛盾：一方面是银行产品滞销，另一方面是客户的一些合理需求得不到满足。客户的需求是多方面的，银行没有能力满足整个金融市场的所有需求。而通过市场细分，银行能研究客户对银行产品和服务的需求情况，了解满足需求、满足程度和市场竞争状态，挖掘新的市场机会，选择适合自己的细分市场。

2. 有助于发挥银行优势，提升竞争力，提高经济效益

经过市场细分后，银行可以集中财力人力在较小的子市场开展营销活动，把握客户需求的特点和变化，能及时调整和规划产品服务结构、价格、渠道和促销等营销策略。做到内部资源配置优化，以最小的投入获取最大的产出。例如，美国乡村银行是一家规模很小的储蓄银行。1989 年，乡村银行经过仔细的市场细分后，抓住中小型企业市场，集中精力满足该细分市场的抵押贷款需求，发挥乡村银行良好的经营贷款业务的丰富经验，结果 1989 年净收益比 1988 年增加 36%[①]。特色经营将成为银行在未来竞争市场中增强竞争力，克敌制胜的利器。

3. 有助于制定科学的营销战略

市场细分是根据客户需求的差异性和相似性进行的。银行要针对特定的细分市场提供不同种类的金融产品，对同一金融产品的不同细分市场有可能需要采取不同的价格、促销、分销渠道等营销战略。总之，只有在市场细分的基础上才能制定有效的营销战略。

三、市场细分的原则

银行进行市场细分时，要遵循以下几个原则：

1. 可量性

可量性即银行各细分市场的规模、效益及可能带来的业务量是可以被具体测量的，各考核指标可以量化。

2. 足量性

足量性是指细分市场足够大，大得能使银行对市场采取一系列营销活动，并有一定利润。

3. 相对稳定性

细分市场应在经营周期内保持相对稳定。如果细分市场动荡不定，经常发生裂变和重组，银行将无法为之制定营销战略，难以有效地组织经营活动。

---

① 欧阳卓飞. 现代商业银行营销. 北京：清华大学出版社，2004.

4. 差异性

这一点是毋庸置疑的。如果每个细分市场不满足这一条件，市场细分也就失去了它的意义。每个细分市场应对不同的促销活动有不同的反应。

四、市场细分的标准

银行市场细分的标准是指影响客户需求差异性的诸要素。根据不同类型客户的需求差异性进行市场细分是最基本的方法。银行客户分为个人客户与企业客户，不同客户市场又可以按不同标准进一步细分。

（一）个人客户市场细分

总体上讲，人口因素、地理因素、心理因素和行为因素是个人客户市场细分的主要依据。

人口因素：是指银行可根据客户的年龄、性别、家庭人数、职业、收入、受教育程度、社会阶层、宗教等因素来区分子市场。这些不同的客户群对银行产品的需求、爱好、使用频率是不同的，从而形成不同的子市场。

地理因素：按照客户所处的不同地理位置细分市场。国界、地区、行政区、城市规模、地理密度等都是常用标准。按地理因素区分时，还要注意市场的潜在购买力，它与市场的有效需求有关。

心理因素：心理因素进一步细分，包含三个方面。

（1）生活方式：客户的生活方式有追求经济型、追赶时髦型。对于不同类型生活方式的客户，银行应制定不同营销策略。例如：对追求经济型的客户来说，可能更看重产品的实用性，购买成本及未来收益；而对追赶时髦型的客户来说，除了产品功能本身，也会关注产品的花样和形式。

（2）个性：个性是一个人特有的心理特征，它导致一个人对所处环境的相对一致和连续不断的反应。一般用冒进、保守、自信、支配、顺从、被动等性格特征来描绘。例如：对保守性客户来说，可能会看重产品的安全性，其次才是收益性。而对爱冒风险的客户来说，更加注重产品的预期收益率，愿意冒一定风险换取更大的收益。

（3）社会阶层：社会阶层是指有相对同质性或持久性，按一定等级排列的群体集合，每一阶层成员具有类似的价值观、兴趣爱好和行为方式。不同的社会阶层身份地位的不同对产品的需求是不一样的。

行为因素：根据客户对银行产品的行为变化，将客户细分为不同的客户群。

（1）追求的不同利益。例如对客户使用信用卡行为进行分析，可以知道客户有的是为方便，有的是为显示身份地位。

（2）客户的忠诚度。根据客户对不同银行、不同种类金融产品的忠实程度进行细分，可分为坚定忠诚者（始终购买某家银行产品）、若干品牌忠诚者（同时忠诚于几家银行的产品）、变化忠诚者（从偏爱某家银行产品到偏爱另一家银行产品）、非忠诚者（对任何银行都不忠诚）。

（3）使用频率。根据客户对银行产品的使用频率，可细分为少量购买客户群、中量购买客户群、大量购买客户群。

（4）使用状况。根据对银行产品购买状况不同，可以细分为从未购买者、曾经购买者、潜在购买者、首次购买者和经常购买者等客户群。这种细分的目的是要保持经常购买者、变潜在购买者为现实购买者、变曾经或首次购买者为经常购买者。

例如国外某银行按年龄和生活方式进行的市场细分如表 3-1 所示。

表 3-1　　　　　　　　　　综合各种因素市场细分表

细分市场	年龄	生活方式	对银行产品需求
学生	18 岁以下	主要靠父母资助，经济来源非常有限	简单、方便的储蓄账户
年轻人	18~23 岁	接受高等教育或离开学校开始工作、收入水平较低	现金传递业务 旅行贷款 透支或信贷 简便的储蓄账户
年轻夫妇	24~28 岁	已结婚，双方都有工资收入，生活稳定，为家庭各项开支制订计划，准备储蓄	共同基金 保险 预算贷款 旅行贷款 储蓄账户 消费信贷
有子女家庭	29~45 岁	工资收入不断增长，已有子女或子女已长大成人，购买耐用品、住房和高价消费品	共同基金 抵押和住房贷款 为子女受教育准备长期储蓄 保险 消费贷款 为子女设立储蓄账户
中老年人	46~60 岁	退休前工资收入高，个人可支配收入增加	储蓄和投资 非经常性贷款 抵押或更换住房贷款 财务、投资咨询服务
退休老人	60 岁以上	有可观的财产，养老金	现金收入管理 信托服务 财务咨询

实际市场细分时，需同时考虑对多项细分标准进行综合分析。分析的原则视银行的目标状况不同而不同。

（二）企业客户市场细分

影响企业客户细分的标准也很多，主要有企业的规模和企业所处的行业两大因素。

1. 企业规模因素

这主要包括企业年营业额、职工人数、资产规模等。我们可以根据表 3-2 的例子来说明：

表 3-2 英国对国内企业按年营业额为标准进行的市场细分

企业客户细分市场	对银行产品和服务的需求及潜在需求
小型企业：年营业额在 50 万英镑以下，服务业、零售业、制造业、农业	个人金融服务，房产购买计划 开业贷款，包括小企业贷款担保 租赁 高级管理人员保险 银行现金传递业务
中型企业：年营业额在 50 万英镑～500 万英镑之间，服务业，零售业、制造业、农业	结算支付服务 代理业务或贷款保险 为员工支出费用使用的信用卡 租赁信贷 长期资金贷款
大型企业：年营业额在 500 万英镑以上，服务业、零售业、制造业、农业	结算支付服务 股权融资 企业咨询服务 信用卡 进出口服务 长期资金贷款

资料来源：JOHN MARSH. Financial Services Marketing，1988：338.

2. 行业因素

按照不同的产业特点，可以将企业分为第一产业、第二产业、第三产业。在不同的产业内部，又可进一步细分为更具体的行业。比如可以根据生命周期理论将不同行业分为朝阳行业或夕阳行业。朝阳行业是指市场需求量大，发展潜力巨大的行业，其所需的资金量也大，需要银行提供更快捷的资金周转服务。而夕阳行业，则市场需求量小，发展前景悲观，需要银行提供资助帮助其转产。在朝阳行业我们还可以进一步细分为勇于进取企业或稳步经营企业等。

第三节 银行目标市场及定位

一、目标市场的概念

目标市场是指银行在市场细分的基础上确定将要重点服务的客户群，是银行营销活动中所要满足需求的特定市场。目标市场在银行细分市场中居核心位置，银行的一切营销活动都是围绕目标市场进行的。选择和确定目标市场，明确银行的具体客户群是银行制定和实施营销组合策略的基本出发点。

二、目标市场的选择

（一）无差异性市场策略

这种策略是将金融市场作为一个最大的目标市场，推行单一的营销组合计划与营销战略。银行采取这一策略是假定客户的需求是相似或同质的，无视客户之间的差异。

如为了保障客户存款安全，只需制定安全保障策略，以单一产品、单一价格、单一促销方式、单一分销渠道就可以满足。这种策略的优点是营销成本低，缺点是无视同一顾客群不同层次的需求差异，不能适应复杂多变的市场需要。

无差异性选择策略主要适用于小型银行，如我国的城市商业银行，但同时需要一个相对闭塞、狭小的市场范围和不激烈的竞争环境。如果从商业银行各分支机构的角度来看待无差异性目标市场战略，大型商业银行从整体上采取无差异性目标市场也是可行的。关键在于设立分支机构时一定要将各分支机构的目标市场选择准确。

（二）差异性市场策略

这种策略是指银行分别设计不同的产品和服务，运用不同的市场营销组合为若干个细分市场服务，满足每个细分市场的不同要求。如针对客户对储蓄期限长短收益不同的需求，设计和推出储蓄期限、利率不同的银行产品等。这种策略的优点：第一，是能使客户的不同需求更好得到满足，使银行争取更多的顾客，实现更大的利润。第二，差异性市场战略使得银行即使某一细分市场失败，也不会导致银行陷入全盘皆输的境地，给了银行更多回旋决策的空间。第三，具有连带优势。银行如果在一个细分市场取得成功，有可能会带动子市场的发展。在几个细分市场都占有优势，会大大提升银行的形象。不足是由于产品品种众多，需要的研发费用、推广费用会相应增加，同时银行的经营管理难度也会增加。对资金不足、技术力量薄弱的中小型银行，应慎重考虑实行此策略。

（三）集中性市场策略

这种策略是指银行将自己的资源集中在一个或有限的几个细分市场，进行高度专业化服务。它不再面对整个金融市场，也不把力量分散到若干个细分市场。它不追求在若干个较大市场上占有较小份额，而是在较小的细分市场上占有较大份额。银行通过深入的市场分析和预测，将那些需求量大、市场潜力大的子市场作为主攻对象，集中财力、人力、物力开发出一种或几种特色的产品。如美国的花旗银行的策略，就是成为世界上最大的债券和商业票据交易商。这种策略的优点是：可以集中银行有限的资源，在某个细分市场提供专业化的服务。由于力量集中，对这一细分市场的客户需求会有更深刻的理解，银行能制定出最佳的市场营销组合决策，能提供最佳的产品和服务，这往往会提升银行的专业形象。缺点是：银行的目标范围太小，一旦市场发生不利现象，银行损失的风险太大。

三、影响目标市场策略选择的因素

（1）银行自身的实力。包括资金实力、人力资源、技术能力、管理水平等。如果实力较强，可以选择无差异性市场策略。如果实力较弱，可以考虑集中性市场策略或差异性市场策略。

（2）银行产品的特点。对同质性较高的产品，如结算服务等，可采用无差异性策略。对同质性较差的产品，如储蓄等，可以采用差异性策略。

（3）竞争对手的情况。一般来说，自身的营销战略和竞争对手，应该有所区别。

如果面对的竞争对手实力强大，采用的是无差异市场策略，那自己可考虑采用集中市场策略或差异性市场策略。如果竞争对手实力较弱，则可采取与之相同的目标市场营销战略，凭借实力与之全面竞争。

一般来说，银行目标市场策略应保持一定的稳定性，除非市场形势或银行实力发生重大变化，否则不应转换。出于规模经济的考虑，大多数银行倾向于大而专，小而精的发展模式。商业银行通常采用差异性市场策略和无差异性市场策略。但在分支机构这一层次，采取集中性或无差异性的市场策略是一种现实选择。对银行来说，认清自己所处的市场地位，是决定采取何种市场策略的前提。

四、银行市场定位

(一) 市场定位的含义

定位概念的提出者美国人 A. 里斯和 J. 特劳特对市场定位（marketing positioning）的定义是："定位从产品开始，可以是一件商品、一项服务、一家公司、一个机构、甚至一个人。然而定位并不是你对产品本身做些什么，而是在未来的潜在顾客的心目中确定一个适当的位置。"根据定义，银行市场定位就是银行在竞争中找到有利于自身生存和发展的恰当位置。使自身的形象和产品都能在客户心中留下特别印象的活动过程。

(二) 银行市场定位的内容

银行市场定位主要包括两个大的方面：

1. 形象定位

银行的形象，就是与银行有关的各类公众对银行综合认识后形成的最终印象和整体评价。形象包括有形形象（产品形象、职工形象和实体形象等）和无形形象（银行信誉、职工价值观等）。银行形象定位，就是指通过塑造和设计银行的经营观念、标志、商标、银行专用字体、标准色彩、银行外观建筑、像徽图案、户外广告、陈列展示等手段，在客户心中留下独树一帜的银行形象。例如，美国花旗银行的精神标语和宣传口号是："富有进取心的银行，向您提供高效便捷的服务。"这个标语就将花旗要传达的进取和高效便捷的理念很好地体现出来。再比如，香港中国银行定位于"强大后盾的中资银行"，吸引了一大批有民族情结、信赖中资的目标客户群。

2. 产品定位

银行的产品定位，是指根据客户的需要和顾客对金融产品某种属性的重视程度，设计出区别于竞争对手的具有鲜明个性的产品，以在客户心目中确立一个恰当的地位。如：某银行为占领在校大学生信用卡市场时，为卡设计出动感青春的符号和名字，并邀请体育明星担任信用卡的形象代言人。这种做法使该行的信用卡在大学生中大受欢迎，并确立了鲜明稳固的产品形象。

(三) 银行市场定位的方式

（1）避强定位。避开强势对手，选择新产品和新形象定位。这种方式成功率高，风险小。例如我国中小型商业银行，可以选取四大国有商业银行忽略的中小企业、私营企业市场开展金融活动。

（2）迎强定位。与在市场上占支配地位的竞争对手正面竞争的定位方式。这种方式有一定风险，但一旦成功，将会获得巨大的市场优势。这不一定是恶性竞争，银行间可在行业自律协会协调下实现协同竞争。

（3）重新定位。对不受客户欢迎，市场反映较差的金融产品和服务进行重新定位。对商业银行来说，重新定位的方法：一种是改变产品功能，使其更满足客户需求；另一种是改变客户的心理定位，即通过广告宣传等手段改变客户对银行及其产品的片面认识。例如美国长岛信托公司在大银行的竞争中，无论是分行数目还是服务质量与资本基础都排名落后，但在给公司做了"长岛银行为长岛居民服务"的重新定位后，所有表征的排名都有大幅度提升。

第四节 银行营销竞争战略

一、营销竞争战略的类型

英国银行家阿瑟·迈丹（Arthur Meidan）在其著作《银行营销管理》中将银行营销竞争战略划分为进攻型、防御型、理性型三种。

（一）进攻型战略（offensive strategy）

这种战略是要求银行不断开拓新市场、扩大地域范围、拓展业务领域，将银行发展成市场的领导者。在落后于竞争者时，其目标是迅速缩小与竞争者的差距，超越竞争对手。在领先竞争者时，其目标是继续扩大与竞争者的差距。进攻型战略又可分为五种类型。它们分别是区域扩张战略、市场渗透战略、开拓新市场战略、市场领导者战略、市场竞争者战略。

1. 区域扩张战略（geographical expansion strategy）

这主要是指通过扩大银行地理区域来增加业务量。其主要手段是在新的地区设立分支机构或服务。当银行经营到一定程度，国内市场份额有限时，可以将触角伸及其他国家。这种战略较适用于大银行，它在新的地域凭借自身实力相对容易打开市场。

2. 市场渗透战略（market penetration strategy）

该战略的侧重点是在已有的市场上吸引更多新客户。这是银行界目前较广使用的战略，主要手段是加强广告宣传和举行其他营销活动，让更多客户了解银行所提供的金融服务，改善银行在客户心目中的形象，扩大影响力，刺激客户增加银行产品的购买量及次数。

3. 开拓新市场战略（new market strategy）

该战略的重点是开拓现有占领市场以外的新市场或以新市场来取代原有的市场。这主要通过金融产品创新，以新的金融产品和服务来实现。

4. 市场领导者战略（market leader strategy）

这种战略是指那些规模较大、实力雄厚、在市场上占据较大市场份额的银行。由于具有规模优势，在价格与分销渠道上比一般银行更有竞争力；在战略上有更多选择；能在一定程度上控制其他银行。这一战略的具体目标是尽可能地提高市场份额保持领导者地位。

5. 市场竞争者战略（market challenger strategy）

这是指实力与规模都仅次于市场领导者的银行，它们试图超越竞争对手，甚至企图取代市场领导者的地位。此战略适用于较有实力的大银行。市场领导者在市场份额较大，一旦竞争者挑战成功，将获得极大的经营战果。这具体又包括直接进攻战略、迂回进攻战略、合并战略。直接进攻战略是指在同一市场上，运用价格、服务、创新手段向领导者或竞争者正面攻击。迂回战略是指充分运用各种细分市场分销渠道来占领市场，间接迫使其他竞争者退出市场。而合并战略是指银行运用各种合法手段干扰其他银行业务，或以更优惠的条件将客户从其他银行手中抢走，以提高其整体竞争力。

（二）防御型战略（defensive strategy）

有些银行由于条件制约，不能采用进攻战略提升竞争地位，只有采用防御战略。这种战略主要目标是保持已有的客户和维持市场份额，是一种相对保守的营销战略。通常追随市场领导者，或将精力集中在未被其他银行开发的某一特定客户群，即空挡客户群。

1. 市场追随者战略（market follower strategy）

这指那些拥有中等资产规模，分支机构数量不多的银行，没有能力向领导者和挑战者发起进攻，只能追随它们采取的战略。营销活动往往同领导者亦步亦趋，服务收费随领导者的调整而调整，产品模范度极高。这类银行的管理层更侧重于市场收益率而不是市场份额。

2. 市场补缺战略（market nicker strategy）

这指充分利用现有市场未被占领部分，在特定市场开展专业化经营。它适用于竞争力弱的小银行。这些市场不仅能带来稳定利润，而且可以避免和大银行直接竞争，风险较小。该战略成功与否的关键，是空缺的市场是否存在以及银行能否及时捕捉到这样的"空挡"。有利可图的空挡市场应具备以下几个条件：第一，有足够的市场潜力；第二，利润能够增长；第三，银行拥有良好的信誉对抗竞争对手，具备占领这个空档市场的资源和能力；第四，竞争对手对该市场不感兴趣。

（三）理性型战略（rationalization strategy）

这种战略强调低成本经营，即从银行营销组织布局及经营活动的合理性角度出发，通过分支机构设置的调整，提高工作人员的效率，削减不必要的营销费用，采用先进的电子转账服务及引进电子计算机设备为客户提供快捷与低廉的服务。中国建设银行从1995年起对地处边缘、经济效益差、业务量小的营业网点进行撤销、降格、改建，同时在部分急需金融服务的大中城市增设网点，将部分功能单一的储蓄所改建为可办理综合业务的分理处。这一系列措施就是理性型战略的运用。

二、银行营销竞争战略的选择

在前面我们介绍了银行营销竞争战略的类型，接下来我们讨论影响营销竞争战略选择的因素。我们将这些因素大致分为内部、外部两类。

（一）内部因素

1. 银行当前的管理能力与资源实力

银行应对自身的经营管理水平作出合理的评价，对现有的人力、财力、技术水平在市场上所处的地位有正确的认识。然后根据这些评价和认识做出相匹配的营销战略。如果不考虑这些因素，制定的战略在实施中必然会出现很大的偏差。比如，占据市场份额较大的领导者可以采取进攻型战略，另外一些实力仅次于领导者的银行，可以扮演竞争者的角色，而一些小银行就只能充当追随者，采用防御型的战略，并通过市场渗透战略或补缺战略，获得更大利润。

2. 银行的潜力

金融市场是不断发展变化的，银行的发展潜力在一定程度上也要影响到营销战略的选择，这包括人和物两方面的潜力。从人的方面看，如果银行拥有高素质的员工，特别是决策层具有高瞻远瞩的战略眼光，便可选择和制定出适合的战略。如果银行拥有一批能不断追踪客户需求变化，设计出符合需求变化的产品的专业人士，也会对银行选择何种战略有积极影响。从物的方面看，物质的制约影响也应考虑。比如银行应具备充足的资本，能满足扩张所引起的添置先进设备的需要；否则将不能盲目采用扩张策略，而应进一步巩固已有的市场，为老客户提高更多更好的服务。

（二）外部因素

1. 政府的政策法规及其他限制性措施

银行的经营活动必须建立在合法合规的基础上，它制定的战略也就必须在法律允许的框架内。例如美国在 1994 年 9 月之前，是不允许银行跨州设立分支机构的，那么其国内银行的营销战略便不能采取区域扩张型的。

2. 竞争者银行的战略

这主要是针对处于支配地位的银行来说的。他们在市场上没有足够多的话语权，必须根据市场领导者的战略相应调整自己的战略，以求做到知己知彼，百战不殆。

3. 客户需求

银行开展营销活动的终极目标是将产品销售给客户，获取利润。因此银行的产品、营销活动必须时刻以客户的需求为重心，要及时跟踪客户需求的变化，适时调整自己的营销战略。银行可通过与客户的日常接触或者组织人员进行市场调研获知客户想法，一旦发现不满足，便要采取新的市场战略，为客户提供更优质的服务。

4. 宏观经济形势

一国的经济发展带有一定的周期性。银行作为经济中的核心行业，也不免会受到经济周期的影响。因此银行在制定选择战略时要对所处经济环境阶段作出正确判断，从而选取相应的策略。

综合以上各方面的因素，我们将不同规模银行对营销战略选择作一个归纳，如表 3-3 所示：

表 3-3　　　　　　　　　　　　　银行营销竞争战略选择

战略选择		大银行	小银行
进攻型战略	区域扩张战略	在忠诚度较高时可行，但有反垄断的风险	在该行忠诚度较高时可行
	市场渗透战略	可行	可行
	开拓新市场战略	可行，由于有较大市场份额，可以获利	因资源不足而不可行
	市场领导者战略	在市场上占据绝对优势时可行	不可行
	市场挑战者战略	可行	因资源不足而不可行
防御型战略	市场追随者战略	不太会采用	可行
	市场补缺战略	不太可能采用	可行
理性型战略		可行	可行

第五节　银行 CIS 战略

现代金融业越来越注重在公众面前树立自己的企业形象。在西方发达国家，企业形象的塑造和构成已形成了一个比较规范的系统，即企业识别系统，也叫企业形象系统。银行可借鉴这一系统，树立自己的良好形象。

一、CIS 战略的含义

CIS 是英文 Corporate Indentity System 的简称，现在多译为企业形象识别系统，它是一种新型的现代企业经营战略，目前已经成为银行业营销活动乃至整个经营管理的一项重要内容。所谓的企业形象是指企业的内存精神、企业文化与外在特征（如行为特征和视觉特征等）在客户心目中的总体印象和评价，是企业多方面形象的综合体现。最早运用 CIS 的是美国的 IBM 公司。20 世纪 50 年代中期，IBM 公司深感传统老式风格无法体现其制造高科技产品的精神，因而率先导入 CIS，希望通过建立企业识别系统，树立起反映 IBM 品质感、时代感以及具有开拓创新精神的企业形象。其中一项重要创举便是运用有横隐形条纹的 IBM 三个英文字母作为公司的企业标识。此后麦当劳快餐、美孚石油公司、可口可乐也都相继推出各自统一的标志来突出企业的视觉形象，彰显公司品牌魅力。

到了 20 世纪六七十年代，日本的一些金融业（如日本第一劝业银行）和零售业

（如大荣百货公司）首先引进了 CIS 战略，推出自己的标识。在 CIS 战略的实施过程中，这些日本企业发现仅是企业标识的视觉效果是不够的，于是它们对 CIS 战略进行了补充，将企业的经营理念和经营行为都统一到 CIS 中，形成了现在完整的 CIS 战略。

而我国商业银行，如中国建设银行、中国银行、中国农业银行等则是在 20 世纪 90 年代，才开始引入并实施 CIS 战略。

二、银行 CIS 战略的构成要素

CIS 的内容相当丰富，我们一般认为，作为一个完整的银行形象识别系统，其 CIS 战略应当包括三个子系统：①企业理念识别（Mind Identity 简称 MI）；②企业行为识别（Behavior Identity，简称 BI）；③企业视觉识别（Visual Identity，简称 VI）。

（一）理念识别

理念识别是指银行经营管理的指导思想或观念，是银行对在经营管理活动中形成的指导银行行动的特殊精神的本质概括，包括银行的经营信条、精神标语、经营策略及经营规范等内容。理念识别是整个银行企业形象识别系统的核心，它始终贯穿于 CIS 战略的全过程。

（二）行为识别

行为识别是指银行在经营理论指导下所表达出来的内、外部的活动，是在理念识别的基础之上对银行各项经营活动进行的规范化策划。因为对于客户来讲，希望看到的不仅是银行措辞完美的理念宣传，更多是能感受到银行员工用其行动所表达出的与理念识别相一致的服务，故银行行为识别是其理念识别的具体化，是连接银行与客户的纽带。

行为识别包括对内和对外两方面。对内要求员工行为规范化，这包括员工的职业道德、仪容仪表和体态语言等内容。它要求银行对员工操作技术、应用技巧、服务水准、职业操守、敬业精神等进行培训和教育，同时要规范员工的生活福利、工作环境等，以此来传达银行的经营理念。对外银行会通过各种活动，包括市场调查、产品开发、公共关系、营销活动、大型社会活动、公益性和文化性活动来宣传自身的经营理念。

（三）视觉识别

视觉识别是通过具体化与视觉化来表现银行的独特形象。由于在整个 CIS 战略中，银行理念显得较为抽象，银行行为虽然具体却是一种动态活动，只有运用更为具体的符号或标识把银行的理念凝聚成为一种静态的视觉形象，才更容易传播和被广泛接收。视觉识别是一种传播力量与感染力量最为直接的表达形式。

银行视觉识别分为基本要素和应用要素两个部分。基本要素包括：银行名称、银行品牌标志、银行品牌标准字、标准色、银行形象图案、专用印刷字体、企业宣传标语和口号等。应用要素包括：办公用品、设备、招牌、标识牌、旗帜、建筑外观、橱窗、制服、交通工具、产品名称、产品包装、包装用品、广告、展示及阵列规划等。

在 CIS 战略中，其三个构成要素是相互关联、相互制约、相辅相成的。理念识别是银行精神在语言上的高度精炼，是银行 CIS 战略的核心；行为识别则是理念识别的具体化，是一种动态的表现；视觉识别则是理念识别的外在的静态的表达。

CIS 战略的主要目的在于通过企业行为识别和视觉识别传达企业理念、文化，树立企业形象。银行 CIS 战略如图 3 - 1 所示。

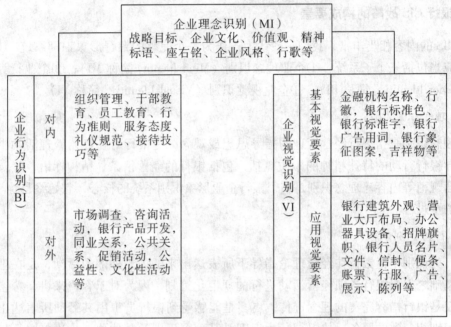

图 3 - 1　银行 CIS 战略

三、CIS 战略在银行经营管理中的作用

银行 CIS 战略是指将银行深层次的文化理念和高层次的经营宗旨、经营思想等进行确认或重新确认，形成本银行与众不同的富有鲜明个性特征的金融理念，并以此为基础对银行表层的识别系统，包括行为方式、视觉感受等进行全方位的规划设计和定位。CIS 以其强大的生命力和感染力将这种定位后的银行特质对内熏陶、向外传播，使银行员工、广大客户及社会群体产生广泛的共鸣并留下深刻的印象。具体来讲，CIS 战略在银行经营管理中的作用主要体现在以下几个方面：

1. 强化管理

CIS 是一种新型的管理理念，不单是以提供服务为出发点，而是从银行的整体形象出发，将银行的价值观、外在形象、服务标准等要素都纳入整体形象之中，综合运用管理学、心理学、美学、行为科学等手段，把银行的文化理念和经营宗旨表达出来，并以此来管理银行，确保银行的健康和可持续发展，更具有系统性、直观性和艺术性。

2. 增强外部认知度，扩大影响

银行的经营具有的模仿性导致银行在金融产品、服务手段等方面的差距日益缩小，为了能在众多的银行中脱颖而出，CIS 以其全新的价值观和整体识别系统塑造出独特鲜明的外部形象，建立起银行的信誉及品牌，从而有效地增强外界对银行的认识度。同时 CIS 的内容要求银行在对外传播中必须前后统一、言行一致，以保证信息传播的同一性，通过统一系统的行为要素、视觉要素可提高信息传播的频率，增强信息刺激的力度，产生倍增的传播效果，更有利于巩固银行在客户心目中的形象，也更利于银行被更广泛的群体认可和接受。

3. 增强内部凝聚力

银行的 CIS 战略是对外形象和对内形象的统一，通过完整一致的 CIS 设计，给人以耳目一新的感觉，使银行员工都能为是银行的一员而感到自豪，进而能激励士气，增强内部凝聚力，创造和谐的环境，有助于形成全体员工振作精神、齐心协力为本行效力的工作氛围。

总之，要科学导入 CIS 战略，统一企业经营理念，银行必须符合理性地架构自身的形象识别系统，在深入分析市场环境、自身文化传统及现状、发展目标等基础上进行形象创意，确立基本的经营理念、行为规范和物质形象等，塑造统一鲜明的机构实体显示识别系统，以给社会一个清晰、亲切、庄重的形象，铸成一种独特的适合自身实际和发展要求的企业精神。通过有效实施 CIS 战略，重塑金融机构形象。只有这样，才能获得公众的信赖与良好的评价，才能开发出更多与众不同的产品，深化产品销售的广度和深度，提高机构的社会知名度，增强内部凝聚力，实现经营行为与国际惯例并轨。

本章小结

本章介绍了银行营销竞争战略的相关内容。银行营销竞争战略是在一定时期内，用以指导银行营销活动，参与市场竞争的总体思路和基本准则。它是银行开展具体营销活动的核心，具有导航灯塔的作用。银行营销战略通常有三类：一是按照美国著名的市场营销学教授菲利普·科特勒的分析，银行市场营销战略包含属于营销战略计划的四个"P"，即探查（Probing）、划分（Partitioning）、优先（Prioritizing）、定位（Positioning），也就是包括营销调研战略、市场细分战略、目标市场战略和市场定位战略；二是从商业银行所处的市场环境来看，由于金融竞争日趋激烈，商业银行为适应竞争的需要而采取的营销竞争战略，如进攻型战略、防御型战略和理性型战略；三是从商业银行自身长远、持续发展来讲，银行营销战略与银行经营战略密不可分，因此就广义而言还可以包括银行发展战略、企业形象战略、人力资源战略等。

任何一家银行无论资本实力多雄厚，都不能满足市场无限的需求，因此市场细分十分必要。市场细分是指银行根据客户需要、购买行为与习惯等一定特征，将某一金融产品或服务的整体市场分割为若干个子市场，银行针对具有相同或相似的子市场再来选取特定的营销战略。市场细分能帮助银行集中资源，发挥自身优势，更好地满足客户需求，实现成本收益最大化。市场细分应遵循可量性、足量性、相对稳定性、差异性四个原则。划分标准根据个人客户与企业客户不同，又有不同的标准。

市场细分后银行能够根据自身的实力、产品的特点、竞争对手的情况选择自己重点服务的客户群，即目标市场。选择目标市场的策略有无差异性策略、差异性市场策略、集中市场策略。银行市场定位主要有形象定位和产品定位两大类。定位的方式有避强定位、迎强定位和重新定位三种。

银行营销竞争战略大致分为进攻型战略、防御型战略和理性型战略三种。进攻型战略又可具体分为市场领导者战略、市场挑战者战略、开拓新市场战略、区域扩张战略、市场渗透战略。防御型战略又分为市场补缺战略和市场追随者战略。银行选择营销竞争战略时，应考虑内、外部因素。内部诸如自身的资本实力、经营管理水平、发展潜力等。外部诸如法律法规、客户需求、竞争者情况、宏观经济形势等。

CIS 战略包括三个子系统：企业理念识别、企业行为识别和企业视觉识别。这三个方面相互联系、相互制约、相辅相成，理念识别是银行精神在语言上的高度精炼，是银行 CIS 战略的核心；行为识别则是理念识别的具体化，是一种动态的表现；视觉识别则是理念识别的外在的静态表达。CIS 战略的主要目的在于通过企业行为识别和视觉识别传达企业理念、文化，树立企业形象。CIS 战略在银行经营管理中的作用主要体现在：强化管理、增强外部认知度，扩大影响、增强内部凝聚力。

思考题

1. 名词解释

营销战略　　　　市场细分　　　　市场定位

2. 银行为什么要进行市场细分，目标市场定位分为哪几类？有哪些定位方式？试举例说明。

3. 银行营销战略有哪些类型？

4. 银行营销战略选择应考虑哪些因素？

案例一　美国 M 银行与香港 H 银行的市场定位

目标市场选择是否正确，市场定位是否恰当，对银行经营发展关系重大。美国 M 银行在 20 世纪 60 年代是纽约最大的银行，也是世界上著名的大银行之一。70 年代，该银行不顾其资源能力，大量增加新品种，开辟新业务，不断扩大目标市场，导致管理松散、效率下降。1990 年滑入谷底，当年亏损达 3 亿美元。90 年代开始，他们改变营销策略，力求精简，收缩目标市场，淘汰了多种业务，结束了在欧洲的零售银行业务和在英国的抵押融资与信用卡业务，然后放弃了商业租赁及退休基金管理业务。他们认为，这些业务的竞争对手实在太强。经过四年调整，他们把业务范围和目标市场集中在三个层次：①零售银行业务以美国东北各州为目标市场；②消费性金融服务，以全国各州为目标市场；③国际金融业务，以大公司为服务对象。实施以上策略以后，1992 年获得利润 6.3 亿美元，1993 年获得利润 9.6 亿多美元，增加了 50% 多。后来 M 银行又提出要从传统存贷业务为主转向以提供服务为重点，逐渐收购一些遍布全国各州的金融机构，形成了一个可在全国范围提供金融服务的网络。1995 年 8 月，M 银行与美国 C 银行合并，总资产达 2 970 亿美元，成为当时美国最大的银行。

香港的 H 银行是历史较为悠久的国际银行集团，目前在世界商业银行中排名第三，拥有 3 150 亿美元资产和分布全球的众多分行。该行的最大利润增长点在亚洲。面对美国 CT 银行等金融机构对亚洲市场的压力，他们对亚洲市场的潜力和前景进行分析、预测，并对亚洲市场客户进行市场细分，挖掘不同需求。根据香港 H 银行的统计，亚洲人均收入超过 3 万美元的数量会迅速增加，为了占领这部分市场，H 银行推出了一系列旨在吸引这部分客户的银行产品和服务。为高收入层专门开立一种 ASSET VANTAGE 账户，开户最低金额为 26 000 美元，为他们提供贵宾服务，同时还提供有关投资、互助基金、货币掉期等方面的建议和方案，使这部分客户享有较高的储蓄利率和宽松的信贷限额，有专门的接线员负责电话储蓄业务。迄今为止，H 银行已经拥有这类客户 10 多万户。另外 H 银行还着眼于新西兰和新加坡中上收入水平者，开设了专门的 ASSET VANTAGE 分行。通过以上这种市场定位，H 银行的个人业务进一步趋于稳定。

资料来源：袁长军. 银行营销学. 北京：中国金融出版社，2004.

案例二 锁定杭州湾 实施新市场战略

H 大桥及北岸接线工程是我国"五纵七横"国道主干线中重要的工程，其地理位置关键，是交通枢纽。项目工程战略意义重大，经济效益显著。该项目的建成可以更好地发挥上海的经济辐射和聚集功能，促进长江三角洲地区经济的快速持续发展。

大桥项目由 J 和 N 两地共同予以实施，其中，J 市负责主工程十分之一的投资和北岸连接线工程的建设，桥体总投资 75 亿元，北岸连接线总投资 21 亿元。该市 J 行自 1999 年起就建立了市场信息快速反应机制和网络，尤其高度关注重大建设项目。早在 2001 年，当国务院办公会议做出建设 H 跨海大通道的决定时，J 行在第一时间获取信息，并作出了快速反应。考虑到同业竞争的激烈程度，J 行及早准备，把本行的资金实力、便捷结算、高效率工作等优势推介好，并逐个对当地同业竞争对手，乃至有可能参与的政策性银行进行竞争优势劣势形势分析，做到知己知彼，打有备之仗。

在树立了志在必得的信心后，J 行研究提出战略合作思路：一是加强高层会晤，确保项目进程信息畅通；二是起草《业务合作意向书》；三是根据分层营销、层幅对称的要求，与 J 市高等级公路投资有限公司相关部门建立定期互访制度；四是对 J 市高等级公路投资有限公司投资的子公司业务需要作出快速反应，加速投入进度；五是在最短时间内签订合作协议和项目贷款意向书。与此同时，还组建了专门项目营销领导小组，由行长亲自担任组长，客户部、项目部、信贷部、营业中心等多部门参与，明确分工与职责，将各项工作职责落实到部门、落实到具体经办成员。2001 年 5 月，经过多轮的磋商与谈判，J 行与市政府终于确定了业务合作的大框架，并草签了第一份《业务合作意向书》。

2001 年 12 月 20 日，双方商定于 12 月 31 日正式签订《业务合作协议书》。原来以为一切都已经尘埃落定，却不料平地起波澜。12 月 28 日上午，市长召见 J 行，提出从综合平衡角度考虑建议取消 31 日举行的签约仪式，如果 J 行坚持如期进行，就必须在《业务合作协议书》中作出贷款承诺。当晚，经办行也提出 H 跨海大桥及北岸连接线项目需要 16.5 亿元授信，这已超出了支行权限的问题，必须向上级行申请特别授权。签约日期还剩最后两天，希望变得十分渺茫。在此关键时刻，J 行坚定信心，只要有 1% 的希望就要付出 100% 的努力，于是向上级行发出紧急报告。29 日，J 行领导带着经办行的《要求特别授权的请示报告》直接向上级行汇报，上级行经过对 H 跨海大通道项目进行研究分析后果断决策走"绿色通道"。J 行领导当晚赶回 J 地区，马不停蹄连夜召开办公会议，部署签约事宜，至此，各项工作就绪，12 月 31 日，J 行上级行领导与 J 市高等级公路投资有限公司总经理顺利签订《业务合作协议书》，并承诺对 H 大桥及北岸连接线项目贷款 16.5 亿元，签约消息很快在人民网、新浪网等新闻媒体上发布和转载。

2002 年初，H 大桥项目主体及北岸连接线项目又发生重大变化，由于主体桥面增宽、车道增加、北岸连接线延长、主体桥面总投资增加到 110 亿元，北岸连接线项目延长，总投资增加到 60 亿元。这样一来，原定的方案都将发生变化。其他银行得到消息后，立刻开展了新一轮的竞争，抢争新增投资部分的项目贷款，特别是 Z 银行通过总行及业主关联企业关系，实施步步渗透策略。项目业主也以继续履行《业务合作协议书》确保 16.5 亿元项目贷款不变为由，又与 Z 银行签订了 10 亿元项目贷款的意向。眼看通过三年营销来之不易的项目可能分流，J 行十分着急，组成了联合攻关小组，研究对策。J 行上级行行长也多次与 J 政府和业主进行沟通和研究项目实施规划，通过省市二级行的不懈努力，最终获得成功，做下全部业务。

资料来源：杨明生. 商业银行营销实例与评析. 北京：中国金融出版社，2006.

第四章　银行营销的产品策略与新产品开发

产品是商业银行营销活动的对象，是银行赖以生存和发展的基石，是市场竞争的核心。银行通过提供让客户满意的产品来实现其经营目标，在市场中取得竞争优势。产品因素是商业银行市场营销组合中的首要因素，因此，产品策略也是整个商业银行市场营销策略的基础和前提。

第一节　商业银行产品概述

银行是经营金融服务的企业，银行产品有别于其他工商企业的产品。因此，在进一步理解银行产品策略之前，有必要先弄清银行产品的基本内涵。

一、商业银行产品的含义

现代市场营销中，产品是指能够提供给市场的可满足某种需求的任何东西。可以是有形的商品，也可以是无形服务，或者，并且也是最常见的形式——两者的结合体。

（一）银行产品的概念

美国著名营销专家菲利浦科特勒将产品定义为：向市场提供的，能够满足人们需求和欲望的，可以使人留意、获得、使用或消费的任何东西。那么，什么是银行产品呢？

银行产品有广义与狭义之分。狭义的银行产品是指由银行创造、可供资金需求者和供给者选择、在金融市场上进行交易的各种金融工具，如货币、各种票据、有价证券等。广义的银行产品是指银行向市场提供并可由客户取得、利用或消费的一切服务。它既包括各种有形的产品（即狭义的银行产品），又包括各种无形的服务，如存款、贷款、结算、信托、租赁等。本书所讨论的银行产品乃指广义的银行产品，因此，只要是由银行提供的，并且能够满足人们某种欲望和需求的各种工具与服务，都属于银行产品的范畴。这里需要指出的是，我们应注意银行产品与金融产品的区别，金融产品的范畴要大于银行产品，简言之，银行产品只是金融产品中的一大类，是由商业银行提供的金融产品。

（二）银行产品的层次

银行产品有着丰富的内涵，包括物质产品和非物质形式的服务，是一个复杂的、整体的概念。通常情况下，银行产品可分为核心产品、形式产品和扩展产品三个层次。

1. 核心产品

核心产品是指产品向顾客提供的最基本的利益或效用，是银行产品最基本、最主要的组成部分，也是顾客最希望得到的服务项目，也称作利益产品。客户之所以购买产品是为满足其特定的某种需求，这便是购买的实质。例如客户使用信用卡，是希望利用它来进行转账结算、存取现金和透支；客户开立支票存款账户，是希望凭借它存款、转账、提现和使用支票工具。可见，核心产品是银行产品的实质内容，体现了银行产品的本质——消费者所能得到的基本利益，在银行产品三个层次中居于中心地位。对于银行来说，其所开发的产品都是为了解决某一特定问题而设计的，以确保产品的实际效用和利益。一般来讲，商业银行客户所需要的核心利益包括：安全、便利、保值增值及实现各种预期等。

2. 形式产品

形式产品是银行产品的具体形式，用来展现核心产品的外部特征，以满足不同消费者的需求。主要体现在商业银行提供的各种金融工具或手段，如支票、汇票、信用卡、ATM 等。由于银行产品大多为无形产品，无法像其他产品一样通过外形、颜色、式样、商标、包装等要素来展示，为了使客户能更好地感知和评价区别，必须要借助于一定的外部表现形式来加以反映和标识。作为核心产品的载体，形式产品成功地将商业银行无形的服务内涵附着于一定的实物之上，其典型例子就是信用卡。信用卡有形地展示了商业银行为客户提供的各种服务，并成功体现了不同银行间的差异化、个性化特征，塑造了银行自身的品牌形象。随着人们消费水平、文化层次的不断提高，对银行产品外在形式的要求也会越来越高，因此银行在进行产品营销时，应重视银行的形式产品，注重外在形式的设计，以增强银行产品的吸引力。

3. 扩展产品

扩展产品也称附加产品，是指商业银行产品在满足客户的基本需求之外，还可以为客户提供的额外服务，从而使客户获得更多的利益，这是银行产品的延伸和扩展。由于银行产品具有较大的相似性，不同银行为客户提供的多种服务在质上是相同的，为区别于其他竞争者，吸引更多的客户，银行必须在扩展产品上下足功夫。一方面，随着银行业的竞争日益加剧，商业银行服务呈现出系列化的趋势，为了给客户提供更大的便利，商业银行往往在某一产品中附加其他服务以满足客户的多种需求；另一方面，扩展产品在一定程度上可以起到表达客户身份、地位及消费层次等象征性价值的作用，如信用卡中的金卡。因此，商业银行的营销人员应充分认识到扩展产品的重要性，不断增加银行产品的附加值，为客户提供灵活多样的服务，增强银行产品的竞争力。

以上三个层次便是商业银行产品的整体概念。核心产品居于中心地位，其价值依托于形式产品得以表现，扩展产品则是提升现代商业银行竞争力的有效手段。总之，三个层次是紧密相关的，商业银行的产品必须要以客户为中心，把握产品的整体概念，充分体现其产品的核心价值与附加价值。它们的关系如图 4-1 所示。

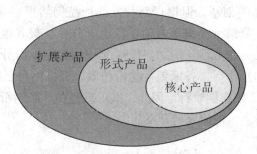

图 4 - 1　商业银行产品的三个层次

二、商业银行产品的特征

银行作为一种特殊的企业，银行产品也有着其特殊性，而不同于一般工商企业所提供的产品。银行产品的主要特征表现在以下六个方面：

1. 无形性

商业银行是属于服务业范畴，银行产品从本质上讲是一种服务，服务是靠感觉去体验，既看不到也摸不着，顾客一般在接受服务之前很难直接感知和判断这种服务的质量和效果，他们通常会利用其他一些有形或无形的因素如服务设施的好坏、环境的优劣、服务种类的多少、其他人的口碑等来间接地进行衡量。正因为这样，商业银行在市场营销活动中就更应该格外重视树立良好的企业形象，提高服务质量，以取得顾客的信任。具体地讲，银行产品大都是无形产品，如存款、贷款、结算、代理等，这不同于一般工商企业所提供的产品，具有外形、颜色、式样等实体形态，客户可以通过视觉、味觉、嗅觉、听觉、触觉来感受。因此，客户在购买和使用银行产品之前，必须通过文字、数据、口头等方式与银行销售人员进行交流，以了解产品的性质和功能，并得到所需的服务。值得一提的是，客户所看到的存折、银行卡等实体并非实际的银行产品，而是银行提供产品服务的一种载体或媒介。

2. 不可分性

由于商业银行产品的无形性，使得银行产品的提供和服务的分配具有同时性，两者是不可分的。银行在向客户提供产品的同时，也就将一系列的服务分配给了客户。这就使得银行职员与顾客广泛接触，直接营销渠道成为商业银行最主要的分销方式。这就要求商业银行在营销过程中必须更加注意提供服务的时间、地点的适合性，合理布局分支机构，安排营业时间。同时银行服务的不可分性还决定了银行产品的提供往往是在顾客参与的条件下进行的，因此如何加强与顾客的交流和沟通，取得顾客的信任和理解也就十分重要。当然，近年来由于 ATM、POS、信用卡的广泛应用，使得银行产品的提供与服务的分配出现了一定程度的分离，间接营销渠道也必须引起营销管理者的高度重视。

3. 易模仿性

一般企业提供的产品，生产者可以申请专利或商标以维护其对创新产品的权益。而银行产品大多为无形产品，无法申请专利保护，非常容易被模仿。尽管商业银行都在不断地进行金融产品的创新，但银行新开发的产品仍然很容易被其他银行所模仿，而且银行产品的价格、分销、促销等营销手段也十分容易被其他银行模仿，这使得银行产品在很大程度上具有相似性。例如，1997年中国银行上海分行在我国首次推出自助银行实现无柜台自助操作后，各家银行纷纷仿效，都推出自己的自助银行，到1999年年底，仅北京就有22家自助银行。因此，银行想要在产品创新这一领域保持长久竞争的优势，就必须具备强大的研究与开发能力。

4. 易变性

由于银行产品本质上讲是一种服务，因而银行服务的质量不易控制，它不仅受到银行职员的态度、行为的影响，还受到顾客的态度和行为的影响，同时不同的职工、不同时间提供的服务，其质量也有差异，因此商业银行在市场营销过程中应该注意外部营销和内部营销并重，既要加强与外部顾客的沟通，搞好公共关系，又要加强对内部职员的教育和培训，对服务质量实施有效控制，不断提高服务质量和水平。

5. 系列性

服务的系列性也称配套性。一般企业的产品通常只具有某种比较单一的特殊使用价值，而商业银行所提供的是一组系列及配套的服务。比如客户在办理商业银行贷款业务之后，会得到融资产品，但这种产品需通过银行的系列及配套服务才能使用，这些服务包括汇划转账、提现、账户管理、咨询服务等；又如客户在办理信用卡之后便可享受银行转账结算、存取款、消费信贷等一系列账户管理、债权债务清偿、咨询等多种服务。正因为如此，银行可以先通过对顾客提供单一产品，然后逐步进行和实现交叉销售，为客户提供系列化的银行服务，在满足客户多方面金融需求、牢固与客户的关系的同时，增加银行自身的盈利。

6. 风险性

银行产品往往带有一定的风险，对银行来讲其面临的风险包括：市场风险、信用风险、操作风险、国家风险、声誉风险等，因此银行在开展市场营销活动时，就必须高度重视风险问题，加强风险管理，处理好银行产品销售与风险承担之间的关系，如通过精选客户、合理搭配组合各种类型的银行产品、采取各种管理风险的技术和方法，以控制银行的风险，把风险控制在银行能够承受的范围内。对客户来说也面临一些风险，如市场风险、信用风险、通货膨胀风险等，因此作为银行产品的使用者，客户应尽可能了解银行产品的风险特征，根据自己的风险偏好，选择适合的银行产品。相应的，银行在销售一些风险较大的产品时就应该对产品的潜在风险进行充分地揭示，履行告知义务，以避免客户将来因风险带来损失时可能产生的纠纷和申诉，给银行带来负面影响和声誉损失。

三、商业银行产品的种类

商业银行产品种类繁多，每一种产品都是由一定的工具和与之相配套的特定服务所组成，尤其是近几年来，金融创新发展迅速，不断有新产品出现。按照不同的分类方式，银行产品可以分为不同的类型。按顾客类型的不同，可以分为个人客户类银行产品和公司客户类银行产品；按业务类型的不同，可分为负债业务类银行产品、资产业务类银行产品、中间业务类银行产品，这是国际上通行的银行产品分类方式。详细分类见图4-2、图4-3、图4-4。

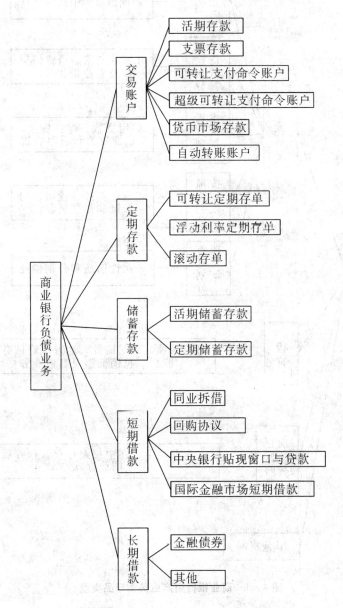

图4-2　商业银行负债业务类产品类型

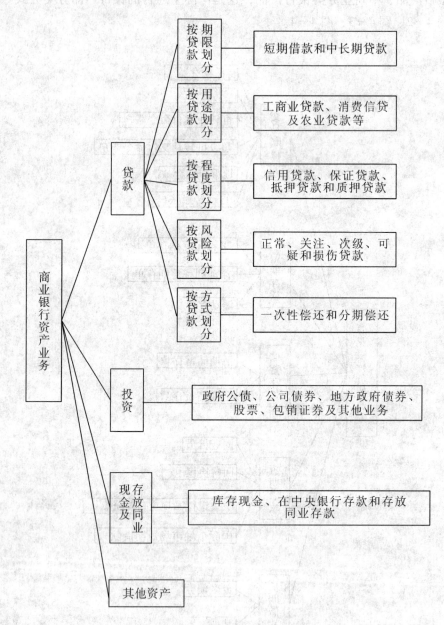

图 4-3　商业银行资产业务类产品类型

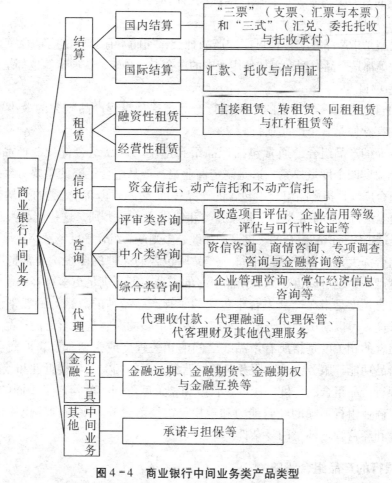

图4-4　商业银行中间业务类产品类型

第二节　商业银行的产品组合策略

银行或其他企业有很多的可供选择的产品策略，但这些策略主要分为两大类：与产品组合有关的策略以及与产品生命周期有关的策略。在本节我们主要分析商业银行产品的组合策略，下一节我们将讨论商业银行产品的生命周期策略。

一、商业银行产品组合的概念

产品组合是指银行向客户提供的全部产品的有机组成方式，即所有银行产品的构成。如一家大银行可以为客户提供各种存款、各种贷款等多种不同的金融服务，这些服务共同构成了银行的产品组合。与产品组合有关的概念包括：

1. 产品线

产品线是指具有高度相关性的一组银行产品。这些产品具有类似的基本功能，可以满足客户的某一类需求，如存款产品线、信用卡产品线。

2. 产品类型

产品类型是指产品线中各种可能的产品种类，如储蓄存款中的定期存款、活期存款和通知存款等都是产品类型，再如信用卡中的白金卡、金卡、普通卡等也都是产品类型。

3. 产品项目

产品项目是指某一个特定的个别银行产品，这是银行产品划分的最小单位。如三年期的定期存款便是一个产品项目。

一个企业的产品组合，通常包括产品组合广度、产品组合深度、产品组合长度、产品组合相关度四个度量要素，这是制定商业银行产品组合策略的重要考察指标。

产品组合广度是指产品组合中包含的产品线的多少，即产品大类的数量或服务的种类。例如商业银行有价证券类、中间业务类和信贷类产品类别，这些产品大类即产品线的数量就是这个银行产品组合的广度。产品线越多则产品组合广度越宽广；反之则越窄。

产品组合深度是指在产品线中每一产品所包含的品种的多少。通常情况下，产品组合的深度越深，越可以占领同类产品更多的细分市场，满足更多顾客的需求。

产品组合长度是指在产品组合中包含的所有产品品种的总数。一般来说，增加产品组合的长度，可以使产品组合更加丰满，吸引更多的顾客选择自己的产品。

产品组合的相关度是指所有产品线之间的相关程度或密切程度，即商业银行的各类产品在产品功能、服务方式、服务对象和营销方面的相关性、接近性和差异性。

商业银行产品组合的广度、深度、长度和相关度不同，就构成了不同的产品组合，同时反映了商业银行不同的经营能力和规模、市场前景和发展方向，也体现了商业银行竞争环境和经营管理环境的复杂性。

二、商业银行的产品组合策略

商业银行的产品组合策略是指商业银行在综合考虑各方面因素情况下对自己的产品组合进行适时适度的调整和选择的策略。一般说来，商业银行的产品组合策略主要有如下两种：

（一）产品扩张策略

产品扩张策略是一种增加产品线或产品项目，扩大经营范围，以更多的产品去满足市场的需要的。商业银行产品扩张策略主要有三种：

1. 拓宽银行产品组合的广度

这是指商业银行增加一条或几条产品线以进一步扩大银行产品或服务的范围，实现产品线的多样化。如国外许多银行除办理原有的存款、贷款、结算等基本业务外，还广泛地展开证券中介、共同基金、保险、信托、咨询等业务，发展为"全能银行"。其优点在于可充分发挥银行的技术、人才、资源等优势，实现多角化经营，不断扩大市场，吸引更多的客户，同时也通过业务多元化在一定程度上分散风险，增强竞争力。但这种策略对银行经营管理水平的要求较高，商业银行必须抓好产品线的综合管理，否则可能引起经营混乱，以至影响银行的声誉。

2. 增加银行产品组合的深度

这是指在商业银行原有的产品线内增设新的产品项目，以丰富银行的产品种类，实现多样化经营。如商业银行在一般存款的基础上增加通知存款品种，使客户同时实现流动性和赢利性目标。其优点是可以使银行产品适应不同客户或同一客户的不同层次的需求，提高同一产品线的市场占有率。但新项目的开发可能要耗费大量的人力财力，导致银行经营成本上升。

3. 延长银行产品组合的长度

这是指将产品线加长，增加银行的经营档次和范围。实际中用得较多的有高档产品策略和低档产品策略。经营高档产品可使银行整体业务获得较好的声誉，提升银行产品品牌知名度；经营低档产品则可增加销量，提高收益。银行可根据自身情况，选择其中之一或两者同时使用。

（二）产品收缩策略

与产品扩张策略相反，产品收缩策略是指商业银行通过淘汰几乎不产生利润的产品线或产品项目来缩小银行的经营范围，实现产品的专业化，从而将有限的资源集中于较窄的产品组合使其产生更大的效益。产品收缩策略是以市场细分为基础，商业银行通过对市场的调查与分割，选择出产品需求量特别大的市场，集中精力开展业务。这种策略的优点是可以使银行发挥业务专长，提高服务质量，集中资源优势占领某一市场，并大大降低经营成本，获得更多赢利。其缺陷在于银行经营集中于少数几个产品，不利于综合运用商业银行的各项资源，同时由于产品品种较少，客户过于集中，可能导致银行的应变能力有所下降，产生经营风险。

除此之外，在商业银行的产品组合策略中，还会用到产品更改、产品再定位及上向贸易和下向贸易这些策略，以尽可能地保持和增加市场份额，实现目标收益的最大化。

三、商业银行产品组合策略的分析评价

商业银行产品组合是动态的组合而非静态的组合。科学技术、市场需求、竞争形势和银行实力的发展变化，使其产品组合也必须做出相应的调整变化。由于商业银行经营品种繁多，对之进行有效的管理和分析评价比较困难，为易于掌握产品组合情况，对各种产品的市场占有状况、营利能力、发展潜力等有比较清晰的认识，银行必须对自己的产品组合进行分析、评价与调整。下面通过使用波士顿公司的市场成长——市场份额矩阵法来进行介绍。

波士顿矩阵法，也称作"四象限分析法"，是美国波士顿公司于1970年创立的一种掌握企业产品所处市场地位的矩阵图分析法。其主要衡量指标有：相对市场占有率、销售增长率和销售额。这里将引用它作为分析评价商业银行产品组合的方法。首先来看它的分析评价程序：

第一，计算商业银行各品牌产品相对市场占有率、销售增长率和销售额占销售总额的比重。所谓相对市场占有率，是指商业银行某一产品的市场占有率与同行业最大的竞争对手的同一产品的市场占有率之比。

第二，绘制象限图。象限图以相对市场占有率为横坐标，以销售增长率为纵坐标；以1.0为界将相对市场占有率分为高低两个档次，以10%为界也将销售增长率分为高低两个档次，这样就把矩阵分成了四个象限。每一产品按销售额比例大小用不同大小的圆圈表示，并根据各产品销售增长率和市场占有率分别标于坐标图中。如图4-5所示。

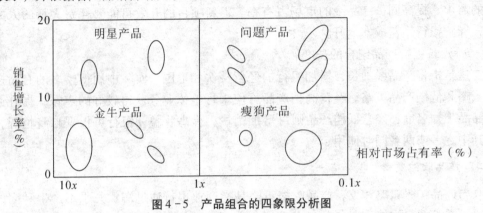

图4-5　产品组合的四象限分析图

第三，分析、评价、调整。根据所绘制的象限图，把所有产品组合分为四种类型，并分别根据所处的状况采取不同的调整策略：

（1）明星产品：是指市场占有率和销售增长率都较高的产品。其往往是市场的领先者，产生的现金流大，需要的现金流也大，商业银行需要大量的现金流，以维持高的市场增长率和市场占有率。商业银行也应加大这些产品的投入，并继续扩张市场，因为随着明星产品的销售量增加到一定限度，其销售增长速度趋于下降，最终会转化为金牛产品。

（2）金牛产品：是指市场占有率相当高但销售增长率已经很小的产品。这类产品一般会给银行带来高额利润和高额现金流。银行应尽力改进这些产品的服务质量，降低服务成本，增加收益。

（3）问题产品：问题产品也称"风险产品"，是销售增长率高但相对市场占有率低的产品。商业银行应该选择有前途的问题产品，予以大量投资，使其成为明星产品，进而成为金牛产品，否则应予以放弃。

（4）瘦狗产品：是销售增长率及相对市场占有率都较低的产品。这些产品有可能是处于衰退期的产品，也有可能是刚刚投入市场试销的新产品，由于存在较大的亏损风险，所以是战略调整和整顿的对象，一般应采取收缩或淘汰的方案。

对上面四类产品进行归纳，得出其特点及策略如表4-1所示。

表4-1　　　　　　　　　　　　产品组合特点策略图

产品类别	特点	策略
明星产品	相对市场占有率高，销售增长率高	投入与扩张 最终转化为金牛产品
金牛产品	相对市场占有率大，销售额大，稳定，销售增长率小，资金周转快，成本低，获利大	改进、提高服务质量、降低成本保持市场占有率

表4-1（续）

产品类别	特点	策略
问题产品	相对市场占有率较低，增长率较高，增长快，规模较小	着重选择有前途的产品，加大投资，向明星产品转型
瘦狗产品	相对市场占有率较小，销售增长率下降产品处于衰退期或是新产品	战略调整的对象，淘汰或收缩

根据上述的分析可知，把商业银行的各种产品组合放到矩阵图上定位后，可较清楚地判断目前的产品组合是否合理。一般来讲，明星产品与金牛产品多且销售量大的产品组合较为合理；反之则为不合理的产品组合。此外，矩阵图还可以帮助商业银行针对各类产品制定不同的策略，以便使有限的资源转移到更有利可图的产品中去。

第三节 商业银行产品的生命周期策略

同其他产品一样，银行产品也要经历一个产生、发展和衰亡的过程，这是产品营销的一般规律，通常用产品的生命周期来描述。就银行产品而言，处于不同的生命周期阶段，有着不同的任务和特点，因此对应有不同的营销策略。

一、商业银行产品生命周期的含义

商业银行产品的生命周期是指商业银行产品从投入市场开始到被淘汰退出市场的全过程，也就是银行产品在市场上存在的时间。不同的银行产品，生命周期时间长短具有很大的差异。通常依据客户对银行产品的使用或银行产品的销售情况，可以把银行产品的生命周期分为：导入期、成长期、成熟期和衰退期。不同阶段的客户对产品的需求是不一样的，银行产品的销售额及产品能给银行带来的利润也是不一样的。我们可以从图4-6看出。

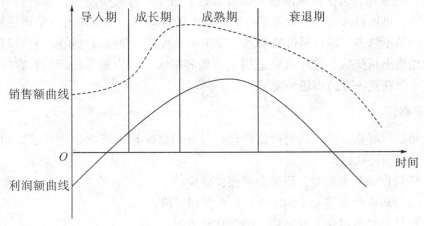

图4-6 商业银行产品的生命周期线

二、商业银行产品在各生命周期的特征及相应营销策略

(一) 导入期

所谓导入期是指商业银行产品投入市场的初期，即试销阶段。这一阶段的特征包括：

（1）客户对银行产品了解甚少，购买欲望不大，银行要花大量的资金来做广告宣传并开始建立完善的销售渠道；

（2）银行产品尚未定型，银行要收集客户使用产品后的意见，不断改进产品，因此要投入一定的研制费用；

（3）在这一阶段销售增长缓慢，银行盈利很少甚至发生亏损；

（4）销售增长率一般处于 0.1% ~ 10%。

为减少损失，提高收益，并避免竞争者仿制而抢占市场，银行应尽量缩短导入期的时间，尽早进入成长期。一般在导入期，商业银行可以采取下列策略：

（1）建立有效的信息反馈机制，主动收集顾客反馈的意见与建议，并对它们进行科学分析，及时改进产品设计，再将改进后的产品迅速投入市场，以取得客户的信任和支持；

（2）通过广告等多种途径让客户尽量了解银行新产品的用途和特点，使客户真正体会到银行新产品的方便与实惠，以激发客户的购买欲望；

（3）掠取策略，包括快速掠取和缓慢掠取两种。快速掠取策略是指采用高价格、高促销费用，以求迅速扩大销售量，取得较高的市场占有率。采取这种策略必须有一定的市场环境，如大多数潜在客户不了解这种新产品，已经了解该产品的客户急于求购，并且愿意按价购买；银行面临潜在竞争者的威胁，应迅速使客户建立起对自己产品的偏好。缓慢掠取策略是指采用高价格、低促销费用的形式，以获得更多的利润。该策略可以在市场面较小且大多数客户已经熟悉新产品、购买者愿出高价、潜在竞争威胁不大的情况下使用；

（4）渗透策略，包括快速渗透和缓慢渗透。快速渗透策略是指以低价格、高促销费用的形式，迅速打入市场，取得尽可能高的市场占有率。其使用条件是市场容量大、客户对该产品不熟悉、客户对价格敏感、潜在竞争激烈。缓慢渗透策略是指以低价格、低促销费用推出新产品。这种策略适用于市场容量大、客户熟悉新产品、客户对价格敏感、存在潜在竞争者的市场环境。

(二) 成长期

成长期是指商业银行产品通过试销已经打开销路，转入成批生产和扩大销售的阶段。这一阶段的特征包括：

（1）银行产品基本定型，研制费用逐步减少；

（2）客户对产品有进一步的了解，广告费用下降；

（3）产品销量呈迅速上升态势，银行利润增加；

（4）竞争者加入，仿制品出现，产品竞争激烈；

（5）销售增长率一般大于 10%。

在成长期，商业银行主要采取的策略有：

（1）不断提高产品质量，改善服务。为了使本行产品异军突起，商业银行必须不断开拓产品的新用途和特色服务，改善产品的性能，赋予产品新的活力；

（2）改变广告宣传的重点。把广告宣传的重点从介绍产品转到建立产品形象上来，树立产品品牌，提高产品声誉；

（3）适当调整价格，增加产品的竞争力。通过适时的降价，激发对价格敏感客户的购买动机并采取购买行动；

（4）利用已有的渠道积极开拓新市场，进一步扩大销售。

（三）成熟期

成熟期是指商业银行产品在市场上的销售已接近和达到饱和的时期。这一阶段的特征包括：

（1）商业银行产品已被客户广泛接受，销售量的增长出现下降；

（2）成本与费用较少，银行利润稳定；

（3）仿制品层出不穷，市场竞争更为激烈，可能导致银行利润缓慢下降；

（4）销售增长率下降至 0.1%～10%。

在成熟期，商业银行采取的策略有：

（1）市场改良。商业银行应采取主动进攻型战略不断拓展产品市场，以扩大产品销售量，包括：纵向拓展，即刺激老客户使用产品的频率；横向拓展，即市场重新定位，寻找潜在需求的新客户源；

（2）产品改良。这种策略是指改进产品的性能并努力实现产品的多样化与系列化，通过包装组合以提高产品的竞争力，不断满足客户的不同需要，吸引更多的客户；

（3）综合运用市场营销组合策略以增加产品销售，如增加销售网点、降低产品价格、改变广告内容等。

很多营销的银行产品都处于成熟期，营销者必须富于创造性，通过改进和完善产品延长产品寿命。此外，在银行产品生命周期的这一阶段，还有一种产品营销策略就是系统销售。系统销售是指银行为客户提供系统的产品和服务来充分地满足其不同层次的需求，多采用服务组合的方式。系统销售是一种协调解决消费者反映的所有问题的一种营销策略，该策略基于以营销为导向的管理人员的认识，即消费者不是购买产品，而是购买解决问题的办法或者购买需求。

（四）衰退期

衰退期是指银行产品已经滞销并趋于淘汰的时期。这一阶段的特征包括：

（1）市场上出现了大量的替代产品，产品销售量由缓慢下降变为迅速下降，销售增长率为 0；

（2）价格大幅下降，银行利润日益减少。

在衰退期，商业银行采取的策略有：

（1）持续策略。当产品进入衰退期，大量竞争对手会退出市场，银行可以继续沿用过去的策略吸引部分老客户使用老产品。

（2）转移策略。由于不同市场、不同地区客户需求的发展程度不尽相同，一些产品在这个市场上趋于淘汰，而在另外一些市场上可能还处于成熟期，因此银行可对各个市场进行比较，将产品转移到一些仍有潜力的市场上进行销售。

（3）收缩策略。银行缩短营销战线、精简人员、降低促销费用，把人力、物力、财力集中于某些最有利的市场上，以获得最大的利润。

（4）淘汰策略。即彻底将产品驱逐出市场，用新产品取代老产品以维持或扩大市场占有率，增加产品销售。

在当前金融业竞争日益激烈的环境下，及时淘汰一些滞销产品，实现产品的更新换代对银行来说意义深远，主要体现在以下几个方面：

第一，提高银行资源的使用效率，使银行获得潜在的盈利。一些老化的产品会占用银行的人员、管理、时间、设备、广告预算等大量资源，如果把这些资源花在其他强势产品上，必然可以取得更好的效果。如果银行进行深入细致的市场调研，科学地分析客户需求，并按照合理的程序来开发、设计产品，就可以扩大产品的销路。因此，为了更合理、充分地运用银行的各项资源，使银行吸引潜在的客户，也要及时将那些滞销的产品淘汰掉，及时用新产品替代。

第二，产品淘汰可以不断提高银行的竞争力。在银行业务范围扩大化、竞争手段多样化的今天，银行只有不断地开发新产品来替代现在的不适销产品，才能树立银行的信誉与形象，吸引更多的客户，在竞争中取得优势地位。

第三，激励银行工作人员不断开拓进取。如果一家银行总是停留在原有产品的销售上，即可能会使工作人员产生惰性，不思进取，不愿从事新产品的开发活动。而银行如能随时对产品销售进行监测与评估并及时实现产品的淘汰，必然会对营销人员造成较大的压力，促使他们经常地、更好地研究市场，了解客户的需求，不断推陈出新，向客户提供合适的产品。

实施产品淘汰可以采用不同的方法：

（1）缓慢淘汰法。如果银行发现某项产品已进入衰退期，但仍有一些核心客户在使用该产品，为了减轻对这些客户的冲击，银行可以继续沿用该产品，同时研制开发出该产品的替代产品并取代老产品；

（2）快速淘汰法。如果银行发现某项产品的销量日趋下降、客户发生转移时，便迅速果断地停止该产品的生产与销售，使它彻底退出市场，以避免给客户造成守旧与产品落后的印象。当然，在采取这种策略时，银行要有足够的能力迅速开发出老产品的替代品，以便满足原有客户的需求，并不断开拓新市场；

（3）提前淘汰法。一些有远见的银行能居安思危，采用这种方法提高产品竞争力。当产品进入成熟期时，银行便已看到日趋激烈的竞争，投入大量精力研制与开发新产品，一旦发现原有产品进入衰退期（甚至在成熟期后期），便将新产品投入市场，提前淘汰原有产品。这种策略可以使银行产品总是处于前面三个时期，减少产品衰老给银行带来的负面影响，保持银行旺盛的活力。表4-2、表4-3对商业银行产品生命周期不同阶段的特征与银行的策略进行了归纳。

表 4-2　　　　　　　　　商业银行产品生命周期不同阶段的特征

所处阶段	产品稳定性	购买者数量	销售额	利润	竞争者
导入期	不稳定	少	低	亏损或微利	少或无
成长期	基本定型	不断增加	快速增加	不断增加	增加
成熟期	不断完善	多，大众化	较稳定	稳定获利	大量
衰退期	滞后，市场出现大量新的替代品	下降	减少	减少或出现亏损	减少

表 4-3　　　　　　　　　商业银行产品生命周期不同阶段的营销策略

所处阶段	营销目标	产品策略	定价策略	分销策略	促销策略	时间策略
导入期	让客户了解产品	提供客户所需产品	成本加成定价	有选择地试销	创造产品知名度	尽量缩短
成长期	扩大市场份额	提高产品的品质	适当调整以提高竞争力	建立广泛的分销渠道	充分利用广告扩大影响	适当延长
成熟期	维持市场份额，实现利润最大化目标	多样化与系列化	竞争性定价	增设网点，积极拓展销售渠道	综合运用各种促销方式	尽量延长
衰退期	减少费用，尽量获利	持续、转移、收缩或淘汰策略	降价或采用折扣定价法	适当收缩	特定的促销活动	可缩短，并及时淘汰过期产品

第四节　商业银行新产品开发策略

正如前一节所讲的，任何一款商业银行产品都具有一定的生命周期，在市场上有一个诞生、成长、成熟到衰亡的发展过程。虽然有些银行产品的生命周期相当长，如传统的储蓄存款就历经上百年而至今尚存，但也有不少的银行产品由于某些因素的影响而迅速地进入衰退期，例如，由于更安全、快捷便利的银行电子汇兑方式出现，传统的银行汇票使用率就明显地出现加速萎缩的情况。特别是 20 世纪 80 年代以来，国际银行业的金融创新风起云涌，投资证券化、银行业务电子化趋势日益明显，以金融衍生品为代表的新型金融工具、金融产品层出不穷，致使商业银行产品的生命周期受到越来越多的因素的影响，因此，商业银行必须具备不断开发出新产品的能力，才能在当今日益激烈的竞争环境中生存与发展。

一、商业银行新产品的概念

（一）商业银行新产品的含义

商业银行的新产品，是指商业银行为适应市场需求而开发的与原来产品有着明显差异的能给客户带来新的利益和满足的产品和服务。新产品开发也称产品创新，随着银行业的竞争不断加剧，科学技术水平不断革新，商业银行的新产品开发策略也成为其产品策略的一项重要内容。

（二）商业银行新产品的种类

商业银行新产品多种多样，通常情况下，我们可以把新产品大致划分为以下五类：

（1）全新型银行新产品，是指商业银行利用新原理与新技术开发的前所未有的产品。这种产品多是得益于科学技术的进步或是金融理论的某一新进展或是为了满足消费者某种新的需求而发明的产品，它的出现往往可以改变客户的生活方式或习惯。这类新产品的开发难度相对较大，需要大量的时间、资金与先进的技术来进行开发与推广，同时其生命周期也相对较长。该类产品的开发能力强弱可充分反映银行自身实力与市场竞争力的高低。如1998年8月，华夏银行将计算机指纹自动识别技术与银行的储蓄业务结合，采用最新的计算机视觉理论与图像分析算法、模糊逻辑算法，借助神经网络原理在北京的营业网点推出了"一指妥"的指纹储蓄服务，取款时只需要指纹进行鉴别，该系统的识别正确率达99.999%，具有使用方便、安全、简捷的特征，大大方便了客户。

（2）改进型银行新产品，是指在现有的银行产品的基础上进行改进或修正，使其在结构、功能、形式等方面具有新的特点，以满足客户的新需求。如1995年招商银行推出"一卡通"后，依赖人才与科技优势致力于"一卡通"业务品种的融合与完善，使它成为一种多层面、多元化、多功能的综合性理财工具，具备一卡多户、通存通兑、约定转存、自动转存、电话银行、手机银行、查询服务、商户消费、ATM取款、CDM取款、代理服务、证券转账、证券买卖、质押贷款、酒店预订、网上支付、长话服务、外汇买卖等功能，成为客户"随身携带的银行"，使原有的产品焕发出了新的活力，吸引了大量客户。

（3）换代型银行新产品，即商业银行部分地采取新原理和新技术等对原有银行产品在性能等方面进行创新和提高的产品。这类产品基本上是利用科学技术或是金融理论的最新成果，对现有产品进行一些重大的创新而形成的。

（4）组合型新产品，是指银行将两个或两个以上的现有产品或服务加以组合与变动而推出的一类新产品。为了更好地让客户接受本行的产品，银行可以对原有的服务交叉组合并在某个特定的细分市场上推销，让客户得到"一揽子服务"，这样就容易占领这个市场并不断吸引新的客户。该类产品又包括对银行已有的服务进行组合设计的产品，及将本行与其他金融机构之间的产品进行组合而开发新品种。

（5）模仿型新产品，即商业银行模仿市场上其他银行的产品，结合本行特点，加以改进、调整、补充，然后冠以新的品牌或新的名称而推出的新产品。这也是商业银行产品的"易模仿性特征"的体现。这类银行产品的开发无需新的技术，成本也很低，但市场竞争十分激烈，而且产品的生命周期也较短。例如，1972 年美国马萨诸塞州的一家互助储蓄银行获准开办"可转让支付命令"（Negotiable Order of Withdrawal，简称NOW）业务，马上掀起一股浪潮。1972 年秋天，NOW 账户就传到了新罕布什尔州与新泽西州，1981 年就在全国各家银行盛行开来。

一种银行产品能被称为新产品，并被客户接受，必须具备以下几个特点：

（1）针对性。新产品的开发应当满足客户某方面的需要。

（2）优越性。新产品一定要为使用者带来新的利益，利益越多，产品就越容易被客户接受，收到好的效果。

（3）易用性。新产品的使用方法要力求简便易学，否则会给客户带来诸多不便，适得其反。

（4）适应性。银行开发的新产品应与客户的习惯及人们的价值观念要一致。

（5）盈利性。这是站在银行的立场上看的，因为银行开发新产品的最终目的是为了增加盈利，因此，银行在研究创新产品时，必须注意其长期成本与收益的对比。

二、商业银行新产品开发与创新的意义

在科学技术迅速发展的今天，市场环境瞬息万变，银行想要在其中站稳脚跟，并获得持久性的盈利增长，就要不断地开发与创新。商业银行产品的开发与创新，不管是对社会还是对银行本身来说，都有着重要的意义：

（一）有利于开拓新市场，吸引新客户

商业银行的客户分为现有客户和潜在客户，对于所有客户，银行应该进行分门别类，针对他们不同的需求来开发新产品，从而广泛地吸引更多的客户，扩大产品销售，不断占领新市场。随着经济的发展，人民生活水平不断提高，客户需求也越来越个性化，需求变化的周期也越来越短，因此银行只有不断地创新产品，才能更好地适应这种需求变动的趋势。如支票存款账户，既付利息又能开支票，可以吸引许多的潜在存款者；房屋抵押贷款的证券化有助于增加资产的流动性，减少风险。

（二）可为银行赢得竞争优势

第二次世界大战之后，各国金融监管机构不断放松管制，为商业银行的经营提供一个较为宽松的环境，也为银行新产品的出现奠定了基础。同时，科学技术的发展及其在金融领域的应用也为银行产品的创新提供了有利的条件。20 世纪 70 年代以来，金融界掀起的金融创新至今方兴未艾，据统计，到 20 世纪末的短短 30 年间，金融创新产品已达 3 200 余种，名义价值高达 18 万亿美元。在这样的环境下，商业银行只有不断推陈出新，才能把握主动，获得超过竞争者的连续竞争优势。花旗银行由于积极创新，推动了诸如自动取款机、全国性银行业务、广泛金融服务、信用卡、浮动优惠利率等服务，在银行界享有创新领先者的声望。

（三）可提高银行产品的市场份额，扩大销售

提高银行产品市场销售量的方法有很多，主要有：

（1）增加交叉销售。这是一种软选择，因为它不需要配合以产品差异。如果有相当一部分核心客户觉得某银行提供的服务比在别处方便，那么这个市场就有了保证。

（2）吸引竞争对手的核心客户。据国外资料表明，从一家金融机构转移到另一家金融机构的往来账户每年只有2%，要想开发能转移竞争对手客户户头的产品是相当困难的，因为人们在选择开户银行时，尽管产品因素也相当重要，但人们考虑的主要是金融机构的方便性，要想在竞争中取胜，唯一的途径是设计出与之前完全不同的产品，但别人也会引用同样的产品，因为需要不断开发新的产品。

（3）重点把新开发的产品销售给竞争对手的客户，而不是只去争取转换户头，因为前者比后者要容易得多。

（四）有利于银行提高工作效率，降低经营成本

银行产品的开发与创新有助于提高银行的融资效率、经营效率与工作效率，不断降低成本。在现代科学技术中调整发展的社会中，不断提高生产力、增加产品销售很大程度上取决于引进新技术、新设备与开发新产品，以最少的劳动取得最大的经营效益。通过产品的开发可以简化业务手续、降低银行风险、节约成本与费用开支。如利用增设 ATM 来取代新开分支网点，可大大降低成本。ATM 的平均售价为 3 万美元 ~ 5 万美元，相当于一名银行柜员 3 ~ 4 年的薪水，但 ATM 使用期一般在 5 ~ 7 年，并可全天服务，不需要培训、休假、医疗、退休等开支，所以由 ATM 处理业务，成本基本上只为银行职员的 1/4。

（五）可以满足市场需要，树立银行良好的形象

银行产品具有易模仿性，为了使本行在众多竞争者中异军突起，应该使本行的产品具有鲜明的特色，才能得到客户的信任。通过产品的开发与创新，可以使产品能更多、更好地满足客户并体现本行特色。同时，一家在创新潮流中永远立于前沿的银行给客户的印象必然要优于守旧的银行。如招商银行本着"科技兴行"的发展战略和"因您而变"的经营理念，通过产品与技术创新打造了"一卡通"和"一网通"两个知名品牌，并由此在业界树立了技术领先银行和新锐银行的形象。

三、商业银行新产品开发的程序

商业银行产品开发与创新是一项艰巨且复杂的工作，它不仅需要投入大量的资金，而且其最终是否能成功也是未知数。据国外资料统计，新产品的失败率中消费品为40%，工业品为20%，而服务业为18%。为了减少开发新产品失败的风险，减少产品开发的风险和经济损失，必须按一定的科学程序进行开发（如图 4 - 7 所示）。一般来说，商业银行产品开发要经过以下七个步骤：

1. 搜集构思阶段

所谓新产品的构思，是指开发一种新产品的设想，形成开发新产品的主意，这种设想要能够满足某种新的需求。这种设想并非胡思乱想，必须具备较为明确的产品概念，但这只是一种构思，还没有作技术设计，所以仅仅是一种设想。构思的来源分为外部来源与内部来源两大类。其中外部来源包括客户、代理行与联营机构、竞争者、

政府部门、专家学者等；内部来源包括银行自身的研究与开发部门、银行营销部门、一些有经验的高层管理人员、雇员等。

产品构思阶段的主要任务便是从各个来源挖掘出对产品的设想，提高构思的有效性。为此，银行往往采取下列一些措施来引导人们的创新思维，主要有：

（1）头脑风暴法。将若干名有一定专长、见解的专家学者、专业人员聚集在一起，就某一明确的议题展开自由讨论，以刺激新思想的产生。这种方法要遵循不指责批评，鼓励自由发挥，鼓励修正、补充与综合等几个原则。

（2）协力创新法。参与者在彻底弄清问题的性质与真相的基础上展开针对性的讨论的方法，以群策群力解决问题。

（3）提喻法。这是在产品设计与改进中常用的一种方法，主要是通过提示、类比、比喻等手法去触发人们的联想，开拓思维，从而为新产品的产生提供渠道。

（4）列举法。将现有产品的属性一一列举出来，然后探讨，更好地了解产品的优势与弱势，提出进一步优化或完善产品的构想，这种方法尤其适用于改进型新产品的创新与设计。

（5）替换法。这种方法主要针对改进型或组合型的产品创新，通过分析银行产品的构成要素及可变因素，考察是否可以用其他产品、程序或方法来代替，是否可以增加、减少或重新组合产品。

（6）逆向求索法。是指从银行产品或服务的最终使用效果出发，立足于客户的某一需要，一层一层逆向推导如何改进产品或设计出全新的银行产品。

2. 筛选阶段

筛选就是对新产品的构思进行取舍。通过新产品构思，银行获得了许多关于新产品的构思，但这些方案与构思是否符合银行的需要，是否与银行的整体经营目标、政策和银行资源相一致，还必须要经过筛选。产品构思的筛选直接关系到银行产品开发的成本高低，因此十分重要。一般说来，筛选时应遵循以下标准：

（1）市场需求状况。市场需求是产品开发的摇篮，如果银行开发出来的产品不是市场所需要的或者市场需求量极少，那么银行开发这类产品必然会得不偿失。

（2）银行的营销目标。新产品的开发必须符合商业银行的整体营销目标。

（3）与现有产品的协调程度。在设计产品时要考虑新产品投入市场是否会与原有产品产生巨大矛盾或冲突。

（4）资金与风险承担能力分析。开发新产品需要投入大量资金，商业银行应对产品设计的总成本可能会承担哪些风险进行估计与预测。

对于各项标准，银行可以采取表格的方式进行逐项评分，以便选出成功机会较大的方案进行开发。当然，在筛选过程中银行应该贯彻谨慎、从严的原则，防止两种偏差，一是"误弃"，即未对产品的潜在价值作出足够认识而轻易抛弃，导致失去市场机会；二是"误选"，即对某一构思进行了不正确的评估而仓促投入开发与商品化，进而给银行带来损失。

3. 产品概念的形成与测试阶段

对于经过筛选的产品构想或方案，银行要用详细的文字或模型来表示，将停留在产品开发方案中的抽象的概念产品转化为具体的产品描述，构建成型的产品概念。只有形成一个初步的产品概念，才能进行深入的分析与进一步的开发。对于成型的产品概念，银行要选择某一顾客群体进行测试，通常由产品经理或开发人员组织实施，并由其向顾客详细描述新产品的功能、运作过程、给客户带来的利益、该产品与其他同类产品的不同之处等，以便顾客全面了解该产品，并对其进行评价。

4. 可行性分析阶段

对于经过测试的新产品，还应进行可行性分析，包括财务可行性分析和技术可行性分析及开发。财务可行性分析主要是对新产品方案从财务上分析预计销售、成本、利润和投资收益率，同时进行长期的成本与效益分析，预计长期销量和赢利目标，以保证新产品在财务上的可行性。技术可行性分析及开发是指对新产品进行技术论证，分析其在技术上是否可行。在新产品技术可行性的基础上，进行新产品实际开发。

为了便于分析，新产品开发人员需要编制营销方案，列出产品开发的基本要素，其中包括：产品或服务的名称、产品或服务的特征、目标市场、市场的潜在购买量、预期的市场增长率、预计所占的市场份额、调研成本、营销费用、产品的定价等。这样，银行可以对选中产品的未来市场及营销情况有一个基本的了解。在此基础上，银行可以初步计算出新产品的预计销售量及银行通过营销可以实现的盈利，为银行是否正式进行产品开发提供主要依据。

5. 产品的开发与试销阶段

如果银行产品通过了测试与分析，便可以进行全面的开发。开发出新产品之后便可进行试销阶段，即先向少数客户进行小范围的试验性的销售，观察顾客的反应，衡量其广告效果、购买率，并推断能否实现预期目标，检验其对现实情况的适应性。在试销阶段银行可以利用各种方式来加强与客户的联络，如表格调查、个别面谈、电话询问等。尽量收集客户的意见及其他信息，以便为产品的商品化作最后调整。

6. 新产品的商品化阶段

当银行产品开发人员积累了足够的信息表明试销成功后，必须立即投入正式生产，并尽快投放市场，以满足市场需求，并对新产品进行商业化经营。在此阶段，银行应确定新产品投放的时间、地点、目标市场、推广策略等具体细节。商品化阶段是实现产品创新目标的实践过程，也是各项营销策略的综合运用过程。

7. 评价与监测阶段

新产品投放市场后，银行还必须对客户的使用情况进行监测，注意是否需要采取调整和补救措施。一般的，客户采用银行新产品的过程可大致分为：了解、产生兴趣、试用、评价、采用五个阶段，营销人员应注意客户在不同阶段的各种反应，以便收集到更多的信息。通常从以下几个方面监测新产品的表现：

(1) 与竞争者提供的产品相比，新产品满足客户需要的程度和范围；

(2) 产品适应市场变化的范围和速度；

(3) 赢利性、销量和成本水平，包括供应成本与顾客感觉到的效益的关系；

(4) 对其他同类产品的影响；

(5) 与其他产品的销售表现相比，分配适当的资源。

　　以上七个阶段是一环紧扣一环，相互衔接、相互影响的，任何一个环境出现差错都会使得产品的创新与开发活动受到影响甚至导致失败，因此银行必须抓好每个环节的工作，以便使银行产品的开发与创新更加科学合理、富有成效。

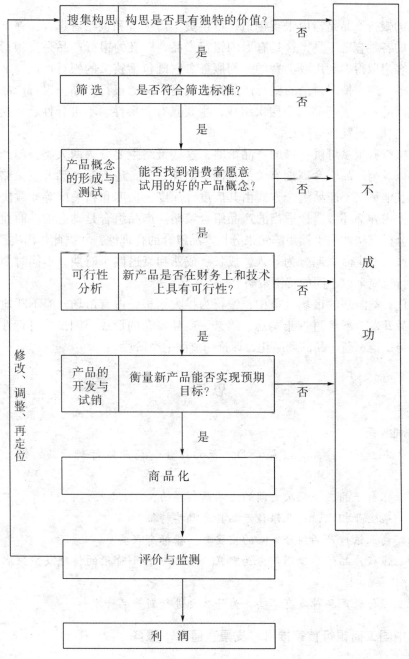

图4－7　商业银行新产品开发程序图

本章小结

狭义的银行产品是指由银行创造，可供资金需求者和供给者选择，在金融市场上进行交易的各种金融工具，这是有形的银行产品。广义的银行产品是指银行向市场提供并可由客户取得、利用或消费的一切服务。它既包括狭义的银行产品，又包括各种无形的服务。通常情况讨论的银行产品指的就是广义的银行产品。银行产品由核心产品、形式产品、扩展产品三个层次组成，主要具有无形性、不可分性、易模仿性、易变性、系列性、风险性等特征。

商业银行有很多可供选择的产品策略，这些策略主要分为两大类：与产品组合有关的策略以及与产品生命周期有关的策略。除此之外，还有新产品开发策略，产品品牌策略及其他策略。产品组合方式由其广度、深度、长度和相关度等变数决定商业银行可以根据内外部环境选择适当的产品组合策略。产品组合是动态的，商业银行可借助有效的分析方法如波士顿矩阵法来分析产品组合的合理性，并据此作出决策。

银行产品的生命周期分为导入、成长、成熟和衰退四个时期，不同时期具有不同特点，银行也应采取不同的营销策略。

在现代日益激烈的市场竞争中，银行为扩大销售，占有市场，应不断地开发新产品。新产品开发一般经过搜集构思、筛选、产品概念的形成与测试、可行性分析、产品的开发与试销、新产品的商品化、评价与监测七个阶段。

思考题

1. 名词解释

核心产品　形式产品　扩展产品　产品组合　商业银行新产品　银行产品生命周期

2. 商业银行产品三个层次之间的关系是怎样的？

3. 与一般企业相比，商业银行产品具有哪些特征？

4. 制定商业银行产品组合策略的重要考察指标有哪些？

5. 商业银行产品的生命周期分为哪几个阶段？各个阶段的特征及应采取的策略分别是什么？

6. 商业银行新产品种类有哪些，为什么要进行新产品开发？

案例一　中国工商银行首家推出"支票直通车"服务

用支票购物后不能立刻提货，给支票使用者带来很多不便。从2003年2月14日开始，中国工商银行首先开发出一种改变转账支票传统运作的新型结算产品——"支票直通车"业务，受到广大支票使用者的普遍欢迎。

转账支票作为商品交易中最常见的、便捷安全的一种结算方式，一直被广大的消费客户所关注，但使用时也有许多不方便的地方，比如，受理支票与取走商品难以同步进行以及空头支票风险等。而工商银行此次推出的支票直通车是指销售单位在受理购物消费单位提交的转账支票以后，通过与银行计算机系统连接的支票受理终端，利用支付密码实时核验支票的有效性，在确认无误之后，银行计算机系统将立即按票面金额自动扣除购物单位的账户存款。如果是销售商品的应该允许购物单位当时提走所购买的商品，如果是餐饮、服务行业的应该允许消费者进行直接消费，待销售单位将受理的转账支票交到开户银行以后，银行于交票当日将款项记入其账户之中。

工商银行的"支票直通车"设计者认为："支票直通车"业务前景预期较为良好，主要是因为对于享受此项金融服务的消费者或者商家来说，可以通过使用工商银行免费提供的支票受理终端，既加快资金与商品的周转速度，提高工商企业资金的流动性，又及时掌握转账支票的真实有效性，避免空头支票等结算带来的风险；同时，扩大了使用客户的范围，餐饮业、各种服务性企业等类商家都可以放心接待用转账支票进行消费的广大客户。对于消费者来说，"支票直通车"业务使他们可以更加灵活方便地购物，在结算方式上有更多的选择。

案例二　前景广阔的"手机银行"

"手机银行"是通过 GSM 网络将客户手机连接至银行，实现利用手机界面直接完成各种理财业务的服务系统。

这种结合了货币电子化与移动通信的崭新服务，丰富了银行服务的内涵，消费者能够在任何地点，通过移动电话以安全的方式访问银行，而不需亲自光临或致电银行。

目前，"手机银行"服务仅在为数不多的国家和地区投入使用，是一项极有发展前途的新业务，它不仅为人们办理银行业务提供了便捷的服务，更将改变人们的生活方式和观念。

近年来，日本的"手机银行"业务渐渐成为其银行零售业务支柱之一。日本各银行纷纷着眼于以个人客户中的年轻一代为服务对象，采用 I－mode 提供"手机银行"的转账、余额查询和交易明细查询三大基本服务。部分银行还提供定期存款、外币存款的转存、信托投资的买卖以及利率变动信息咨询等服务。

在"手机银行"早已相当普及的荷兰、芬兰等欧洲国家，人们用这项服务订飞机票、火车票，订购鲜花及早餐等，几乎每个手机用户都会花不多的钱为自己开设一条既安全又保密的理财途径。

虽然目前从整体上来看，"手机银行"所占的比重并不大，服务也仅局限于基本的转账查询功能，但随着个人业务的不断拓展和服务方式的日益多样化，"手机银行"必然成为银行间经营战略的要素之一。

截至 2009 年 10 月我国移动用户数已经超过 7 亿，随着手机更新周期的缩短，将会有更多的手机用户具备办理"手机银行"业务的条件；而手机内卡存储量的加大，将有更多银行的密钥和功能菜单集成在一张卡里，"手机银行"的功能将越来越完善，业务市场大有可为。

目前国内各大商业银行的"手机银行"服务正不断趋于成熟，比如各家银行所提供的服务都涵盖了丰富的功能，用户通过手机，不但可以查询账户记录和汇率等金融信息，还可以完成各种转账、委托买卖证券、个人实盘外汇买卖等个人理财业务及代理缴费等功能。中国更是提出了"跨时间地域理财"的概念，为手机用户提供异地漫游理财服务。

利用移动银行，用户可以选择由银行邮寄单据或由银行利用短信发送简易单据，或用户确认后不发送单据。移动银行利用短信的方式，即使用户关机，再次开机后同样可以收到发送的请求，在任何时间对消费进行确认，从而实现二次交易。而这种方式才是真正方便的代收代付服务方式。

随着代收代付的业务比例在银行业务中越来越大，"手机银行"的服务将显得更为重要。

资料来源：朱昆锋. 银行营销100. 深圳：海天出版社，2003.

第五章　银行营销的定价策略

第一节　银行产品的定价概述

定价是指商业银行在某个时刻将商品对客户的价值及时用货币表现出来。商业银行的定价会直接影响产品的销售数量，对银行收入与利润将产生巨大影响。因此，如何制定合理的价格对银行至关重要。

一、银行产品的价格构成

银行经营不同于一般企业，它经营的是货币与信用，其价格自然也包含特定的内容。一般来说，银行产品的价格构成主要包括三项内容：利率、汇率、手续费。

（一）利率

利率是银行产品最主要的价格。它是利息额与借贷资金额之间的比率，可用来衡量资金的增值度。银行在经济运行过程中担当的一项职能是信用中介：一方面吸收存款，借入款项；另一方面贷出资金或进行投资。对存款者或资金提供者，银行需要支付利息；对借款者，银行需要收取利息，或通过投资获取收益。借贷利率之差形成的利息收入是银行维持正常运转的收入来源。在我国，利率市场化改革还在推进当中，各种长短期存款利率还受到国家金融政策的限制，银行还不能自主确定。而我国银行的中间业务和表外业务发展也还尚处在起步阶段，对银行利润的贡献不是特别大，因此存贷款利率差成为银行主要来源，利率在银行产品价格体系中就显得十分重要。

根据利率在借款期内是否可以变化，可分为固定利率和浮动利率；根据期限长短，又可分为短期利率（期限一年以内）和长期利率（期限一年以上）；根据利率的决定方式不同，又可分为法定利率（中央银行对商业银行的再贴现与再贷款利率）和市场利率（同业拆借利率）；根据是否扣除通货膨胀，可分为名义利率和实际利率。

（二）汇率

汇率是两国货币间的兑换比率，即把一定数量的某国货币折算成另一国货币的数量。在国际资本流动日趋频繁的今天，汇率成为了银行营销活动必须考虑的价格因素之一。由于我国是外汇管制的国家，人民币在资本项目上尚不能完全自由兑换。2005年7月21日汇改后，我国实行的是以市场供求为基础，参考一揽子货币，有管理的浮动汇率制度。但在2008年下半年受到金融危机的影响，实际又退回到钉住单一美元的汇率制度。银行在官方汇率基础上有一定浮动权限，但操作余地不大，且由于汇率一经公布适用于所有商业银行，其定价的灵活性也较弱。

根据决定方式不同，汇率可分为官方汇率和市场汇率；按照成交双方交割期限不同，可分为即期汇率和远期汇率。按照汇率是否可以变动，可分为固定汇率和浮动汇率。从银行买卖汇率的角度，还可分为买入汇率、卖出汇率与中间汇率。

（三）手续费

银行除了担当信用中介的职能外，还可以充分利用自身在资金、技术、人才、信息、信誉等方面的优势，为客户提供其他金融服务，获取手续费和佣金收入。由于这些服务一般无需动用银行的资金，所以成本低，风险小。

手续费收入主要来自以下几个方面：

（1）结算类业务。这是指商业银行为因商品交易和劳务供应、资金调拨引起的货币收支服务。具体可分为现金结算与转账结算，也可分为国内结算与国际结算。

（2）担保类业务。这是指商业银行借助于自身强大的资金实力与良好的信誉为客户交易提供担保。如：担保书、备用信用证、银行保函、贷款承诺等。在担保业务中，银行承担一定的风险和责任，同时收取一定的费用。

（3）衍生工具类业务。这是指从基础金融工具中如股票、债权、黄金、外汇等派生出的金融产品，包括期权、期货、互换、掉期等。国外银行广泛开展衍生工具类业务，我国由于受到管制，这类业务才刚刚起步。

（4）其他业务。除以上几种业务外，商业银行还可通过开展咨询、代理类业务、信托类业务、租赁类业务收取手续费。

随着金融市场的发展和金融产品的创新，银行的主要利润来源将不再是存贷利率差，而更多地来自于中间业务和其他手续费收入。我国商业银行在这方面与国外存在较大差距，但也同时表明在开拓发展中间业务方面具有的巨大潜力。

二、银行产品定价的目标

银行通过制定价格水平，凭借价格产生的效用所要实现的预期目标，一般有以下几个方面：

1. 利润最大化

利润最大化目标不是指单一产品利润最大化和短期利润最大化，而是要求银行有整体和长期的观念。银行不一定对每种产品制定最高的价格，而应综合价格、销售规模、成本等诸多因素，以一定时期所能获得的整体最高利润为金融产品定价的战略性目标。

2. 扩大市场份额

在其他因素不变的条件下，银行增加利润的途径有两个：一是扩大价格与成本之差；二是扩大市场份额，增加销售量。银行通常会以低价吸引客户，占领市场。虽然这会导致单位产品的利润下降，但银行产品一般需求价格弹性较大，销售量会大幅度增加，所以利润总额一般不会下降。一些处在生命周期早期的银行新产品，为了迅速打开市场，纷纷采取低价策略，以赢得一批稳定的客户。新成立的银行为了尽快在市场中站稳脚跟，往往也广设分支机构，以争取市场份额为定价目标。

3. 应对竞争

价格竞争是市场竞争的重要内容。特别是在竞争初期阶段，价格竞争是最主要而又有效的手段。银行应根据竞争对手的情况和自身条件采取相应对策。一般来说，大银行处于行业领导者地位，一般采取较稳定的低价策略，以主动防御现实和潜在的竞争，而中小银行无力左右行业价格，一般采取跟随主导银行来定价。值得注意的是，银行产品定价过低并不一直是明智适当的决策。因为这可能会给客户造成产品质量不佳的暗示。因此，短期可以采用低价应对竞争，长期来看，还应注重提高产品的附加值和核心竞争力，而避免陷入价格战争。

4. 优化银行服务

银行业属于第三产业，不直接提供生产物质资料，其提供的产品大多具有服务性质。客户利用银行提供产品的一系列服务来满足自身需求。为赢得客户认同，银行必须以客户需求为中心设计金融产品。因此银行定价除了考虑产品本身的性能，还要考虑产品的实用性和客户的接受度。如果一个银行能比竞争者提供更多细致周到的服务，客户自然愿意为产品支付更高的价格。

5. 提升银行形象

形象是银行重要的无形资产，具有重要的市场价值。在竞争激烈，产品日趋标准化、同质化的今天，银行的品牌形象已成为客户识别的主要工具。银行在定价的时候，要充分考虑形象因素，绝不能贪图厚利损害客户的利益，破坏银行形象。同时要遵守社会公德与行业规范，顾及合作者的经济利益。一个具有良好形象的银行必然可以赢得客户的信赖和忠诚。对于培育出的特殊细分市场，银行可以采用高质高价的策略。如著名的投资银行摩根斯坦利的形象，定位于提供优质服务的投资银行，它对产品和服务制定了较高的价格，但客户还是欣然接受。这在于客户认同它塑造的品牌和形象。

在实际定价过程中，银行可根据本行发展的需要，选择一个或几个目标作为主要目标来确定金融产品的价格。

第二节　银行产品定价因素分析

这一节我们主要分析影响银行产品价格制定的因素。归纳起来，主要有成本、需求、竞争、政策法规、营销组合等几个方面的因素。

一、成本因素

银行同其他企业一样，成本是定价首先考虑的因素。一般来说银行定价的有三种成本。

1. 直接生产成本

直接生产成本是指银行可以直接追溯到各职能部门或各产品上的费用支出，如一线员工工资、福利费、有形产品的材料成本、制作费用等。

2. 管理费用

管理费用是指为支持和管理银行经营活动而发生的不能以经济合理方式追溯到具体部门或产品的费用，如管理人员工资、培训费、利息支出等。

3. 销售费用

销售费用是指为银行产品营销而发生的广告费、样品费、招待费等。

我们也可以将以上成本大致分为固定成本和可变成本两大类。固定成本是指在一定范围内不随产品的增加而增加的成本；可变成本是指随着产品的增加而增加的成本。银行产品的价格应能够补偿其固定成本和变动成本，并且拥有一定合理的利润幅度。值得注意的是，银行产品价格与成本之间的关系，没有制造行业紧密，它往往在整体利润最大化的情况下进行价格决策。比如某些金融产品可以低价甚至免费，而通过交叉销售另一些高利润产品来弥补这部分损失。

二、需求因素

银行产品定价会直接影响客户对产品和服务的感受。客户通过将银行所收取的价格与购买服务产品所带来的可感知价值进行比较，从而进行该产品优劣的判断。如果客户认为产品所带来的价值低于银行收取的价格，就不会购买或减少购买该产品。反之就会增加购买该产品。可见，产品和服务对于客户的内在价值与产品和服务的成本一样，值得银行在定价决策中充分考虑。

在考虑需求因素时，要重点研究分析客户的需求价格弹性。需求价格弹性反映的是需求对价格变化的敏感度，即单位价格变动所引起的需求变动程度。其计算公式为：

需求的价格弹性 = 需求变动的百分比/价格变动的百分比　　　　　　　　　(5 - 1)

如果需求价格弹性大于1，说明客户对金融产品或服务的价格反应敏感，银行降低产品或服务的价格，会引起销售量大幅度上升，其上升幅度大于价格下降幅度，从而销售收入增加，利润增加。比如贷款就是这样一类产品。

如果需求价格弹性小于1，说明客户对金融产品或服务不敏感，银行提高产品或服务的价格，销售量下降的幅度小于价格上升的幅度，销售收入会增加，利润增加。如保管箱、支票、汇票等业务。

对于需求价格弹性大于1，提高价格与需求价格弹性小于1，降低价格，对银行销售收入影响的情况，读者可自行分析。

三、竞争因素

银行间竞争的加剧使得银行定价时，不得不充分考虑竞争对手的情况。对竞争对手成本、价格以及历史定价情况的分析，可以为自身价格制定形成很好的参照体系。银行可通过对竞争者所处的相对成本位置的了解，来评估竞争对手调整价格结构的能力。通过对竞争者公开数据如年度报表、新产品开发、广告等的分析，测定其成本的结构，来帮助银行自身决策。竞争者的历史定价也可以为银行定价决策提供线索。花旗银行在本国银行零售业务中获得竞争优势的方法，就是通过对主要竞争对手的结算流程和成本进行观察预测，结合自身成本情况来改进，从而确定价格优势，占领市场。

当然，在分析竞争对手时，也要考虑到竞争者对本行定价可能产生的反应。

四、政策法规因素

由于行业的特殊性，银行的经营活动受到国家各种政策法规的严格限制。银行的定价行为也不例外，它不能与国家相关的法律法规相抵触。如银行不得违背反垄断的法规，不可以与其他银行共谋制定垄断价格操纵金融市场。再如政府除对利率、汇率有限制外，对中间业务收费也有相关规定。2003 年 4 月 1 日，我国正式实施的《商业银行服务收费管理办法》对中间业务收费有了明确规定，银行的中间业务定价必须在此法律框架内。

五、营销组合因素

价格、产品、分销、促销等一系列要素构成银行营销战略。定价行为必须与其他战略要素相协调。例如定价策略应与产品策略相符合，如果采取高质量的产品策略，以树立银行产品形象为目标，则产品价格可相应提高，以给客户优质高价的印象。同时价格策略与分销策略也有很大关系，一般来说高价产品销售坏节应尽量减少，以降低佣金费用，同时要选择较有名的代埋商。促销费用与价格也有一定关系，如促销费用高，价格也应该相应上升。只有综合考虑营销战略各个因素，银行才能制定出合理的价格。

第三节　银行产品的定价方法

银行产品多种多样，价格也不尽相同。但定价方法归纳起来，主要有以下几类：

一、成本导向定价法

成本导向定价法，是以产品的成本为基础，在成本之上加上一定的利润来确定价格。具体又有以下三种方法：

1. 成本加成定价法

这种方法，是指在单位成本上加上一定的利润来确定价格。加成的含义是指一定比率的目标利润。其基本公式为：

$$P = C\,(1 + R) \tag{5-2}$$

其中，P 是产品价格，C 为单位成本，R 为加成率。

在这种方法中，加成率的确定是关键。金融企业各种产品一般都形成了一个标准的加成率。这既避免了加成率过高加剧市场上的竞争，又避免加成率过低又会出现亏损的情形，比较适用于无差别市场。这种方法的优点是：

（1）定价程序简单易行。由于成本的不确定性一般比需求的不确定性小，着眼于成本的定价，可以不必频繁调整以应对需求不规则的变化。这种方法尤其适合零售业务。

（2）定价比较公平。一方面，银行不会因为需求增大，而趁机抬高价格，损害客户的利益；另一方面也因为固定的加成使银行获得较稳定的收益，避免短期供求变化对价格的影响。

（3）如果银行普遍使用这种定价方法，价格趋于近似，相互间的竞争也会降低到最低限度。

缺点是：定价过于呆板，适应性较差，对竞争者和客户需求考虑较少。

2. 目标利润定价法

目标利润定价法，是按银行预期利润的大小来确定产品的价格。银行根据总成本及预计销售量，确定一个目标利润额作为定价基础。其计算公式为：

单位产品价格 = （产品总成本 + 目标利润额）/预计销售量   （5 - 3）

银行的信用卡定价便采用此方法，将投入总成本的10% ~20%作为年目标利润率，分摊到预计可销售的信用卡中，从而计算出每张卡要收取的费用。

该法可以保证银行实现目标利润，计算简单、方便但未考虑到价格和需求之间的关系。银行制定价格会对销售数量产生反作用，尤其是价格弹性较大的产品，这种定价法反作用会更明显。另外其他竞争者对本行产品价格的反应，也未作考虑。在市场竞争激烈，产品销售不稳定时，不宜采用该法。

（3）盈亏平衡定价法

这种方法，是以银行投入总成本和市场销售收入保持平衡为基础来确定价格的一种方法。即销售量到达某一数量，价格定在什么水平，才能保证银行不发生亏损。这种方法的主要问题是计算总收入与总成本相等时的保本点。

其计算公式如下：

（单价 - 单位变动成本）×销售量 - 固定成本 = 0   （5 - 4）

经变换，盈亏平衡点时的销售量 = 固定成本/（单价 - 单位变动成本）

单位产品保本价格 = （固定成本/盈亏平衡点销售量） + 单位变动成本

银行的经营是为了获取利润，故引入预期利润对价格进行纠正：

实际价格 = （固定成本 + 预期利润）/盈亏平衡点销售量 + 单位变动成本   （5 - 5）

这种方法的优点是：当完成对销售量的预计时，保本价格和实际价格都能顺利计算出来。其缺点同样是未考虑需求和竞争者的情况。

二、需求导向定价法

现代营销学认为，银行价格合理与否，要看是否符合客户的心理、意识和承受能力。银行产品定价，应依据客户对银行产品的理解和认识程度、客户的需求来进行，而不是以成本作为计量基础。需求导向定价法就是秉承这种理念。这种定价方法又分以下几种：

1. 觉察价值定价法

这种方法，是以客户对银行产品可以觉察的价值作为基础来定价。某一种产品在市场上的性能、质量、服务等各方面，在客户心中都有一个特定的价值，这成为银行制定不同价格的尺度。银行在很大程度上只是一个被动的接受者。客户会在不同银行的产品之间进行比较，如果价格在其心理觉察价值之上，客户便会转向其他银行的产品。如果价格正好落在客户挑选限度之间，则客户会购买。银行定价时，应该尽可能搜集客户对产品价值评价，研究金融产品在客户心中的价格标准，估算在不同价格水平上可能的销售量，从而为制定客户可以接受的价格提供依据。值得注意的是，由于客户价值判断可以被正确引导，银行可以利用多种非价格因素，如广告或提高产品性能来影响客户的价值判断。另外，采用这种方法也要充分考虑客户的需求价格弹性。这在前面已经介绍，不再赘述。

2. 需求差别定价法

这种方法建立在市场细分的基础上，假设前提是市场细分后的客户不会彼此让渡服务进行套利，而且竞争者也不容易用低价促销手段拉走市场上的客户。

不同市场、不同时间、不同地点，客户的购买力与需求是不尽相同的，银行可以根据需求强度与消费者心理价值的不同制定不同的价格。具体来说：

（1）顾客差异。不同职务、不同阶层、不同年龄、不同收入的顾客有不同的需求。

（2）地点差异。不同地点的市场，由于人们生活习惯、生活条件不同造成需求的差异。

（3）时间差异。不同时间、不同季节对产品和服务的需求也会不一致。

当然，银行应该综合考量市场细分管理的成本与由此带来的收益，只有收益大于成本，这种定价方法才可行。

三、竞争导向定价法

这种方法，主要是以竞争者价格信息为依据来制定本行的价格，对本身产品的成本及客户需求的变化反而较少考虑。它主要包括：

1. 竞争性定价法

这适用于实力雄厚，在市场上占较大份额的"领导者"。首先它会对市场上竞争者的产品与价格进行比较，并结合本行产品的性能、质量分析寻找价格差异产生的原因。然后结合本行产品的特点、定位重新确定金融产品的价格。在后期执行过程中，对竞争者价格变动进行跟踪，适时调整本行产品价格，以始终保持其领导者地位。

2. 随行就市定价法

这适用于没有定价主导权的小银行，只有采取跟随战略，随领导者价格变动而变动。这可以为小银行节省价格制定过程的测算成本。

第四节　银行产品的定价策略

上一节，我们介绍了银行产品定价的几种方法。但正如前面提到的一样，银行产品大多是服务，具有"无形"的特征，服务产品价格上下限要宽于一般商品，因此对它定价的难度要远远大于有形产品。而用基本定价方法得出的价格只能是基础价格。

如何能在竞争激烈的市场环境中，提高本行产品的竞争力，还需要银行灵活运用定价策略。

所谓定价策略，是指银行根据金融市场环境的变化及其对银行产品的影响程度，制定出的既适合市场变化又易被客户接受的价格策略。

一、新产品定价策略

1. 撇脂定价策略

这是对银行高价厚利定价行为的一种形象表达。意指银行定价犹如从鲜奶中提取奶脂，由厚到薄层层提取。其实质就是在产品刚进入市场，竞争者还未来得及作出反应时，有意识将产品价格提高，以求在产品生命周期开始阶段获取高额利润。当市场竞争激烈时，适当降低价格，扩大销售量。

银行业采用这种策略是由其行业特点决定的。银行业的产品不同于其他企业的产品可以申请专利保护，一些设计优良的金融工具和产品一上市，就会出现大量复制品。因此在新产品上市初期采用此策略，能迅速收回成本，降低经营风险。另外该策略还能提升银行的市场形象，一般高价都会给顾客带来优质的印象。撇脂定价策略给予银行更大的价格调整空间，一旦发现市场需求出现不利变化，银行可通过降价来保住市场份额。

实施撇脂定价策略，需要满足以下几个条件：①市场上大多数客户对价格变化不敏感；②银行拥有一个较好的营销系统和广告宣传能力；③银行产品独特新颖，竞争者难以模仿。

撇脂定价策略，又细分为快撇脂和慢撇脂两种。前者是指银行通过大规模广告及促销活动以推动本行产品快速销售，尽快收回投资的做法。后者是指银行在高价的同时实行限量销售的方式。

20世纪70年代，美国的富国银行推出"金账户"时便采用了这一策略。当时它的收费为3美元/月。尽管很多人认为不值，但还是通过宣传吸引了不少重要的客户。

2. 渗透定价策略

渗透定价策略，又叫薄利多销策略。与撇脂定价策略先高后低的做法相反，它主要是在新产品上市时，先以低价打开市场，抢占市场份额，站稳脚跟后，再逐步将价格提高到一定水平。这种策略使用于对价格敏感的市场。它不是减价让利或是亏本经营，而是立足长远，通过提高市场占有率，来形成规模经济。

该策略的优点：①能缩短产品进入市场的时间，迅速打开销路；②可以形成价格优势，排斥竞争者进入市场，从而银行能长时期占领市场。缺点：投资回收期长，后期市场出现变化时，价格调整的余地较小。

实施该策略需具备的条件是：①银行能承受产品低价格进入市场，有承受亏损的能力；②银行有充足营销资源，比如足够多的分销渠道；③打开市场后，产品的生产与分销成本可以实现规模经济。

渗透定价策略的一个广泛应用，是美国20世纪80年代初推广的NOW账户。美国颁布《放宽对存款机构管理与货币法》后，允许全国开设此种账户。以前不能提供支票账户的储蓄银行与储蓄信贷协会，为挤占市场，只要求很低甚至不规定最低余额以吸引客户，扩大销售量。这与早就办理支票账户的银行所采取的撇脂定价策略正好相反。

3. 满意定价策略

这是介于撇脂定价与渗透定价之间的一种策略。它既可以避免撇脂高价竞争影响销售量的风险，又可防止渗透低价导致银行盈利及形象的损失。它试图在两者之间选取一个平衡点，使银行和客户均达到一定程度的满意。不足的是，这种策略制定的价格比较保守，不太适合需求变化或竞争激烈的市场。

二、折扣定价策略

这种策略，是银行为调动客户积极性而少收一定比例的产品贷款或服务费用，从而降低客户的成本支出，以提高产品的竞争力，扩大销售量。

折扣形式灵活多样，主要有以下几种：

（1）现金折扣。指银行对按约定时期或提前付款的客户给予一定价格优惠，以加速资金回流，尽早收回款项。比如对提前还贷的企业给予利息上的折扣。

（2）数量折扣。这是指银行对购买本行产品数量或金额达到一定额度的客户给予一定的优惠。一般购买数量或金额越大，折扣就越大。需要注意的是，折扣数量的起点不宜定得过高。

（3）季节折扣。指银行根据不同时间制定不同价格，在特殊日子里给予客户一定折扣，从而促进产品销售。

三、关系定价策略

这种策略注重与客户建立良好关系，着眼于客户的长期价值。它适用于银行与客户发生持续业务接触的领域。运用关系定价策略的重点，是掌握产品成本的详细数字和充分的顾客信息，合理进行成本机构分析和市场细分，建立起银行系列产品与客户的特殊联系。关系定价策略可采用长期合同和多购优惠两种形式。

1. 长期合同

银行可以运用长期合同向客户提供价格和非价格刺激，使双方进入长期关系，来加强现有联系或发展新的关系。长期合同能使一系列独立的交易转变为一系列稳定的、可持续的交易，为银行提供客户更全面的需求信息。同时，长期合同带来的稳定收入，也可以大大降低银行的经营风险。如银行可通过向客户提供目前价格较低，但在某些方面有吸引力的金融产品或服务，借此与具有良好发展前途的客户建立长期信用关系，获得今后向客户推广其他正常价格或服务的机会。

2. 多购优惠

它是指银行同时提供两个或两个以上相关产品给客户，在价格上确保客户一起购买相关产品比单独购买便宜。银行能从多购优惠中获取多方面利益：

（1）多购能降低成本。多数银行一起提供两种及以上的产品比单独提供这些产品少，如果银行能将这部分节约的成本与客户分享，能刺激客户增加购买。

（2）能密切银行和客户的接触，使银行和客户接触面更广，更有助于了解客户需求与偏好潜力。

以上，我们介绍了银行常用的几种定价策略。在具体应用时候，银行应结合自身条件及外部环境状况，灵活选择使用，使金融产品价格更具竞争力。

第五节　各类银行产品的定价

银行业务主要分为负债业务、资产业务、中间业务三类。负债业务主要包括资本业务和存款、借款等，是银行资金的来源。资产业务主要有现金业务、贷款业务与投资业务等，是银行资金的具体应用。而中间业务主要是指银行不运用自己的资金，而通过自己在信息和技术上的优势，为客户办理支付与其他委托事项，而收取手续费的业务，如结算、担保、咨询、代理等。

下面我们介绍银行各类业务下一些具体产品的定价。

一、存款的定价

存款是银行最主要的负债。国际上，存款占银行全部资金来源的 50% 左右，在我国该比率更高。存款是银行生存发展的基础，其规模和机构制约着银行资金的运用，决定着银行的盈利水平。

存款的定价主要使用平均资金成本法。将银行的存款成本和其他负债、股本的成本联系起来，用简单平均法或加权平均法计算。存款的成本主要包括：

（1）利息成本。这是指银行按照约定的存款利率以货币形式支付给存户的报酬。单位存款的利息水平是存款定价的最主要的因素。

（2）营业费用。这是指除利息成本外的各项开支，如办公费、资产折旧费、广告费、服务人员的工资等。

接下来，我们通过一个例子来说明银行存款定价的方法：

某银行，200X 年 12 月 31 日的负债为 1 000 万元（其中包括无息活期存款、付息活期存款、定期存款、货币市场借入资金等项目），按照负债项目各自对应的利率计算出的利息总额为 60 万元。假设银行为取得这些资金发生的累积营业成本为 10 万元，则银行负债平均成本率为：

$$负债平均成本率 = \frac{利息成本 + 营业费用}{负债总额} \times 100\%$$

$$= \frac{60 + 10}{1\ 000} \times 100\% = 7\%$$

由于银行吸收的资金有一部分要缴纳法定存款准备金，一部分要留作超额准备金和用作其他开支。假设该部分占用资金是 20%，则银行可用于贷款和投资的资金为 1 000×80% = 800（万元）。故可用资金成本率变为：

$$\frac{60 + 10}{800} \times 100\% = 8.75\%$$

这表明，银行投资或是放贷的收益率至少为 8.75%，才能弥补负债的成本。

银行的资金来源除了负债外，还有就是股本。假设该银行总股本为 100 万元，股东要求 10% 的税后收益率，此时税率为 20%，银行筹资的平均成本为：

$$资金来源的平均成本 = \frac{利息成本 + 营业费用 + 股利}{可用资金} \times 100\%$$

$$= \frac{60 + 10 + 100 \times \dfrac{10\%}{1 - 20\%}}{800 + 100} \times 100\%$$

$$= 9.17\%$$

9.17% 是银行资金来源与运用的盈亏平衡点，这便是银行确定可用资金价格的基础。

20 世纪 70 年代以后，世界各国银行为了扩大资金来源，纷纷推出了一批创新型存款工具，如可转让支付命令（简称 NOW），自动转账服务账户（简称 ATS），货币市场存款账户（MMDA），货币市场共同基金（简称 MMMF）等。这些账户提供了流动性强、收益率高的金融服务，深得广大客户的欢迎。对这些创新存款产品的定价主要考虑：

（1）最低余额。即银行可运用的最低资金限额，银行通过使用可以获得收益。

（2）平均余额支付率。即银行支付给每一个账户的利息率，它是银行的利息成本。

（3）手续费。即银行为客户提供服务的收费。这是银行的服务收益。

由于创新产品定价较为复杂，这里就不做介绍了。

二、贷款的定价

贷款是银行主要的资产，它制约着银行安全性、流动性、盈利性目标的实现。我国银行的贷款在银行资金运用中所占比例非常高，贷款定价对银行来说尤为重要。

（一）贷款定价考虑的因素

银行制定贷款价格要考虑的因素主要有：贷款的预期收入、资金成本、管理与服务费、借款人的风险等因素。它们之间的基本关系为：

$$税前产权资本的预期收益率 = \frac{贷款收益 - 贷款费用}{应摊产权成本} \times 100\% \qquad (5-6)$$

式中：

贷款收益 = 贷款利益收益 + 贷款服务费收入

贷款费用 = 银行的负债成本 + 银行办理贷款的服务成本

应摊产权成本 = 银行全部产权成本/全部贷款 × 未清偿的贷款余额

产权股本税后收益率 = 税前产权资本预期收益率 × （1 - 边际税率）

如果银行通过计算，得出的产权资本税后收益率高于银行制定的目标收益率，银行的贷款定价是合理的；如果计算出的产权资本税后收益率低于银行的经营目标值，则必须对贷款收益进行调整或降低贷款发放费用，以提高预期收益率。

（二）贷款具体价格的确定

贷款具体定价，包括利率、服务费（尤其是贷款承诺费）以及补偿余额三方面内容。

1. 利率定价

利率定价是贷款定价的核心。一般有以下几种常用方法：

（1）成本加成定价法

$$\text{贷款利率} = \text{可用资金成本率} + \text{管理费用率} + \text{目标利润率} \tag{5-7}$$

中国各大银行大多采用这种方法。其中：可用资金成本率为银行内部资金的转移价格，而管理费一般为贷款余额的 0.5%，目标利润率大多在 1.5% ~ 2.5% 之间。

（2）风险加数与乘数法

这种方法又叫差别定价法。基本思想是在基础利率之上，根据不同借款人的信誉等级来确定风险加数或乘数，从而计算贷款利率。即：

$$\text{贷款利率} = \text{基础利率} + \text{风险加数}$$

或　$$\text{贷款利率} = \text{基础利率} \times \text{风险乘数} \tag{5-8}$$

例如，采用风险加数法，贷款的基础利率为 4%，风险等级 A 的风险加数是 1%，风险等级 B 的风险加数是 2%，那么银行给处在风险等级 A 的客户的贷款利率就是 5%（即 4% + 1%），给予处在风险等级 B 的客户的贷款利率为 6%（即 4% + 2%）；如果采用风险乘数法，风险等级 A 的风险乘数为 1.1，风险等级 B 的风险乘数为 1.2，那么银行给处在风险等级 A 的客户的贷款利率为 4.4%（即 4% × 1.1），银行给处在风险等级 B 的客户的贷款利率为 4.8%（即 4% × 1.2）。

这种方法充分考虑到客户的资信情况，对风险有较科学的估计。

（3）交易利率定价法

这种方法，是指当客户借款额度超过某一最低额度时，银行允许客户在几种交易利率中选择，以确定该笔贷款的利率和期限。客户可以在银行认可的利率表中，选择基础交易利率（如国库券利率、定期大额存单利率或伦敦同业拆放利率），再加上一定数额（一般是 0.75% 或 1%），也可以选择到期日。交易利率定价法给予客户更多的选择权，对银行在激烈的竞争中争取更多的客户有较大帮助。

2. 贷款承诺费

贷款承诺费，是指银行在贷款承诺业务中向客户收取的费用。银行在承诺期限内，负有随时按约定利率向借款人提供一定金额资金的义务。这就使银行为保持一定贷款余额而放弃一些盈利机会，为了补偿银行的损失，借款人必须为此支付一定的费用。一般来说，承诺费计算的公式如下：

$$\text{总的承诺费} = \sum \left(\text{应提未提的贷款承诺额} \times \text{承诺费率} \times \frac{\text{该笔承诺的天数}}{360} \right) \tag{5-9}$$

例如：某企业与银行签订了 200 万元的贷款承诺协议，承诺期限为 1 个月，从 1 月 1 日起开始计收承诺费，费率为 0.5%。该企业于 1 月 7 日提取了 50 万元，1 月 15 日提取了 100 万元，1 月 25 日提取了 50 万元。则总的承诺费为：总的承诺费 = 200 × 0.5% × 6/360 + 150 × 0.5% × 8/360 + 50 × 0.5% × 10/360 = 0.016 7 + 0.016 7 + 0.006 9 = 0.040 3（万元）= 403（元）。

承诺费是银行服务收费的重要内容，银行可根据借款人的信誉、盈利能力与银行的关系、承诺金额的大小、承诺期限的长短来合理确定承诺费率。

3. 补偿余额

贷款的补偿余额，是指借款人根据协议从银行取得贷款后，必须将其中一部分贷款作为银行的活期存款或低息存款。这会使贷款人实际使用资金小于名义贷款额，从而提高借款资金成本，使银行贷款的实际利率发生变动。

例如：某企业向银行申请贷款 10 万元，银行贷款的名义利率为 12%，贷款补偿余额比率为 10%，假设补偿余额的活期存款利息忽略不计，那么

$$企业贷款的实际成本 = \frac{利息支出}{实际可动用的资金}$$

$$= \frac{10 \times 12\%}{10 \times (1 - 10\%)} = \frac{1.2}{9} = 13.33\%$$

由此可以看出，银行的贷款的实际利率为 13.33%，大于名义利率 12%。银行在进行贷款定价时，应该充分考虑到补偿余额对客户的重要影响。

三、信托的定价

信托业务是银行的一项表外业务，一般由银行的信托部门或信托公司来经营。银行在此类业务中主要收取手续费，因此信托的定价就是确定信托项目的手续费。

信托费用主要有以下几个方面：①人员配备及其他辅助性劳务费；②办公设备及办公材料费；③特殊营运措施及设施费；④银行的经营利润。一般在总成本基础上保持一定的利润率。信托手续费可以按信托金的一定百分比来确定，计收时间可以按年或月计。

信托费用的确定，一般具有较人灵活性。大多由银行与受托人，根据信托业务种类、所承担经济责任大小、银行提供服务的繁简程度、信托期限的长短来协商确定。总体上应遵循的原则是，信托受益人的收益率与银行收取的手续费率之和，应该大致等于该项信托财产的平均收益率。

四、衍生金融工具的定价

20 世纪 70 年代以来，金融衍生品市场迅速发展。银行一方面为了更好地进行风险管理，降低筹资成本，实现资产的增值保值；另一方面作为金融市场交易便利者与中间商，为了赚取更多的手续费，积极投身于衍生品市场，成为衍生品交易中重要活跃的一分子。因此，研究衍生金融工具的定价，对银行来说有十分重要的意义。

我们接下来将介绍几种最简单的衍生工具的原理和定价方法。

1. 远期利率协议定价

远期利率协议（简称 FRA），是一种远期合约，是买卖双方约定在将来一段时间里的协议利率，并制定某一参照利率，在清算日按照规定的期限与本金数额，清算协议利率与参照利率之间的利息差额。它的作用在于，使银行能有效控制资产负债期限不匹配带来的利率风险。

对远期利率协议的定价，银行需要考虑三个方面的内容：①远期利率的确定。这是定价的基础。可以根据交易期限、币种、金额、现货市场、期货市场套期保值的情况来确定。②启用费或年差价。这是指用于抵补银行的交易成本及由于现货市场交易所引起的资本需求增长的费用。③利差收益。这是指银行在该远期利率协议中所获得的服务报酬，一般在 25 个基点左右，近年来有下降的趋势。

2. 期货的定价

期货，是指交易双方约定在未来某一确定的时间，以约定的价格买卖一定数量或质量的某种资产的标准化合约。按照基础资产不同，有商品期货和金融期货之分。前者是指以具体实物商品为交易对象。如农产品、矿产品等；后者是指某些金融资产，如利率、外汇，指数等为交易对象。

期货定价的基本思想，是运用无套利原理。即期货合约在到期日的价格，应尽量接近基础资产的现货价格，否则就会发生套利。但在合约到期之前，两个价格之间可以存在一定的差异，期货交易者要承担这个差异的风险（又称基差风险）。但这个风险比现货市场完全暴露的风险要小得多了。

合约到期时，不存在套利的机会，期货价格应该等于到期日基础资产现货的价格。其公式为：

$$P_f = Ps \times (1+i)^t \tag{5-10}$$

式中：P_f 代表基础资产的期货价格；

Ps 代表基础资产的现货价格；

i 代表金融市场利率；

t 代表距离合约到期日的时间间隔。

如果考虑到保管成本的话，上式应该修正为：

$$P_f = Ps \times (1+i)^t + c \tag{5-11}$$

其中，c 为保管成本。

3. 期权的定价

期权是一种权利，是指购买期权的一方，在到期日或之前拥有以确定的价格，买入或卖出确定数量基础资产的权利。期权合约的买卖双方，权利义务及承担的风险是不对称的。买方支付期权费，在有效期限内，可以选择执行或放弃合约，最大损失是期权费，收益是无穷大的；而与此对应的是期权的卖方，收益最大为期权费，损失却是无穷大的。根据执行期规定的不同，期权可以分为欧式期权和美式期权。欧式期权，是指只能在到期日才能执行的期权。美式期权，是指在到期日之前随时都可以执行的期权。根据权利性质不同，期权可以分为买入期权（看涨期权）和卖出期权（看跌期权）。前者是指期权的买方享有在一定期限内，按协定价格买入一定数量资产的权利；后者是指期权的买方享有在一定期限内按协定价格卖出一定数量资产的权利。

期权的价值分为两部分：内在价值和时间价值。

内在价值，是指期权本身具有的价值。即期权立即执行时候，资产市场价格与执行价格之差。具体分为三种情况：实值期权（对于看涨期权来说，立即执行时的市场价格大于执行价格的情形；对于看跌期权来说，立即执行时的市场价格小于执行价格的情形）；虚值期权（对于看涨期权来说，立即执行时市场价格小于执行价格的情形；对于看跌期权来说，立即执行时市场价格大于执行价格的情形）；两平期权（对于看涨期权和看跌期权，立即执行时，市场价格等于执行价格的情形）。

时间价值，是指期权卖方在有限期内可选择有利时机执行而产生的价值，数值上等于期权价值与内在价值之差。

对期权价值进行定价的模型很多，在这里我们只介绍布莱克—斯科尔斯模型。它主要用于对不含股利的欧式期权进行定价。

不含股利欧式看涨期权的公式为：

$$PC = S \cdot N(d_1) - \frac{E}{e^n} \cdot N(d_2)$$

$$d_1 = \frac{\ln(S/E) + (r + 0.5\sigma^2) \cdot t}{\sigma\sqrt{t}}$$

$$d_2 = d_1 - \sigma\sqrt{t} \qquad\qquad (5-12)$$

式中：

E 代表期权的执行价格；

PC 代表看涨期权的价格；

S 代表金融资产的现价；

N(d) 代表标准正态分布函数在 d 时的累计和；

e 代表自然对数的底；

r 代表无风险利率；

t 代表距离期权到期日的时间；

ln(x) 代表 x 的自然对数；

σ 代表连续复利收益率的标准差。

不含股利欧式看跌期权的价格，可以根据看涨、看跌期权平价得出：

$$PP = \frac{E}{e^n} \cdot N(-d_2) - S \cdot N(-d_1) \qquad\qquad (5-13)$$

PP 代表看跌期权的价格，其余符号含义与看涨期权相同。

本章小结

本章介绍了银行营销定价策略相关内容。定价是指银行在某个时刻将商品对客户的价值及时用货币表现出来。定价会直接影响银行的销售数量和利润，因此对银行定价的研究非常重要。

银行产品的价格包含：利率、汇率、手续费三个方面。定价的目标一般概括为实现利润最大化、扩大市场份额、应对竞争、改善服务、提升银行形象。在对银行产品的定价分析中，我们介绍了影响银行价格制定的因素。它们分别是成本、需求、竞争对手、营销组合情况、政策法规几个方面。

银行产品的定价方法，我们介绍了成本导向定价法（成本加成定价法、目标利润定价法、盈亏平衡定价法）、需求导向定价法（觉察价值定价法、需求差别定价法）、竞争导向定价法（竞争性定价法、随行就市定价法）。

银行的产品大多是服务产品，一般具有无形特征。其价格的弹性幅度远远高于有形产品。仅仅依靠上述的定价方法得出的价格水平只能作为一个基础参考。为了提升银行竞争水平，银行必须采用适当的定价策略。

定价策略，是指银行根据金融市场环境的变化及其对银行产品的影响程度，制定出的既适合市场变化又易被客户接受的价格策略。我们介绍了银行常用的撇脂定价策略、渗透定价策略、满意定价策略、折扣定价策略以及关系定价策略。

最后，我们结合银行经营业务的实际，介绍了贷款、存款、信托、简单金融衍生品的定价思想和方法。

思考题

1. 银行定价的目标是什么？
2. 银行定价的基本方法有哪些？
3. 银行可以运用的定价策略主要有哪些？

案例一　小额账户收费：选择与被选择的博弈

日前，农业银行宣布自 2006 年 9 月 21 日起对小额账户收取每季度 3 元的服务费。这样，9 月 21 日起，工、农、中、建、交五大国有银行都将对小额账户收取管理费用。在股份制商业银行中，招行也已经宣布将开放小额账户管理费，而其他银行则表示暂时不打算跟进。

银行收费是一个敏感问题，每每广遭质疑，近来跨行查询收费就成为众矢之的。站在消费者的角度，忽然交一笔以前不用交的费用总有点让人心里不舒服，但如果换一个角度考虑问题，把收取小额账户管理费看作银行筛选客户的一个手段，看作国内银行在改革中对自身重新定位的一种外在表现，那么消费者也许无须对部分银行"嫌贫爱富"的举动过于苛责，而是相应地也可以对自己重新定位，在银行选择客户的过程中，完成自己选择银行的过程。

金融服务业全面开放备受人们关注，中资银行是否能够应对外资银行的挑战成为人们谈论的话题。现在，中资银行首先要做的，是变革原先适应计划经济的所有成分，内部完成资源重整，使之能够适应于未来越来越市场化的竞争环境。这其中很重要的一个方面就是，不同的银行要有不同的定位和不同的目标客户群，大银行对大客户，中小银行对中小客户，建立起多层次的金融服务体系。

长久以来，各家银行同质化竞争严重，总体格局基本上是所有的银行面向所有的客户，不同的银行之间没有差异化的定位，也没有差异化的目标客户群体，多层次金融服务体系尚未在我国建立起来。

可喜的是，越来越多的中小银行基于现实和自身发展考虑，不再和大银行争抢大客户，而是着眼于长远发展目标和战略定位，寻求差异化的目标客户群体。

同样地，在个人业务上，大、中、小不同规模、不同实力的银行，根据各自的定位"分食"高、中、低端不同层次的个人客户，这是建立多层次金融服务体系过程中必然经历的一个环节。

通过收取小额账户管理费，工行等实力较强的大银行可以分流一部分中低端客户，而其他银行则可以获得这部分新的市场份额。当然，分流个人客户的方法和手段很多，不止小额账户收费这一种，重要的是，各家银行要对自己的定位和长远发展战略有清醒的、理性的认识，然后基于这一认识落实和实施相关的措施。

作为消费者来说，尤其作为中低端客户来说，他们也需要有更成熟的心态来面对银行在向市场经济转轨过程中的这些变化。

选择和被选择其实在一念之间。对于中低端客户来说，首先应该接受银行选择客户这一事实，不必有过多情绪化的反应，继而可以根据自己的实际情况，重新定位，主动选择一家不是最大但却最适合自己的银行。多层次金融服务体系是否建立和完善的一个标准，也许可以定为是否每一个消费者都可以自由选择到适合自己的银行。

当然，在这一转变的过程中，还有许多细节需要人们关注。诸如，现在许多单位的工资卡都是设在工行、建行等大银行，员工并不能自由选择；许多中小银行的网点覆盖面还较小，如果现在中低端客户就选择这些银行，可能会面临一些不便，等等。这就需要相关主管部门和各家银行通力合作，更多地以客户为中心，多为客户考虑，做好转换过渡期内的细节工作，不让任何一个群体的利益因此受损。

资料来源：徐海慧．小额账户收费：选择与被选择的博弈．国际金融报，2006-06-06.

第六章 银行营销的分销策略

对于商业银行营销来说，只有让目标市场的客户在一定的时间和地点方便地得到他们所需要的银行产品和服务，才能实现银行的营销目标，取得较高的经济效益。银行要根据不同的时间、不同的区域、不同的客户选择多种渠道使客户方便地购买其所需的产品，就必须制定和实施分销策略。

第一节 银行分销策略概述

一、分销策略的含义与种类

(一) 银行分销策略的概念

1. 分销策略的含义

分销策略在市场营销分析中是营销组合"4P"中的一个"P"，即地点（Place）。分销策略，也即是分销渠道策略。分销渠道是产品的所有权或使用权从生产者手中转移到消费者手中这一过程所经历的各个环节和各种力量的总和。简单地说分销渠道就是产品和服务从生产者流向消费者的途径或渠道。美国市场营销协会委员会对分销策略做出如下定义：分销是一种包括生产公司内部组织（销售部门）和生产公司外部代理商、经销商、批发商和零售商在内的产品销售网络结构，并通过这种结构得以使产品（包括服务）能够参与市场活动，实现销售目的。由此可见，分销不仅包括产品提供者本身，还包括代理商、经销商、批发商和零售商等组成营销渠道的各种成员。

2. 银行分销策略的含义

商业银行分销策略是商业银行把金融产品和服务推向客户的手段和途径。商业银行市场营销活动的效益：一方面取决于其产品的开发与提供，这是形成金融产品使用价值的过程；另一方面取决于分销策略，即分销渠道的畅通与否，它是金融产品使用价值和价值的实现过程。在买方市场条件下，科学选择分销渠道是关键，在一定程度上决定着银行的生存和发展。在传统的金融业务活动中，商业银行的营销渠道一般通过建立分支机构网络来实现，即以直接分销为主，具有独特的运作方式。随着金融创新的深化及科学信息技术的广泛运用，商业银行的营销渠道也逐步多样化，如通存通兑、自动取款机（ATM）、销售终端机（POS）等营销渠道已得到广泛使用。

（二）银行分销策略的种类

1. 直接分销策略与间接分销策略

这是根据销售产品是否利用中间商来划分的。所谓直接分销策略，也称零阶渠道策略，是指银行直接把产品提供给客户，不需要借助中间商完成产品销售的策略；而间接分销策略，是指银行通过中间商把金融产品销售给客户的策略，它又分为多种形式，后面我们会详细讲解。

2. 单渠道分销策略与多渠道分销策略

这是根据分销渠道的类型多少来划分的。如果银行只是简单地通过一个渠道实现金融产品的销售，如银行提供的产品全部由自己来销售或者全部给经销商来销售，这种策略称为单渠道分销策略；而多渠道分销策略则是指银行通过不同的销售渠道将相同的金融产品销售给不同的市场或不同客户的策略，如在本地区采用直接分销，对外采用间接分销，这种分销策略比单渠道分销策略的销售具有更大的作用。

3. 结合产品生命周期的分销策略

我们在银行营销过程中的产品策略中曾经讲过，金融产品具有一定的生命周期，与之相对应，分销策略也可根据金融产品的生命周期理论，在产品所处的不同阶段采取不同的分销渠道。这便是结合产品的生命周期的分销策略。如产品导入期应该以自销或独家经销为主，尽快占领市场，提高新产品声誉；在成长期应该选择有能力、有前途的中间商进行分销，提高销售量，扩大市场份额；在成熟期应该拓宽分销渠道，与更多的中间商积极配合，进一步扩展业务活动的范围；在产品的衰退期选择声望高的中间商分销产品，获取产品最后的经济效益。

4. 组合分销渠道策略

商业银行分销渠道的选择与组合是实施营销战略的关键。为此，应在充分考虑相关影响因素的基础上，制定好组合分销策略。商业银行的分销策略较多，不同的策略可以组合，这种组合强调分销渠道成员之间的合作精神，更多地考虑了分销渠道的长度和宽度。它一般有两种组合：垂直型和水平型分销渠道组合。

垂直型分销渠道组合，是指由商业银行、批发商和零售商组成，实行专业化管理和集中计划的营销网，按不同成员的实力与能量对比产生一个最终决策者，并由其进行集中的管理与决策。这是针对传统分销渠道的不足推出的分销模式，在欧美等西方发达国家，这种模式已成为市场的主要分销模式，也是被实践证明是效益最好的一种模式。

水平型分销渠道组合，是由同一层次的两个或多个相互无关联的营销组织组成长期或短期的联合体开展营销活动，这种联合可以是暂时性的，也可以是以契约形式固定下来而形成的永久性的联合。其特点是：可以降低各成员的经营风险，避免激烈竞争而导致的两败俱伤。

二、银行分销策略的作用

分销策略是沟通银行与客户之间关系的桥梁，合理选择分销策略对保证银行的正常经营、建立现代金融制度具有十分重要的意义。

（1）正确的分销策略可以更有效地满足客户的需求。银行根据不同的需求因素选择合理的分销渠道，可以把各种金融产品提供给客户，并根据消费者需求的变化，随时调整金融产品的种类和功能，更好地解决金融市场中的供求矛盾、结构矛盾、时间矛盾和地区矛盾，以满足不同地区、不同层次客户的不同需要。

（2）选择合适的分销策略可以简化流通渠道，方便客户。一家银行自身的活动范围总是有限的，无法将其产品提供给所有的客户，但如果选择合理的分销渠道，借助中间商便可在更大的时间与空间范围内方便顾客购买，加速商品流通，缩短流通周期，实现商品销售的及时性与扩大化，有效地平衡供求关系。

（3）合理的分销策略有利于降低银行营销费用，提高经济效益。直接分销与间接分销各有优势，如果银行能够合理选择中间商，一方面可以减少自己分支机构的设置，节约相应的销售费用；另一方面又可以扩大客户面，增加销售量，加速资金周转。

第二节　影响商业银行分销渠道选择的因素

商业银行的分销渠道的建立和选择，必然会受到诸如国家政策、法律、结算渠道、市场竞争环境等因素的影响制约。因此，对一些主要影响因素进行分析研究，有助于银行提高分销效率。一般来讲，影响商业银行分销渠道选择的因素主要有：

1. 顾客特性

在很多银行交易中，购买者与销售者之间存在一种稳定顾客关系，尤其是很多公司银行业务、私人银行业务和信托业务等。在这些业务交易中，购买者完全信任销售者，接受其建议或忠告。显然，这种顾客关系要求提供服务者和顾客之间有密切的个人接触。

分销渠道深受金融市场的顾客人数、地理分布、购买频率、购买数量以及对不同的促销方式的敏感性等因素的影响和制约。例如当顾客人数众多，地理分布广时，就需要银行建立较多的分支机构或利用中间商分销产品，才能取得较好的效果。

2. 产品特性

产品特性是银行选择渠道是一个重要的约束因素。由于银行产品本质上是一种服务，而服务具有的无形性和不可分性使得银行产品具有直接面对客户的"直客式"特点，对场所、氛围、安全性和技术性等服务环境要求高，因此以直接渠道为主渠道分销，效果较好。比如安全性要求较高的本票、汇票等票据类以及对企业的信贷类产品等。但如果消费结算、信用卡、代理收费等中间业务产品要大力发展，就应有相应的中间商或代理行等间接分销渠道，以求市场接触和资金运作有足够的覆盖面，达到较好的通达效果。

3. 服务特性

银行服务的特性除去无形性、不可分性外还派生出易消失性和易变性，而这些特性都对银行选择分销渠道产生影响。

要是银行服务是无形的，也就不存在库存，这就是人们所说的易消失性。与消费商品不同，银行家不必为存储、运输和库存控制而担心。然而，由于银行服务无法库存，也就不能通过传统的中间商进行分销。不能库存还意味着银行处理的业务量也会受到限制，当市场需求特别大时，银行要提供服务就会遇到困难。例如，我国银行长期存在的客户长时间的排队等候的现象，这样会引起客户的抱怨；又如保管箱业务一日之内的数量是有限的等。如果在繁忙的高峰期，通常一日内就可能处理不了所有工作，因此银行已经求助于电子手段来对付这种超工作量的问题。例如，现在多数银行设立了客户服务电话中心回答客户提出的各种问题，而让分行职员来回答这些问题，他们就不能履行其他的职责，如推销工作。

另外，银行服务的质量不易控制，它不仅受到银行职员的态度、行为的影响，还受到顾客的态度和行为的影响，同时不同的职工、不同时间、不同的地点提供的服务，其质量都有差异。服务的这种易变性使得由于各分行特定的环境，办理存款的出纳员的性格，客户排队等待的时间的不同，会形成千差万别的银行服务，同时也增加了银行提供高质量和标准化服务水平的难度。因此，为了加强银行服务质量的控制，除了加强员工的培训，要求员工提供高质量的服务外，银行可以通过利用电子设备开展分销，分销的电子渠道优势在于所推销的服务质量相同并且标准化，如自动柜员机。机器有时可能会"罢工"，但在工作时，对每位客户提供的是相同的服务。

4. 企业特性

企业特性主要包括银行的规模、管理能力、声誉、财力、经营策略和经营目标、产品组合等因素。企业特性在渠道的建立和选择中扮演着十分重要的角色，例如，企业的规模、策略决定了对渠道进行管理和控制的能力，决定了哪些分销职能可由自己执行，哪些应交给中间商执行。一般而言，实力雄厚、规模大的银行，才有能力在市场中设立自己的分销机构，进行直接销售。因为这种渠道形式需要投入大量的资金和人力，对市场熟悉，才具有较好地完成渠道功能的效率。而对于那些实力较弱、规模小的银行则可以在建立一些自己的分销机构的基础上，通过与大银行的合作扩大自己的分销网络，例如：民生银行与我国四大商业银行之一的中国工商银行确立合作关系，就是中小企业根据自身企业的特点，借助大企业渠道优势促进发展的明显实例。

5. 中间商特性

中间商在分销渠道中可以承担的各种分销职能及中间商本身的特性，包括中间商的社会地位、可提供的服务、所经营的商品种类对分销渠道的设计与管理也有较大的影响。例如，银行要利用中间商分销，就必须考虑各种不同的中间商在沟通、促销和接触顾客等职能方面，以及在信用条件、人员训练、结算条件等方面的特点和要求，从中选择那些最能达到企业营销目标，能满足消费者需要的中间商。

6. 环境特性

环境特性主要指政治法律方面的因素、社会经济发展状况和金融机构及其产品的互补与竞争状况等，这些都是商业银行建立和选择分销渠道的最主要约束因素。例如，金融市场赖以产生和发展的基础是社会经济的发展，因此经济发展状况就会影响到渠道的建立和选择。又如政府有关金融营销的种种政策、法规也会限制着银行使用哪种分销渠道。例如，按目前的管理要求，银行间的大额款项划转，就要经由中央银行相关机构进行。

此外，在建立和设计银行网点和分销渠道时，还要考虑各类金融机构及金融产品的互补问题。就某一地域市场而言，一家金融机构是不可能提供消费者所需要的所有产品，而往往要通过多家金融机构才能完成，这就是金融机构与金融产品的互补问题。如银行业务与保险业务互补；银行业务与证券业务互补；金融租赁业务与银行业务、证券业务互补；等等。只有这样才能适应随着人们生活水平的提高，消费需求也趋于多变和多样化的发展趋势。因此在设立金融机构网点和分销渠道时，要充分考虑金融机构的合理布局和多样化问题，考虑金融机构与金融产品的互补问题。否则金融产品的分销就可能会遇到较大的障碍，其效率就会低下。例如，在分销股票、债券等金融产品时，若没有银行就无法进行资金划拨；推销信用卡时，没有银行，信用卡潜在的效用如银行透支就无法发挥等。同样，在建立和选择分销渠道时，还须考虑金融机构和金融产品之间的竞争问题特别是在允许混业经营的条件下更是如此。例如，证券公司与银行之间就存在吸引资金方面的竞争。由于市场总是有限的，不可能容纳无限的同一类型的金融机构和同一种类的金融产品，因此在设立分销渠道时，应尽量避免过度竞争，减少摩擦，合理布局分销网点。

第三节　银行直接分销策略

银行产品具有产品销售和服务配给的不可分性、产品的高风险性等特点，决定了商业银行不仅要靠自身的优势来直接销售产品，而且应充分利用各种中介机构来实现向客户提供产品的目的，这就要求商业银行能有效选择分销策略。在银行的各种分销策略中最基本的是直接分销策略与间接分销策略，因此我们就这两种策略进行讨论。本节先介绍直接分销策略。

一、直接分销策略的含义和优缺点

（一）直接分销策略的含义

直接分销策略也称零阶渠道策略，指银行直接将产品销售给最终需求者，不通过任何中间商。这种分销方式十分简单，其模式如图 6-1 所示：

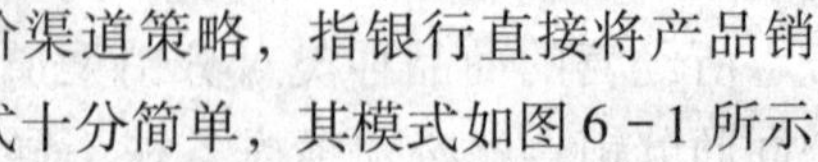

$$银行 \xrightarrow{\text{金融产品}} 需求者$$

图 6-1

传统的直接分销策略是指在最便利客户的地方，设置分支机构，为客户提供便利快捷的服务。同时，销售人员直接邮寄银行业务和电话直销作为直接分销策略也已经普及。随着科技的发展，计算机网络服务、有线电视银行服务也将成为未来银行直接分销策略的发展重点。目前，银行的直接分销策略主要是银行通过广泛地设立分支机构开展业务，或是派业务人员上门推销金融产品。

（二）直接分销策略的优缺点

直接分销方式的选择是由于银行的服务与银行不可分割所导致的，银行选择直接分销方式的目的往往是为了某些特殊的营销优势。一般来说，银行不通过中间商而直接向客户销售金融产品具有以下优点：

1. 银行可以实现及时性

将金融产品直接销售给客户，可以使客户及时了解银行的产品，特别是新开发的产品能迅速地投入市场，缩短流通时间，减少因销售环节多，时间长引起的损失。

2. 银行可以降低营销成本

在间接分销中，各中间商要收取一定的费用，这对银行来说是一种成本开支，特别是当中间商过多时，这笔费用相当可观。对于那些客户相对集中、顾客需求量大的市场，银行直接销售可以大大节约流通费用，降低营销成本。

3. 银行可以增加产品的销售

银行产品强调银行对客户的服务，在直接分销策略中，银行派人直接提供产品，并保证较全面的售前、售后服务。这可以进一步扩大银行的影响，提高声誉，密切银行与客户的关系，增加产品的销售量。

4. 银行可以方便及时地了解金融市场

直接推销产品可以使银行及时掌握市场上的相关信息，了解客户的心理，把客户对产品品种、功能等需求信息直接反馈给银行，以便更新与改进产品并不断开发符合客户需要的新产品。

由此可见，如果银行将直接分销策略运用得当，可大幅降低银行的流通费用，加快银行产品的流通速度，增加银行收益。

当然，直接分销策略也有一定的缺点，其最大的不足之处在于当银行规模一定时，会使银行占用较多的人力、物力和财力。银行要广泛地设立分支机构，配备足够的客户服务人员，可能会使分销费用增加，影响银行的经济效益，特别对于客户分散、需求差异大且多层次的市场，此策略的缺陷则更为明显。

二、分支机构设置

分支机构是商业银行的直接分销渠道，是商业银行成功经营的至关重要的因素。长期以来，商业银行基本上都是通过这些分支机构或营业场所将金融产品提供给顾客。因此，银行要在不同的时期，根据自身的发展情况，科学地设置其分支机构，以总行为中心的金字塔形模型（如图6-2所示），以实现自己的战略目标。

（一）设置分支机构的目的

从发展的情况看，分支机构作为传统的分销渠道的重要性正在逐渐下降，而银行卡、自动柜员机、电话银行、网络银行等电子手段的重要性正在持续上升。但从绝对数量上看，即便是在发达国家，分支机构迄今为止仍然占有主导地位。这是因为：

（1）电子系统无法取代分支行在银行零售市场上的功能。

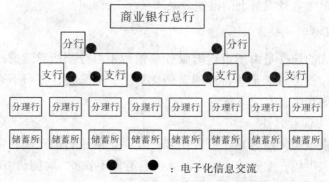

图6-2　直接分销的金字塔模型

（2）人们就近选择银行分支机构办理业务的习惯难以迅速改变。

（3）小企业客户偏好分支行为其提供个性化服务。

（4）银行通过分支机构进行的人与人之间的直接的情感式服务是机器所无法替代的。

（5）分支行的存在一定程度上起到了广告的作用，加强了银行的宣传效果。

因此，尽管分支机构作为银行的分销渠道其经营成本十分昂贵，新的分销方式不断出现，但目前分支机构仍然是现代银行最重要的产品分销渠道。合理设置分支机构，加强分支行的营销，提高其盈利能力，已经成为银行经营成败的关键。尤其在我国银行业电子网络发展相对滞后的情况下，分支机构的作用就更加突出。

科学地设置银行网点可以提高银行的市场占有率，更广泛地吸收资金，开展金融业务；可以提高银行资金的运作效益，加快银行产品的流通速度；可以降低银行的经营成本；可以是银行向客户提供更多的银行产品和更优质的服务。

商业银行设置分支机构的目的主要是：增加金融产品的可获得性和便利性，以满足现有消费者的需求构成或增加现有客户和新客户的服务面。据资料显示，银行排名前15%的分支机构的收益通常占银行全部分支机构收益的50%，而50%的分支机构所创造的收益在银行总收益中通常只占15%。因此，银行应尽力使分支机构数量合理化，应按规模效益的原则选择和设置分支机构。由于区域经济中心具有内聚、扩散和中枢三大功能，因此分支机构的设置应按经济区域进行，依据区域经济内的经济实力，经济结构分等级设置分支机构。

（二）分支机构的类别

概括起来，商业银行分支机构的类型主要有以下几种划分方法：

1. 按所从事业务的类别可将商业银行分支机构划分为三类，这也是区分商业银行分支机构类型的主要依据

（1）从事代理业务的分支机构。这种分支机构不拥有金融产品所有权，它只负责寻找顾客，代表金融产品提供者与顾客洽谈，达成交易。如我国银行的代办储蓄所和与企业、单位联办的储蓄所即为此类。代理性质的分支机构又分为代理人和经纪人两种类型。

（2）从事批发业务的分支机构，即把金融产品转卖给那些为转售而购买的零售机构和批发机构，这种分支机构称作批发商。它把自己的金融产品或别人委托的金融产品卖给最后需求者以外的任何购买者。

（3）从事零售业务的分支机构，即通过它把金融产品直接销售给最终用户，这种分支机构可称为零售商。

2. 按分支机构所在国家不同，可将分支机构划分为国内分支机构和海外分支机构

设在本国境内的，主要为本国居民、公司企业和单位服务的分支机构为国内分支机构；设在海外的，主要经营国际金融业务或从事海外金融业务咨询和联络的海外分行或代表处则为海外分支机构。

3. 按经营范围不同，可将分支机构划分为全能服务的分支机构、专业性分支机构和个人化服务分支机构

（1）全能服务的分支机构一般都提供全套的资产负债业务和中间业务。这种分支机构一般面积较大，在内部安排上以使顾客感到方便为宜。

（2）专业性分支机构，即从事某一类金融业务的分支机构，如房地产金融分支机构、贷款办事处、代表处等。

（3）个人化服务分支机构一般坐落在适当的地区，专为高收入客户提供一定范围内的金融服务。其服务通常设定最低限度账户收支余额为基础，强调为个人提供金融咨询服务，而不是传统的银行出纳服务。

4. 按级别划分，可将分支机构划分为不同的层次

一般实行总分行制的商业银行都有不同级别的分支机构，在总行以下有分行、支行直至一些简易分支机构。简易分支机构一般都设置在停车场、加油站、商场旁等地方，或被设置在一个可以移动的卡车上实行流动服务，一般只有一两个雇员和一台ATM机便可工作。中国的分支机构如按级别分则更复杂，有一级分行、二级分行、支行、办事处、分埋处和储蓄所等。

（三）影响分支机构选址的因素

分支机构选址的方法通常包括定性分析方法和定量分析方法，定性分析即对其影响因素进行分析。银行为了提供便捷的服务，选址时要求从两个层次进行分析：一是大致范围的分析；二是具体位置的分析（见图6-3）。

1. 大致范围的分析

设立银行首先要选择大致的范围，可以指整个社区或社区的某部分。在大城市，所定的范围可能比市的一个街区要小，甚至是一幢建筑。在工业领域，这个范围可能就是一个工业区。银行在所提及的大致的范围内必须了解并评估有关该范围的基本信息，包括居民、日常就业人数、企业和银行状况。这样的信息可以从公开的渠道获得很多。其他的信息必须通过现场调查并向了解情况的专业人士咨询。许多较大的银行开发了计算机模式来评估选址的可行性，并且还为较小的银行提供这方面的服务。私人咨询专家也可以完成这样的工作。设立分行经验不足的银行要尽量向专家咨询，获得他们的支持。

对银行位置所在的大致范围进行分析，需要下列信息：

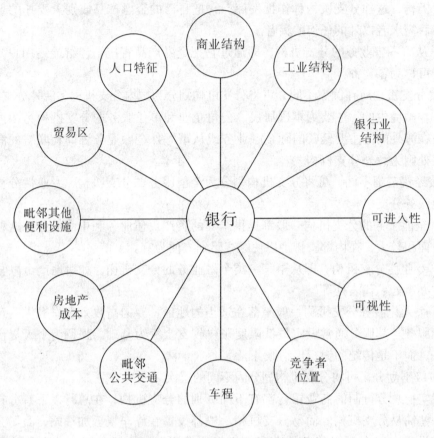

图6-3 影响分支机构选址的因素

（1）人口特征。现有居民人口以及计划中的居民人口、中等家庭收入、住户收入分配、日常就业人数规模和收入以及居住人口的就业特点，这些都是必要的信息。还应通过职业分类以及银行位置收集地区就业数据和现有及计划中居民住房信息。住房信息应包括居所条件和价值，拥有住房者和租借房屋这所占比例以及住户的流动情况。所有这些信息都可用于评估新设分支机构的大致范围所能产生的零售或个人存贷款的潜在金额。

（2）商业结构。希望扩展的银行应该通过分类收集有关信息，包括商业单位、零售单位、服务机构、批发商以及正在调研的地区的主要购物场所的位置。银行还应该评估各类行业的年销售量。

（3）工业结构。分析大致的范围还应包括工业公司的数量（和年销售量），各类行业的就业人数、工作时间。商业和工业结构的信息用于评估该地区商业和工业存贷款的潜力。

（4）银行业结构。希望扩展的银行必须确定现有金融机构（商业银行、邮政储蓄、金融公司和其他提供金融服务的组织）的数量、位置和所有办事处的存款额。同样，还需要其他方面的信息包括银行营业时间、提供服务的类别、办事处规模和类型、停车场、汽车是否能够进入、有无电梯或自动银行业务设施。

这并不是一份分析贸易区所需数据的详尽清单，但至少突出了这类决策所需信息的类别。银行在分析这些数据后，还必须顾及在该地区设立分支机构在前几年可能获得的存款量。存款带来的收入与经营成本相比就能决定该分支机构可能赚取的利润。

2. 具体位置的分析

收集上述信息并进行分析，选定大致的扩展范围后，在该范围可能有几处适当的位置。在选择具体位置时，应该考虑下列因素：

（1）可进入性。该位置出入是否方便？临街的交通是否能让客户快速而又安全地进出？是否该位置在街道的右面正对该地区主要的交通要道？是否有适当的停车场或可否与邻近的企业共用停车场？

（2）可视性。路人或乘车人能否看见银行办事处及其标牌？现在或将来是否有障碍性遮掩其建筑物或标牌？

（3）竞争者位置。最近的竞争者位置有多远？另一家银行打算在数百米之外设置分支机构并不一定是种威胁。如果所选分支机构位置对于多数贸易区的居民都很方便，与将分支机构设在远离竞争者而又不太方便的位置相比，倒不如与竞争者为邻更有意义。所以几家商业银行在同一地段均设分支机构就不足为怪了。

（4）车程。银行离居住区、商业区或工厂的距离是否合理？

（5）毗邻公共交通。通常，在交通要道的终点开设分支机构不失为上策，而在中转站设立分支机构就不太合适了。在交通中转时不太可能发生银行业务。

（6）房地产成本。决定在何处开设新的分支机构可能会侧重于财务上的考虑。但银行必须谨慎，在节俭的同时不能"因小失大"。从长远的利益考虑，与不能方便客户或不易进入而且较便宜的银行位置相比，成本越高的位置产生的投资回报越大。向专业的咨询机构请教权衡择位的成本非常有价值。一家银行根据专家咨询的意见在开发区买了一块分支机构的地皮，当时这块地皮看起来更像农田而不是商业场所。尽管在几年之后银行本可以以几倍的价钱将其卖掉，可是银行看好了这个位置。现在这家分行就处在新开发区的中心，经营的第一年就获得了利润。

（7）毗邻其他便利设施。由于银行业是一种"便利商品"，将分支机构设在诸如食品或其他提供方便之类的商店附近就会更有优势。

应该核查这些因素（以及其他可能与某种特定情况有关的因素），因为这些因素会影响新的银行位置将来的盈利潜力。选择的分支机构位置应该具备最大的优势和最小的缺陷。

（四）分支机构选址的方法

分支机构选择方法主要是指选择确定分支机构设置地点的决策方法，属于银行分支机构优化选址的定量性分析法。分支机构选址决策非常重要，因为设置分支机构是商业银行在一段较长时期内一项较大数量的资源支出。在此我们简单介绍几种分支机构选址的方法。

1. 经济模型

经济模型法的理论基础是瑞力（Reilly）的引力理论和基本法则。引力理论的含义是：一个城市从任何一个周边城镇获得的贸易量与该城市人口成正比，与该城市和那个城镇的距离成反比。换句话说，另一个城镇的消费者被该城市的规模吸引，却又受制于两地的距离。瑞力的基本法则是：

$$B_a / B_b = \left[(P_a / P_b)^N \right] / \left[(D_b / D_a)^n \right] \tag{6-1}$$

式中，B_a 是已建立的银行分支机构 A 从拟建立的新分支机构 T 中获得的业务量，B_b 是已建立的银行分支机构 B 从拟建立的新分支机构 T 中获得的业务量，P_a 是分支机构 A 的客户，P_b 是分支机构 B 的客户，D_b 是 A 到 T 的距离，D_a 是 B 到 T 的距离，N 和 n 是依据经验得出的指数。

运用经济模型设置分支机构的优点是非常简单，并且考虑到了邻近的已设立的分支机构。其局限性表现在忽略了因距离不同而带来的交通便利问题，以及忽略了顾客对分支机构的忠诚度。

2. 空间模型

该模型主要是通过建立模型，预测设置分支机构的潜在区域和该区域内的市场占有率。这种方法必须在全国范围内对值得详细调查的区域进行普查，然后对"有希望的"地区进行进一步的调查研究。理想的地点选择有三个步骤：

第一步：划分业务区域，这主要是指银行可以很便利地为潜在客户服务的地理区域；

第二步：将划分区域的原始数据集中起来，并将其转换成实际的潜力。如收集该地区的存款原始数据，根据存款潜力测定分支机构成功的机会；

第三步：计算在选定地点设立分支机构后的投资收益值，做出最后决策。

而在每一步骤的进程中，又可采用不同的方法和技术。

空间模型法的优点是能够通过全面的调查发现"潜力"区域，尤其适用于地方分支机构的设置。其局限性表现在决策过程较长且复杂，需要进行多方面的工作，不适用于国家级分支机构的设置决策。

3. 双变量模型

这种模型与前面所提到的模型不同，它将市场占有率视为依时间或空间和当地竞争的情况而变化的。这其中又分几种情况：

其一，使用网络技术，选出有业务潜力的点，然后用主要街道网络将这些点连接起来，把竞争分行也归属于点；计算并记录下相邻点间的往来时间，利用计算机程序找出所有消费者点和所有银行点间的最少往来时间。

其二，使用距离下降曲线来表示不同往来时间对新设分支机构市场占有率的影响。这种方法没有详细描述确定市场占有率的全体步骤，也没有将市场竞争的影响纳入考虑之中。其原因在于它主要是通过竞争剧烈地区的选点使用一个变化率更大的距离下降函数处理的。但是，这一方法的优点在于将往来时间而不是单纯的距离纳入考虑范围内。

其三，使用距离下降函数预测金融业市场占有率，并对市场占有率进行修正，使其相加为 1。这种方法包括下列步骤：

（1）取得一个特定分行客户的代表样本（可任意抽取几百个家庭）；

（2）在地图上标出这些家庭的地址，记录每一家庭到分行的距离；

（3）将这些数据连成一条平滑曲线，显示每一分行获取业务的可能性是距离的函数；

（4）将该曲线应用于每一个人口点、人口普查区、统计区或其他地理区域，计算有关市场区域每一单位获得业务的可能性。

这种方法在确定市场占有率上逻辑性较强，因为它确定的市场占有率总和为 1，并以顾客去该分行的往来时间的例数为权数主观修正"竞争因素"。

在主观修正"竞争因素"中应考虑和包括的要素有：①提供的服务；②银行职员的数量和素质；③分行的物质设施（规模、外表、汽车流动服务和昼夜服务的设备）；④停车场；⑤能见度；⑥其他相关因素。对这些组成要素采用权数做主观修正后，就可以乘以往来时间的例数。

4. 多元回归技术

多元回归技术的一般公式为 $Y = a + b_1x_1 + b_2x_2 + b_3x_3 + \cdots + b_nx_n$，这里的因变量是参数 Y，比如需要预测的每年存款数量；x 的值是与因变量存在着直接或间接联系的自变量。有关银行市场影响的自变量诸如"租房户百分比"（即有别于自由住宅的租屋家庭在所有家庭中的占比）、收入资料等。65 岁以上的人口和 45 ~ 65 岁的人口被认为是具有"可支配收入"和"储蓄习惯"的人口群体，因此，这两个年龄段在当地总人口中的占比也是一个重要的自变量因素。

回归技术分析的基础是最小二乘法。其优点是提供了一种能清晰显示变化影响的方法；标准计算机程序的开发使得多元回归的计算技术不成问题。但使用回归分析选择行址的目标可能会在以下两个方面变得较为复杂：

（1）选择据以审核新行址的标准的工作较复杂。银行所提供的各方面的服务在很大程度上受到银行所在地的影响。同时，不同业务的收益率还受到外部经济因素如利率水平的限制。因此，利用多元回归法选择行址会产生一系列方程，以将有关标准与自变量联系起来。

（2）如果选择的自变量与银行功能设计或营业程序的选择（如汽车服务柜台、特定的顾客是否持有储蓄账户并在同一银行开有支票账户、银行营业时间等）互相影响时，自变量的选择就复杂起来。

以上仅仅是粗略介绍了西方商业银行在分行选址方面所采用的数量方法。也许这些方法对我国仍处于粗放管理阶段的商业银行并不容易操作。但有一点是重要的：它为我国商业银行实施分支机构整合改组指明了方向，即必须越来越重视对机构和网点的量化分析，力求科学性、客观性，避免盲目性和随意性。不然，此处设，彼处撤，必然会给商业银行的经营和管理带来较大的不良影响。

三、上门推销（直接营销）

直接营销（Direct Marketing）又称为直复营销、直销营销，简称直销，是一种新兴的营销方式，是通过产品目录、报纸、杂志、电视、电脑等媒体直接向客户提供产品信息，以获得客户的回复信息而达成交易。直接营销的具体形式包括邮寄直销、目录订货、电话直销、电视直销、网上销售等。随着信息产业的发展，邮电通信事业日益发达，直接营销在银行界的应用也越来越广泛。

（一）与其他营销的区别

直接营销是个性化需求的产物，是传播个性化产品和服务的最佳渠道，美国直接营销协会（ADMA）将它定义为"一种为了在任何地点产生可以度量的反应或达成的交易而使用一种或几种广告媒体的相互作用的市场营销体系"。直接营销与其他营销方式的主要区别是：

（1）有更精确的目标客户；

（2）一对一的双向沟通；

（3）人性化的直接沟通；

（4）可测性；

（5）营销战略的隐蔽性；

（6）任何地点的沟通；

（7）关注客户的终生价值和长期沟通。

（二）银行直接营销的优势

对银行而言，直接营销的优势在于：

（1）直接营销无需设置行址、购买设备、配备人员，可大大节省人力、物力；用一个营销中心就可以覆盖广大地区，又可发挥规模优势。而且信息产业的发展是电视、电脑、电话等媒体日益普及，电子转账系统也在推广中，这些均可节省交易成本。

（2）直接营销可以仔细挑选消费者作为目标客户，针对性强，人情味浓，较易获得客户的共鸣与参与，回复率高。尤其在我国，直接营销开展还不多，竞争者少，较易引起消费者的注意和兴趣。

（3）直接营销有利于获得客户资料，开展长期业务。直接营销实质上是一种关系营销，其中重点在于了解客户的需要，建立长久的良好关系。我们已经知道，留住现有客户比花钱去吸引新客户成本更低，收益更大。银行产品同质性强，竞争优势不明显，利用数据库营销建立长期业务关系对银行来说尤为重要。因此，直接营销是银行营销现实而明智的选择。

（4）银行开展直接营销具有其他行业所不具备的优势。首先，许多银行产品的目标市场有较明确的条件限制和特征，或为某一类工商企业，或为符合某些条件的个人，故较易确定范围，减少因目标客户不精确造成的浪费。其次，银行产品的目标客户多为企业或收入水平较高的消费者，他们的电视、电话、电脑普及率较高，银行卡使用也较广泛，尤其是在我国经济发达的沿海地区及各大中城市信息化程度更高，为开展直接营销准备了较好的物质基础。最后，银行业是我国装备现代化水平较高的行业，这也是其他行业不具备的优势。

（三）直接营销的注意事项

为了有效开展直接营销，银行必须把握以下要点：

（1）正确确定目标受众。银行可通过电视、报纸、杂志插页等媒介获得潜在客户，有条件的银行可通过购买适当的邮寄清单或查询已有的客户数据库，找出兴趣较高、有支付能力的客户。

（2）合理选择传播媒体。邮函、电话、电视、网络等是直接营销常用的媒体，媒体的选择应以最有利于双方沟通且费用较低为原则。

（3）广告设计要有吸引力。广告词必须能抓住客户，深入人心，激发客户的理性和感性，促成其购买行为。比如中国农业银行的广告词可谓别具匠心。在电视广告中念"大行（xing）德广，伴您成长"，但在平面广告中很容易被人们念成"大行（hang）德广，伴您成长"，其中韵味不言而喻。

（4）注意促销手段的协同作用。在运用直邮广告的同时，可运用赠送优惠券、回复信函抽奖等手段鼓励消费者回复信息，并提供免费电话、热线咨询等服务，同时可加强其他促销攻势。

（5）保持最佳联系。银行要将注意力集中于最佳的潜在客户，与之保持紧密联系；同时对其他客户提供优质服务，培养其忠诚度。

（6）数据库的不断充实完善。直销人员可通过推出新产品、征求客户意见、改善服务等方式维持发展现有市场，获取新信息，使数据库信息能及时动态地反映客户需要。

（7）提高营销人员的素质。电话营销人员、推销员、上门服务人员等不仅要具备较高的业务素质，而且要有对客户关系的深刻理解、较好的营销技能和良好的服务态度。他们与客户直接接触，在很大程度上代表了银行形象，决定了营销的成败。因此人员素质是一个关键。

第四节　银行间接分销策略

与直接分销策略相对的是间接分销策略，20世纪中期以来，间接分销策略得到了更广泛的运用，并成为银行拓展业务的一个重要途径。

一、间接分销的含义和优点

（一）间接分销策略的含义

间接分销策略主要指商业银行通过中间商来销售金融产品，或借助一些中间设备与途径，如发行银行卡，设置自动取款机（ATM），设立电话银行、手机银行和网络银行等把银行产品或金融服务提供给客户。例如，在个人住房贷款中，银行通过房地产开发商把住房贷款销售给买房的客户。在汽车贷款中，银行通过汽车经销商向购车者提供贷款。这种分销方式的模式如图6-4所示。

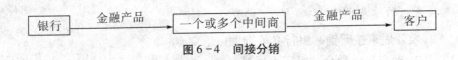

图6-4　间接分销

（二）间接分销策略的优点

间接分销策略改变了直接分销策略办理银行业务的方式，更有利于满足客户的需求，也有利于银行开发新产品、提供多样化服务、扩大业务范围。

1. 间接分销策略转变了银行产品的提供方式

在直接分销策略下，银行与客户办理业务是面对面的，这必然受到银行分支机构网点和营业时间的限制。而间接分销渠道则改变了这种形式，银行与客户并不必直接见面，不再受分支机构地点和银行营业时间的限制，可以更好地满足客户的需求，为客户更方便地提供金融产品和服务。

2. 间接分销策略加快了银行的分销速度

间接分销渠道使中间商充当了商品交换的媒介，有效地调节供求之间在地区、时间、数量、结构等方面的矛盾，加速商品的合理分流，大大缩短了产品流通的时间，提高了产品的市场占有率。

3. 间接分销策略有利于银行拓展市场

由于中间商熟悉产品的特点及本地市场的情况，这可以改善银行产品的推销状况，挖掘市场潜在购买力，为更多的客户提供多样化的服务，进一步扩大业务范围，提高产品的市场占有率。特别是对于银行新开发一个市场或地区，可以通过寻找代理商而使产品更有效地进入新市场。

4. 间接分销策略有助于降低银行的营销费用

银行通过直接分销手段在各地设立分支机构，营业场地和人员配备的成本是比较大的，而且银行与客户直接联系有时会事倍功半。通过中间商作为媒介就可以降低银行营销费用并改善银行与客户的关系，收到事半功倍的效果。而运用各种先进的中间设备开展分销的成本也远远低于通过柜台直接销售的成本。我们可以从图6-5中看出：

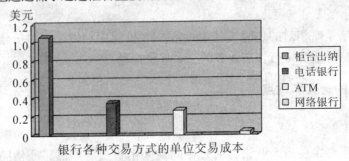

银行各种交易方式的单位交易成本

图6-5　银行各种交易方式的单位交易成本

资料来源：WILLIAM T GREGOR, JOHN P MARA. Containing costs
through new distribution systems. The Bankers Magazine, 1993
(5/6)：23.

5. 间接分销策略便于为银行提供更多的市场信息

中间商作为流通媒介，同本地区、本市场的客户有着广泛的联系，能有效地收集客户的信息，并将之反馈给银行，可以更好地促进银行产品的开发与销售。

二、间接分销的类型

（一）间接分销策略中的中间商

中间商是指协助生产者促销、销售和配销其产品给最终购买者的企业或个人。参与金融产品分销的中间商有：

1. 代理商

代理商是指接受金融生产者委托，从事销售业务，但不拥有产品所有权的中间商。代理商没有产品所有权，只是替委托人在市场上从事营销活动，从中收取佣金或代理手续费。如负责寻找顾客，代表委托人与顾客洽商，替委托人推销产品等。代理商一般也没有出售商品或服务的决定权，不必代垫商品资金和承担市场风险。在银行产品分销中，商业银行可通过代理商销售其产品。如银行通常以酒店、宾馆、机场车站、大型商场、大型房地产项目、汽车销售中心等作为代理处或代办点，销售自己的金融产品或产品中的某些服务，或银行之间互为代理商（行）互相销售对方产品，为结算业务提供便利。

代理行可以使银行大大节约成本，并可扩展银行产品的辐射面，弥补银行在地域上的缺陷。例如，截至 2006 年，中国工商银行已与 117 个国家及地区的 1 266 家境外银行建立了代理行关系，并与 3 000 多家境外金融机构进行业务往来，不仅吸引了有国际金融需求的中国企业和个人，还吸引了许多在中国寻求发展的"世界 500 强"企业，给银行形象贴上"国际商标"。扩展业务、增强实力、提升形象，是中国金融机构贴上"国际商标"的目的所在，也给迈向新世纪的中国金融抹上了鲜亮的色彩。可以预见，代理行将成为许多银行选择间接分销的一种理想途径。目前，我国商业银行也十分重视这种渠道。例如，北京、天津、重庆、济南、沈阳、石家庄、南京、深圳、武汉等 10 家城市商业银行在 2007 年就与中国工商银行的 10 家分行（营业部）签订了支付结算代理协议，委托工商银行为其办理支付结算业务，从而可以充分利用工商银行营业网点的优势，密切同业关系。到 2006 年年底，为了提升银行同业合作水平，中国工商银行与国内 60 家银行机构正式建立了代理行关系，支付结算代理业务和代理清算业务规模继续扩大。拓展银政合作空间，银财通、银关通、网上银财通和银税通业务已成为市场优势品牌。由于经济全球化作用以及市场和业务发展，大银行之间、大银行与中小银行之间、国内银行与国外银行之间建立代理行关系相互代理业务，这种间接渠道的运用得到了积极的发展。

2. 经纪商

经纪商是一种没有商品所有权，为买卖双方牵线搭桥，提供中介服务，并依法收取佣金的中间商。经纪商的存在是由于某些产品和市场的特点，比如消费者分布广泛而单个消费者的需求量小，又或者由于传统习惯或效益效率等原因，产品需由经纪这种中介机构提供服务较容易达成交易，使产品从生产者手中转移到购买者手中，如汽车、房屋等消费信贷产品的服务等。

在商业银行产品分销中，代理商与经纪商的区别在于：代理商是卖方的代表，经纪商是买方的代表。

服务中介只有当他们给服务产品增加价值才能生存，我们无法想象如果零售商店内银行不能给零售商带来价值增值或利润，这些店内银行是否还能存在下去。这些中介从根据所提供服务的利润计算的边际中得到补偿。如果没有提供增加了价值的服务，使用这些中介就没有任何经济意义。

这些间接渠道通常能提供哪些服务呢？

——营销调研：收集、规划方便和客户打交道必需的信息；

——沟通：开发和进行与服务产品有关的沟通；

——接触：寻求潜在客户，并与他们进行接触；

——匹配：使服务产品适合客户的要求；

——谈判：达成关于价格和其他交易条件的有关协议；

——融资：提供信用或资金以方便交易；

——承担风险：承担从银行将服务产品传递到客户手中有关的风险；

——服务：开发和维持与客户持久的关系。

上述有些服务对银行营销人员尤为珍贵。当客户在地理分布上很分散时，银行服务产品经纪商往往可以有效地促销服务产品，经纪商更了解客户，这对于进行银行新产品新服务的营销尤为重要。

（二）间接分销策略中的中间设备

1. 银行卡

银行卡既是一种银行产品，又是一种分销渠道。银行卡具有存贷、结算、汇兑等多种功能，并且具有灵活、便利等特点，因而受到广大客户的欢迎。我国银行卡业务经过多年的发展，已初具规模，但与我国巨大的市场潜力以及和发达国家业务量相比，还有较大的差距，可以说银行卡业务仍然有着巨大的发展空间，银行卡业务所具有的社会效益和银行效益还未充分显现。

银行卡业务是由发卡银行、持卡人、特约单位、指定储蓄所、收单银行、代收代付银行等组成。在发展银行卡业务中，发卡银行起着主导做用。无论是持卡人和客户的数量与结构，还是持卡人用卡频率和商户对受理银行卡的态度，都取决于发卡银行营销活动的广度和深度。因此，商业银行需要做好以下几点：

（1）通过媒体宣传，发放宣传资料，上门服务，简化办卡手续等手段吸引潜在客户，积极扩展持卡人队伍。

（2）针对不同的目标市场，不同客户群的需求，不断完善银行卡系列产品功能，提高其附加值服务，满足多层次消费者的多元化需求。

（3）提高银行的服务质量，维护客户的利益。一方面要为持卡人提供便利、安全、快捷的良好服务；另一方面也要为接受银行卡的商户提供良好的服务。

（4）借助先进技术对银行卡申请人、担保人的资信状况进行严格审查，严格把好发卡关，以控制银行卡风险，提高银行卡的信誉，保证银行卡业务的健康发展。

各种银行卡中，信用卡是商业银行的一种主要间接分销渠道，它实质上是银行为客户提供支付和信用服务的手段。信用卡在推动银行大众化服务过程中起着非常重要的作用，既满足了社会扩大销售的需求，为消费者提供方便、安全、迅速的服务，又可以减少现金流通，加速资金周转，提高经济效益和社会效益。

信用卡相对于其他银行卡，具有一个独特的功能：消费贷款功能。持卡人在消费过程的各种费用超过其信用卡存款账户的余额时，在规定的限额范围内，发卡银行允许持卡人进行短期的透支行为。从实质上讲，这是发行信用卡的银行为持卡人提供的消费贷款。

2. 自动柜员机（ATM）

ATM 由现金支付机发展而来，它是安装在银行营业厅之外，通过电信线路同电子计算机联结，无需银行工作人员操作，具有存款、取款、转账及查询余额等多种功能的设备。这种现代化的金融工具，已日益成为现代银行零售业务不可缺少的现金支付工具，是商业银行拓展分销渠道的新发展。与设置分支机构相比，ATM 具有提供产品和服务不受时间和空间限制、成本低、易于吸收存款等特点，是银行提高竞争力、增加收益的一种重要途径和手段，同时为广大客户提供了更便利的服务，得到客户的广泛接受。

（1）ATM 的特点与功能。

①突破了银行服务的时间和地点限制。由于成本和管理因素，分支机构的设置总是有限的，且在服务时间上有很大的限制。而 ATM 可设置在机场、车站、大型商场、宾馆、饭店里，其提供服务的时间是全天候的。此外，异地或异国银行的 ATM 还可以联合使用。

②节省大量费用，降低服务成本。在经济发达国家和地区，随着工资成本和办公场地成本的提高，ATM 已成为一种廉价的服务方式。根据香港一家提供 ATM 的公司估计，ATM 的售价平均是 3 万美元～4.6 万美元，相当于一名银行柜员 3～4 年的薪水，但 ATM 的使用期一般可达 5～7 年，且不需要培训、休假、医疗、退休等开支，所以由 ATM 处理的交易，每宗的成本只为银行柜员交易的四分之一。

③功能不断创新。最初的 ATM 仅仅是一台现金出纳机，后来又发展出存款和查询功能。提款、查询和存款是 ATM 的三大基本功能，大多数的 ATM 都具备。目前，欧美等发达国家仍在致力于开发 ATM 的新功能，比如购买基金等业务。

（2）ATM 的延续和发展——销售点终端（POS）。

POS 是直接安装在商店里、与银行连接、供客户购买商品时自动支付的设备。ATM 处理的只是银行与客户之间的往来，而 POS 是联系银行、商店和客户的一体化网络，是 ATM 的延续和发展。它扩大了 ATM 的功能，使持卡人享受到更为便利的消费服务。使用 POS 可以即时进行交易结算，银行可以节省人力和物力，开拓业务；商店可以及时收回货款，增加营业；客户外出购物无需携带现金和支票，既简捷又安全。

3. 电话银行

现代电信技术的发展和金融服务的特点，决定了电话银行作为金融产品和服务的分销渠道的作用越来越大。电话银行即银行电话服务，也是银行间接分销渠道结构中的一种类型。它是银行采用先进的通讯手段和数字与语音转换技术，预先分配用户编号和个人密码控制，充分利用电话在时间上的及时性和空间上的无限性，为客户提供诸如账户查询、密码修改、挂失、转账等服务。客户只需通过电话，拨打银行开设的电话专线，发出服务请求，银行的计算机系统就会立即将客户的数据信息转换成声音信息，传到客户话机，从而使客户享受到银行提供的各种金融服务。

（1）电话银行提供的服务项目

在国外，电话银行在发展初期，只是提供查询服务。随着通讯技术和金融业务的发展，商业银行通过电话银行这种分销方式逐步推出了更多的服务项目。

①向工商企业、团体客户的服务范围包括：查询客户的账面余额及收支状况；由客户指定查询某时期内的每笔交易资料；进行不同货币的世界性汇款信用证授权；进行信用卡授权；发行有价证券；提供有关市场价格、公司排名及盈利、中央银行的活动、交易所不动产价格、主要贸易伙伴情况以及各种金融、经济信息等。

②服务于家庭及个人的电话银行可向用户提供：即时转账服务；定期按时转账（如水电费、煤气费等固定支付项目到期转账）；查询账户资料、支配稽核；支票支付；提供各种商情、股票、金融及时事新闻等资料。

③电脑按需要打电话给客户。如追收账项，电脑可根据欠缴款项的名单自动致电欠款人，通知其欠款已到期。

（2）电话银行服务的功能和特点

①电话银行作为商业银行的一种间接分销渠道，对银行扩大市场份额起着重要作用。例如，英国米特兰银行的附属机构"第一直接公司（First Direct）"于1989年10月推出电话银行服务，使客户数目急剧上升，每日增加一万个，其中有70%是从其他银行转过来的。

②电话银行服务改变了客户常去银行分支机构办理业务的习惯。米特兰银行的市场研究结果表明，只有小部分英国客户经常出入银行分行进行交易。

③电话银行降低了银行成本，提高了工作效率。据估计，电话银行成本比分支机构交易成本低六倍，同时，电话银行处理业务的效率远高于人工处理，在同一时间内，电话银行可以处理三四十笔业务，而人工操作仅能处理十笔左右的业务。

手机银行是银行利用移动电话技术为客户提供的金融服务。它可以提供的服务包括账户查询、转账、缴费和外汇买卖等。随着手机通讯技术的发展，越来越多的人使用手机上网。据统计，到2008年年底，我国使用手机上网的人数已突破一亿，因此，手机银行也逐渐成为银行间接分销策略的一种新形式。

4. 网上银行

1995年10月，世界上第一家网上银行——安全第一网络银行（Security First Network Bank）在美国诞生，从此一种新的银行模式产生了，并对300年来的金融业产生了前所未有的冲击。银行以自己的计算机系统为主机，以单位和个人的计算机为入网操作终端，借助互联网技术，通过网络向客户提供银行服务的虚拟银行柜台。这种互联网上的虚拟银行柜台就是网上银行，它开辟了银行间接分销的新渠道。

网上银行服务方式的成本比其他服务方式的成本低。它克服了 ATM 有固定地点、电话银行的信息的不足，可以为客户提供超越时空的"3A"式服务，即在任何时间（Anytime）、任何地点（Anywhere）、为客户提供 365 天、每天 24 小时的任何方式（Anyhow）的金融服务，它具有交易品种多，更快捷、便利，客户足不出户便可办理银行业务的特点。同时，银行通过网上银行还可以很好地宣传自身形象。

很显然，那些只拥有自己的网址和网页的银行并算不上真正意义上的网上银行，只有在网上提供网上支票账户、网上支票异地结算、网上货币数据传输、网上互动服务和网上个人信贷 5 种服务中至少一种的在线银行才是真正的网上银行。

1999 年 3 月，招商银行正式推出"一网通"，揭开了我国网上银行的新篇章。1999年 6 月，中国银行与中国建设银行也分别在北京推出了网上银行服务。目前，招商银行、中国银行、中国建设银行、中国工商银行、民生银行、中信实业银行等都开通了自己的银行专业网站。网上银行一般应具有以下功能模块系统：

（1）信息分布类功能模块系统。网上银行通过制作网站和网页将信息发送给浏览者和广大银行客户，是上网的人能够了解各类信息。主要包括外汇牌价、外汇管理政策、本外汇存款利率、开户申请、贷款程序、结算方式、汇款方式、票据种类等业务介绍，储蓄业务品种、办理方法、网点分布等介绍，个人投资理财、服务范围等综合信息。

（2）咨询服务类功能模块系统。网上银行通过制作各种网页，提供有关银行业务、投资理财等方面的疑问解答、前景预测等咨询服务。

（3）银行业务项目类功能模块系统。该功能提供现有网上银行所能提供的业务项目，如储蓄业务、信用卡业务、信贷业务及特种服务业务等。

（4）交易类服务功能模块系统。交易类服务功能主要包括开户申请、托收代付（工资、水电费、电话费、罚款等）转账、个人小额抵押贷款、个人外汇买卖业务等。

（5）商务类服务功能模块。商务类服务功能主要有资本市场、企业银行服务、政府服务等子功能模块系统。

（6）查询类服务功能模块系统。查询类服务功能包括个人或企业综合账户余额查询、个人或企业综合账户交易历史查询、支付情况查询、汇兑状态查询、支票或信用卡挂失等业务。

（7）现金服务类功能模块系统。现金服务类功能是指网上银行能够在线提供电子钱包、电子现金、电子信用卡、数字货币和电子货币等服务。

据统计，截至 2009 年 6 月 30 日，我国宽带网民的人数大约有 3.38 亿，在上网最为频繁的人数中在线接触到基本网上银行业务的人占到 23%，而且这部分用户大多数是白领阶层或大中型企业，这正是银行追求的优质用户。由此可见，网上银行正在使金融银行市场发生划时代的重大变化。发展网上银行，延伸银行服务，吸引优质客户是银行业迎接信息新时代的重要战略措施。随着计算机技术、通讯技术和电子商务的发展和普及，网上银行的发展势头必将越来越猛，将成为未来金融业的主流业务品种，并很可能成为金融业效益的主要来源。

本章小结

在现代营销中，商业银行要制定详细的分销策略，通过不同的分销渠道，把产品提供给广大客户，满足市场需求，实现其经营目标，就要了解分销策略的概念和功能。本章提供了这方面的简要知识和商业银行分销策略的类型。

本章介绍了商业银行分销策略的类型，并分析了影响策略选择的因素，给管理者设计选择分销策略提供了框架思路。

直接分销策略和间接分销策略是商业银行最基本的分销策略。直接分销策略也称零阶渠道策略，指银行将产品直接销售给最终需求者，而不通过任何中间商；间接分销策略是指银行通过中间商来销售金融产品，或借助一些中间设备与途径向客户提供金融产品和服务，它又有多种形式。两个分销策略各有优势和缺陷。

银行应根据金融产品的特征、市场状况、银行自身的情况、分销成本、政治、经济、文化与自然条件等因素来合理选择分销策略，来促进自身的发展。

思考题

1. 名词解释

银行分销策略　直接分销策略　间接分销策略

2. 试比较直接分销策略与间接分销策略的优缺点。

3. 试比较不同的直接分销策略的优缺点及不同的间接分销策略的优缺点。

4. 银行在选择分销策略时应考虑哪些因素？

5. 银行在分支机构选择时可使用哪些方法？应考虑哪些因素？

6. 试预测分析我国网上银行的发展趋势。

案例一　花旗银行直接营销的成功经验及启示

20 世纪 80 年代初，美国法律对金融业放松管制，允许银行在他州设置分行，花旗银行决定打进中大西洋区的抵押贷款市场。然而要设置一家分行所花费的成本，包括资金、人力以及时间相当可观，于是花旗银行决定另辟蹊径，采用直接营销，利用广泛普及的电话机发达的邮递业务与客户进行直接接触。由于不需要寻找地点建立分行，无需过多的营业员，而且不受地区限制，直接营销为花旗银行节省了资金、人力、时间，而且同样能达到良好的效果。

花旗银行的做法是：首先成立专案小组，设计推出新的产品——换屋贷款，向有相当资产的符合条件的客户提供贷款用于改建、增置房屋或其他用途。然后推出报纸广告，在较大区域内进行宣传，给消费者留下一定印象，以此与直接信函相配合。接着便给消费水平高的消费者寄发直接信函，邀请消费者"在周一至周五早上 8：30 至晚上7：00拨打花旗银行的免费电话：800×××××××，您可以知道您家中的财产可以使您在换屋贷款中得到多少钱，不需成本，不需负担……随便您怎么用都可以。"并强调贷款利率富有竞争性，期限富有弹性，快速、方便等优点。当消费者产生兴趣拨打电话时，经过严格训练的电话营销员便在电话中给予消费者热情详尽的解答，并记下愿意申请贷款的客户的地址，给他寄去申请表，同时约好下次电话时间。在第二次电话中，营销员通过电话协助客户填妥申请表。填写完备的申请表被送到区域推销员处，由其进行信用审核和贷款处理，一份贷款协议便形成了。在以上直接沟通进行的同时，另一个重要过程——数据库的建立也在同时进行。通过回复邮件和电话获得的资料是非常有价值的营销信息来源，银行据此可建立客户数据库，对客户的职业、收入、消费水平、贷款兴趣等进行调查分析。数据库还为银行开展长期业务提供了准确动态的信息。比如，当客户的子女到了上大学的年龄，银行便可向客户推荐大学教育贷款。这种一对一的服务使营销活动更具人情味，更有利于银行与客户保持长期良好的关系。因此，数据库营销是直接营销的重要组成部分。

为了评价直接营销的效果，花旗银行设立了三项标准：①经促销所达成交易的户数；②每户带来的收益；③推销贷款的成本。根据统计分析，符合条件的消费者均较喜欢利用免费电话查询，因此直接营销可以接触到高比例的合适客户，信息反馈效果较好。测试还表明，将多种媒体加以组合，将会产生互补效果。花旗银行的抵押贷款原先的知名度不高，由于此次运用直接营销获得成功，不仅在当地建立了新客户关系，成为中大西洋房地产贷款市场的领导者，而且为银行产品开辟了新的营销渠道，成为全美银行界营销成功的范例。

资料来源：奚君羊. 银行营销管理. 上海：立信会计出版社，2003：126.

案例二 中国银行的网上银行

目前，中国银行的网上银行包括：企业在线理财、银证快车、美元清算查询、纽约客户服务等。其网上支付服务还提供免费电子钱包下载服务。

企业在线理财：企业（集团）客户可利用这一网上银行服务产品进行账务查询、内部转账、资金划拨、国际收支申报等业务活动，实现传统财务管理向电子商务时代的跳跃。具体服务包括：①企业集团查询服务；②对公账户实时查询服务；③网上转账服务；④国际结算业务网上查询服务；⑤国际收支网上申报服务。

银证快车："银证快车"是中国银行根据券商的要求，开发出的一项具有中行特色、证券资金清算领域内处于领先地位、具有高科技含量的金融清算产品。该产品利用Internet网络技术为券商提供安全、快捷的服务，可使券商在一、二级证券市场的清算业务中，在规定时间内完成证券总公司与交易所、证券总公司与其各营业部之间的资金清算业务。其服务包括：

（1）资金汇划。券商使用该产品后，可以不用前往银行柜台而是直接在网上填写转账委托申请书，发送到中国银行业务部门，完成转账委托业务。

（2）转账查询。券商可在网上实时查询本部委托银行单笔或多笔转账业务交易明细。

　　网上支付："支付网上行"是中国银行推出的基于中国银行长城电子借记卡和长城国际信用卡的符合 SET 标准进行网上支付的服务产品。中国银行长城电子借记卡持卡人可以利用免费发送的电子钱包软件，在中银电子商城，轻松实现网上购物支付；同时广大从事网上销售的商家也可以使用这样的方便、快捷的网上支付，开辟新的发展前景。

　　资料来源：陈进，付强，等. 网络银行服务. 北京：清华大学出版社，2002：123.

第七章　银行营销的促销策略

银行需要将其产品和服务介绍、宣传、推广到市场中去，以便为顾客所知晓、了解，发生兴趣，并产生购买行为。从总体来看，银行的促销方式与工商企业的促销方式并无两样，但从实际应用情况来看，促销的具体形式有一定差异。银行促销的形式多种多样，银行应该根据本行的特点及市场环境的不同而灵活运用。

第一节　银行促销策略概述

一、银行促销的含义与构成要素

所谓促销是指银行为开拓资金融通渠道，扩大资金融通范围，鼓励购买或销售某一产品和服务所采取的各种刺激手段和方法，也是银行产品和服务的提供者与客户间交流信息的所有活动。银行的产品与服务具有相似性与易模仿性，为了使客户能在众多的银行产品中选择自己的产品，必须通过适当方式向顾客进行报道、宣传自己的产品，把服务信息向客户传递，从而引起他们的兴趣，激发起购买欲望，最后说服客户购买。

银行促销是银行与客户之间交流信息的活动。为了达到促销目的，银行应该通过适当和有效的途径向客户传递信息。促销活动的基本构成要素由以下四个方面组成：

1. 促销的客体

信息是促销活动的对象。所谓促销信息是指银行为了吸引客户而发布的有关金融品种和金融服务或银行本身的客观综述，它可以表现为文字、图像、声音等多种形式。

作为促销信息应该具有以下几个特征：

（1）真实性。即信息要能如实、客观地反映出有关产品与银行本身的情况，使客户能对产品或服务产生正确的认识。

（2）有用性。促销信息应尽量能满足人们的某种需要，回答客户所关心的问题。

（3）针对性。促销信息应针对不同市场的人口特征、客户行为与心理特征而有所差异。

2. 促销的主体

这包括信息的发送者、信息的接受者与信息的传递者。

（1）信息的发送者是要向客户传递信息的一方，即金融产品的销售者（银行）。发送者应事先确定接收者的需求，树立促销目标，并把信息准确地传递给信息的接受者，以引起后者的需求和购买欲望并实施购买行为。

（2）信息的接受者一般是银行产品的需要者（可以是现实的或潜在的），他要把信息变为自己所能理解或接受的信息。信息的传递者和接受者对信息的理解是否相符是促销活动能否成功的关键所在。

（3）信息传播者是传播信息的渠道，一般是各种中介，如电视、电台、网络等不同的媒体以及销售人员。

3. 银行促销的方式

银行促销的方式主要包括广告促销、人员促销与公关促销等。为了使信息的传递取得预期的效果，信息发送者必须根据目标市场的不同特点，选择信息传递的具体形式。

4. 信息反馈

信息的准确传递只是开始，在此基础之上银行还要通过市场调研，及时接受反馈信息，了解所传递信息对客户的影响及客户对该产品或服务的反映及购买欲望的强弱，从而及时调整促销策略，以取得更好的效果。

由上述四个要素组成的银行促销信息传播模型如图7-1所示。只有信息传递的各个环节保持畅通才能发挥促销活动提供信息、激发购买的作用，从而不断扩大银行产品的销售。

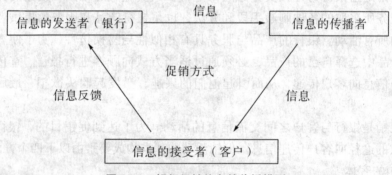

图7-1　银行促销信息的传播模型

二、银行促销的作用

由于金融市场竞争日益激烈，通过促销活动不仅可以促进潜在顾客的购买行为，而且可以向顾客传递和收集商品和市场的信息，增进交换双方的了解，这就使得促销活动及其策略的运用，显得更为重要。促销的重要意义，可归纳为以下六个方面：

1. 传递信息

传递信息的过程包括两个方面：一是在产品还未进入市场之前，促销活动即已开始。由金融企业将产品或服务的有关信息，及时地传递给消费者，以引起他们的注意和购买兴趣，迅速地打开产品销路。二是建立市场信息反馈系统，及时地将消费者的反映、意见、建议、要求等信息反馈给金融企业，以利于进一步改进和提高企业的促销工作。

2. 指导消费

通过促销宣传，可以使广大客户知道怎样使用银行产品，特别是当金融新产品和新服务推出以后，更需要通过促销活动来进行指导。

3. 诱导需求

由于消费者需求动机的多样性和复杂性，加上经常受到各种外界因素的影响而发生变化，因此商业银行只有针对用户的心理动机，采取一系列的促销活动，向经销者和消费者传递信息，介绍商品或服务。这样不仅可以唤起需求，而且可以创造需求、增加需求或恢复需求，收到扩大销售的效果。

4. 突出特色

随着商品经济的发展，市场竞争日趋激烈，同行中各个银行的产品或服务在市场上竞争，这些产品之间既具有一定的共同属性，又具有各自的特色。如果商业银行不进行宣传，消费者对这些产品的特点往往不易察觉，银行通过促销活动，加强宣传自己产品与竞争者产品的区别，使消费者充分认识到本银行产品或服务可以带给他们某些特殊利益和好处。

5. 稳定销售

随着市场商品的日益丰富，用户对银行的声誉和品牌越来越看重。在这种市场竞争环境中，银行为了争取和扩大产品销路，稳定销售，往往通过各种促销活动，来树立自己产品的信誉和本企业的良好形象，培养消费者使用本银行产品的习惯，引起消费者心理上的偏爱，从而达到稳定销售的目的。

6. 加强竞争

促销已成为当前银行竞争的一种重要手段。通过促销，可以让广大客户看到不同银行的产品、价格和服务水平等，便于客户进行比较和选择。各个银行之间也可以了解彼此的情况，加强竞争、互相促进。同时，银行通过宣传自身产品的特点，让客户认识到它能带来的特殊利益，增强客户对银行产品的偏好，不断提高本行商品的竞争力。

三、银行促销的方式

商业银行在促销中可以使用的促销方式很多，大致可以归纳为以下几种类型：广告、人员推销、营业推广、公共关系。各种促销方式具有不同的优缺点，这些优缺点可以用表7-1来表示。

表7-1　　　　　　　　　　　各种促销方式的优缺点

促销方式	优点	缺点
广告	接触面广 信息面广 多次反复使用	说服力小 难以促成立即购买
人员促销	方式直接、具体、灵活 易于激发购买欲望 推销与促销并存	接触面广 费用高 人才难觅

表7-1(续)

促销方式	优点	缺点
营业推广	吸引力大、直观 能促进客户购买	过多使用会引起顾客 的关注度和兴趣降低
公共关系	影响面大 容易受客户的欢迎和信任	银行难以计划和控制

第二节 银行的广告促销

广告是经济发展的产物,也是银行促销的一种重要方式,借助广告可以刺激需求、引导消费、扩大销售,提高银行的竞争力。

一、银行广告的含义及功能、特点

(一)银行广告的概念

作为一种信息传播工具,广告的内涵有广义和狭义之分。广义的广告是指一切借助媒体向公众传播信息的活动,包括经济广告和非经济广告。狭义的广告是指经济广告,即广告是通过支付一定的费用,利用一定的媒介向大众或目标市场传播商品或劳务信息以促进销售的一种促销方式。

银行广告是通过各种宣传媒介直接向目标市场上的现实和潜在客户传递某种信息或进行直接说服,沟通介绍银行产品的名称、功能、使用方法、主要优点、经办银行等的宣传活动。其目的是为了帮助银行巩固现有客户、吸引客户和诱发潜在客户意识到商业银行提供的某种服务将有助于达到其所期望的目标。

(二)银行广告的功能

银行广告的基本功能有两个:一是向客户传递信息,银行在推出金融产品、服务项目进入市场时,要让公众了解产品的性质与功能,通过广告可以提供信息和传递情报,树立本银行与本行产品的形象,提高金融产品的知名度,从而激发客户的需求。二是起到说服的作用。通过广告,可以展示产品的功效、解除客户的疑虑,说服客户建立对本银行及银行产品的信心,促使其迅速采取购买行动。特别是在客户购买决策犹豫不定的时候,银行广告可以帮助他们作出购买本行产品的决定。

(三)银行广告的特点

广告和其他促销手段相比,具有一些特点:

(1)非人员性。非人员性指广告是通过媒体传播而非人员直接传播。

(2)广泛性。广告通过大众传媒把银行需要传送给人们的信息传播出去,在同一时间或空间接受信息的人要广泛得多,受影响的人也多得多,引起注意的作用也大得多,大大提高了促销信息的传播效果。

（3）潜在性。广告的促销作用相对滞后，它对消费者态度和购买行为的影响难以立竿见影，而要延续一段时间。但由于宣传媒体的原因广告可反复多次进行，其传播的渗透力对吸引潜在客户的作用是巨大的。

（4）低成本性。广告通过大众传媒传播信息，与其他促销方式相比，广告到达每个潜在客户的人均费用较低，这是导致银行在营销活动中对广告运用越来越广的一个重要原因。

（5）艺术性。广告是一种说服的艺术，通过艺术化的语言、图片、声音展示企业形象和产品特征，易加深消费者印象和引起偏爱。一个成功的广告长期植根于消费者脑海，这与其艺术化的表现是分不开的。

二、银行广告的种类

银行广告的主要类别如下：

1. 根据广告的目的分

（1）银行形象广告。通过广告来塑造商业银行的形象，这种广告偏重于宣传银行的经营理念、服务宗旨、经营方式、经营优势等，以提高银行的知名度和美誉度为目的。

（2）银行产品广告。通过广告来宣传介绍银行的产品、服务，介绍这些产品的功能和性能以及这些产品、服务如何满足客户的需要等方面。

2. 根据广告的内容分

（1）介绍性广告。该类广告主要介绍银行将要推出的新产品、新的服务项目，使广大客户知晓、了解这些新产品或新的服务项目。

（2）提示性广告。该类广告主要提示顾客关注银行的某种产品或某个服务项目，并对它进行了解，因为这些产品或服务能满足顾客某些方面的需求。

（3）说服性广告。该类广告旨在说服顾客，改变顾客对银行及其某类产品或服务的看法，从而改变顾客的态度，使其成为银行的客户。

（4）分类广告。该类广告就是对银行某类产品或服务做广告。

（5）比较性广告。该类广告把两类产品或两种产品放在一起做广告，以突出新产品的功能、新产品的优点，使其为客户所喜欢。

3. 根据广告所常用的媒体分

（1）电视广告。通过电视媒体所做的广告。该类广告的效果除取决于广告的内容和形式外，还取决于公众对电视节目的收视率。

（2）广播广告。通过广播媒体所做的广告，适用于顾客在户外（车上或行走）时收听。

（3）报纸广告。通过在发行量大的报纸上做广告，适用于推出有影响的新产品。

（4）杂志广告。通过在杂志的封面或封二、封三、封四或插页上做广告，主要是图片。

（5）标牌广告（又称为路牌广告）。通过在公共场所、交通要道、十字路口树起标牌，进行广告宣传。

（6）灯箱广告。通过灯箱广告内的图片或广告词，来宣传商业银行及其产品。

（7）霓虹灯广告。通过彩色霓虹灯，突出某些标志、店名、公司名称或最主要的广告词。

（8）车辆广告。在汽车、火车的车身上做广告，又称为流动广告。

（9）信函广告。通过向顾客寄发新年贺词、慰问信等，辅之以简洁、委婉的广告。

（10）电子广告。在电子屏幕上做广告，又称为大屏幕广告。

（11）礼品广告。通过在小礼品上印制广告，既送了礼，又传递了信息。

（12）网上广告。在因特网上，通过制作网页来做广告或定期向客户的电子信箱寄发有关产品或服务的宣传材料。

（13）折页广告。将主要的金融产品或主要服务项目印制成统一的宣传折页。

（14）标语广告。将广告词写在横幅或竖幅上，挂在人流量比较多的地方。

（15）票券广告。在车票、船票、机票、公园门票等票券的背面做广告，如在机票上印制信用卡的广告，在公园门票上印制个人消费贷款的广告。

三、广告在银行业的发展

今天广告已成为各行各业必不可少的促销手段。尽管广告在银行业的应用时间并不长，但其发展速度却是惊人的。

银行业采用广告促销大致经历了三个阶段：

（1）强调银行实力的银行形象广告阶段。由于银行向社会提供的各类服务都是类似的，大多数人无法分清某一家银行与其他银行之间的差别，因此需要银行通过广告树立自身的形象；另一方面，当有的银行经营不善，有倒闭的现象时，因此银行宣传的重点也落在强调自身实力，力图给客户得到一种安全的保证。

（2）银行产品广告阶段。在金融不断创新，银行新产品和服务不断涌现的情况下，重点宣传银行所提供的新产品和新的服务项目，以此强调该银行产品和服务特色，让客户了解与其他银行产品和服务的区别。

（3）整合广告阶段。经过以上两个阶段，银行业逐渐认识到，向公众做广告宣传的目的，是要向社会推出一个强有力的、能全方位为客户提供多功能和多样化服务的银行形象，在客户中树立良好的银行形象增强客户的信任感，激发客户购买银行产品和服务的欲望。因此，许多银行改变了广告策略，通过多种多样的广告手段以树立银行整体形象，并激发出客户购买银行产品的欲望。

以上三个阶段，说明银行业日益重视广告在其经营和促销中的作用，以及在广告策略方面的发展。

四、银行广告的实施步骤与策略

（一）确立主题

广告主题是指以银行产品还是以企业形象作为主要宣传内容，这主要取决于银行目标及其产品和服务的特点。银行为了达到在消费人群中树立良好声誉的目的，就会选择以企业形象为主题的广告宣传，而为了扩大近期销售则会选择以银行产品为主题的广告宣传。

银行产品广告由于银行产品自身的特点，容易引起人们注意，并成为客户的购买理由，以此作为广告宣传的主题，可以起到促销作用。做好银行产品广告的关键在于：一是要尽可能地将银行产品和服务的特色充分地加以展现介绍；二是要根据不同客户的需求，突出产品质量和服务优势；三是要选择好广告投放的时间和地点，力求达到"先入为主"的宣传效果。

银行形象广告则是为了在广大客户心目中树立有利于银行长期发展的良好声誉，以期获得银行客户的信任感与安全感。即通过扩大银行知名度，提高其信誉度，给客户留下值得回味的亲切形象，以使客户成为"回头客"。银行形象广告的重要性还在于消除银行的官僚习气重、缺乏人情味等不良印象。银行形象具体包括企业的历史、文化、规模、实力、产品质量、服务态度、建筑风格、营业场所布置、企业标志等。

总之，银行产品广告和银行形象广告应互相补充，当机构形象广告引起客户的注意和兴趣后，银行应趁热打铁，运用金融产品广告及时向客户介绍能为其带来收益的各种金融服务，因为企业形象广告必须以银行产品和服务为其基本内容。而银行产品广告所推出的产品与服务又必须以良好的机构声誉作为前提和保证。

（二）明确对象

为了达到广告效果，银行在设计广告和内容时，必须了解分析有兴趣购买产品的个人、家庭或组织的类型，并且要判定谁能作出购买决策。由于对象不同，金融机构在选择广告媒体、进行内容设计时应作相应的调整，如果不区分客户对象或仅在专业刊物上做广告，这是难以引起目标客户注意的。

（三）提出构思

银行广告的构思首先要具有说服力，通过直接指向宣传对象的切身利益，以表明金融产品和服务将使宣传对象获得实际利益。银行通过扼要地阐明其所提供的产品和服务，以使客户有明确的选择。随着公众兴趣和认识态度的转变，创意性广告已成为塑造金融机构形象的有效手段。现在大多数客户都把创意性广告与企业创新精神等同看待。

富有创意的金融广告构思主要表现在以下三个方面：

（1）创设一种现代化的标识、符号和图案。

（2）运用生动形象的画面，包括运用动画手段和聘请明星。

（3）运用使人可信的广告语，并根据时代特征加以改变。

（四）选择媒体

广告媒体是指广告信息传播的载体。其主要分为印刷媒体，如报纸、杂志、书籍等；电子媒体，如电视、广播等；邮寄媒体，如产品说明书、宣传手册、产品目录、服务指南等；户外媒体和其他媒体。四大媒体是指广播、电视、报纸、杂志，其他媒体是指户外、邮寄等。不同的广告媒体在传播空间、时间、效果、广告费用等方面具有不同的特点，具体如下：

1. 广播媒体

广播媒体的优点是制作周期短、传播时间灵活、宣传范围广、人口覆盖面大、成本费用低，属大众化传媒；缺点在于仅有声音，不如电视媒体引人注意，并且信息瞬间即逝。因此，广播难以为抽象的金融产品和服务提供直观有效的宣传。

2. 报刊媒体

报纸由于发行量大、覆盖面广，并涉及各阶层的读者，因而是最具可选择性的广告媒体。报纸的优势在于其订阅和发行地区比较明确，区域集中度较高，信息传播快，费用比较低，尤其适合于借助文字传播内容比较复杂的说明性广告。银行可以根据其产品情况和促销目的，在报纸上刊登各种类型的银行广告，即使是一种复杂的金融产品，也可以在报纸广告中登载一段详尽的说明文字；在为企业下属分支机构和网点提供促销支持时，也可将每个分销渠道的情况列在上面。杂志的优点是品种多、可选择性大、印刷质量好、保存时间长、反复传阅率高，不足之处在于其发行周期长、信息传播慢、读者范围窄。一般专业杂志的可信度和权威性更符合银行的形象要求。

3. 户外媒体

户外媒体主要包括设置在公共场所的广告牌、海报招贴等，通常主题鲜明、形象突出，给人留下深刻印象，尤其是广告牌长期固定在某一场所，可重复传播，注意率极高。由于广告牌位置固定，因而接受宣传的往往是同一类客户。银行广告牌主要是宣传企业名称和服务内容，广告画面和广告用语必须简明易记，以提高宣传效果。

4. 邮寄媒体

这是通过邮局直接寄给客户的宣传品等的广告方法。邮寄媒体的针对性最强，可根据目标客户的需求特点，决定广告传播的内容和形式；邮寄媒体可详细介绍产品和服务的功能与特点，说明性较强；邮寄媒体的阅读率高，传播效果好，费用低廉；在对目标市场进行宣传，尤其是宣传银行特有的业务项目时，更是一种高效廉价的促销方法。在新产品投放初期，邮寄方式既可以起到短期保密作用，以防止在大面积推广之前招来模仿者，又可以让老客户尽早了解新产品信息，优先享用新产品。随着越来越多银行建立起客户数据库，邮寄媒体正发挥着越来越大的作用。

总之，银行选择广告媒体，应在充分了解各媒体特点的基础上，根据目标宣传对象的性质、特点、范围、规模以及广告费用等因素进行综合考虑，并在重点选择某一媒体后，辅助以其他媒体，通过媒体组合方式以强化其促销功能。

（五）评估预算

广告促销活动除了传播信息、吸引客户外，还必须关注广告宣传的成本和收益。由于在产品广告中，这种联系体现得更为显著，因而银行大多采用产品广告方式；而在形象广告中，这种联系效应则还难以测定。

第三节　银行的人员促销

银行的客户有不同的种类，对于各种客户银行应采取完全不同的促销方法。近年来，银行工作人员也越来越多地认识到人员促销在银行促销策略中的重要作用。

一、人员促销的含义、特点和作用

(一) 人员促销的含义

人员促销是银行员工以促成销售为目的与客户间的口头交谈，是说服和帮助购买者购买银行产品和服务的过程。由于银行产品和服务的复杂性和专业性，尤其是在新产品和新的服务项目不断涌现的情况下，人员促销所具有的灵活、直接、亲切、详尽和反复多次等优势，已成为银行产品和服务销售成功的关键。

(二) 人员促销的特点

(1) 信息传递的双向性。人员促销是一种双向沟通的促销形式。商业银行的有关人员在促销过程中，一方面向客户提供有关信息，或介绍新的产品或服务；或介绍经营的某些优势；或介绍商业银行还能为企业、单位提供的差别化服务，从而促进产品销售。另一方面又通过与客户面对面的交谈和促销观察，促销人员可直观、及时地了解客户的需求、愿望和偏好，灵活机动地解答消费者的各种问题，及时交换意见，掌握市场动态，了解反馈信息，有利于商业银行适时调整其产品与服务，为其经营决策提供依据。此外，促销人员通过与客户的直接沟通，可反复介绍产品特点和服务功能，当好客户的参谋，激发客户的购买欲望。

(2) 促销目的的双重性。人员促销的目的不仅是为了促销银行产品，更是为了帮助客户解决问题，满足金融需求。只有这样，才能不断增进促销人员与客户之间的感情，使新客户成为老客户，从而更好地实现银行产品促销的目的。可见，人员促销能够使银行与客户建立起直接的相互关系，通过接触，加深彼此的了解和信任，激发对方的信任和忠诚，建立起良好的购销关系，从而为客户提供更多的服务。同时也可以建立起深厚的友谊，从而巩固银行老客户，发展新客户。

(3) 促销活动的情感性。人员促销不同于其他方式的促销，它是促销人员与客户面对面的交谈，只要促销人员尊重客户，理解客户，在考虑商业银行利益的前提下，处处为顾客着想，同时把握交谈的技巧，就能获得客户的好感。在一种融洽和谐的气氛中完成信息的传递、交流和接纳，使促销活动带有浓郁的情感色彩，促销的效果更好。

(4) 满足需求的多样性。商业银行通过人员促销，能满足客户多方面的需要。商业银行人员促销不仅能有效满足客户对银行产品和服务本身的需要，而且通过对产品的宣传介绍，还能满足客户对产品信息的需要；通过售前、售中与售后服务，能有效满足客户对技术和服务咨询的需要；通过文明经商、礼貌待客，能有效满足客户心理上的需要，从而密切双方关系，增进客户对商业银行的信任感。

(5) 促销范围的广泛性。商业银行的人员促销，促销范围非常广泛，既可由业务部门或市场营销部门的专门人员上门促销，向客户或重点客户促销新的产品或服务，只要有人力、有精力，大量的已有客户和准客户都可作为促销对象。此外，还可由一线的临柜人员和业务员，在为客户办理业务的过程中，直接向客户促销，凡是来银行办理业务的客户都可作为促销对象。

(6) 促销方式的灵活性。商业银行的人员促销，方式灵活多样，可根据实际需要来选择。或上门郑重其事地与客户洽谈；或找个茶座、酒吧，边品茶、饮酒，边交流洽谈；或开个小型座谈会，与若干客户进行交流；或在办理业务过程中有针对性地三言两语的介绍；或设置大堂经理、导储员、客户经理专门向客户介绍各种产品服务的特点和功能。促销人员因事制宜、因人制宜、因时制宜选择各种各样灵活的方式与客户当面洽谈，易于形成双向互动的交流关系。促销人员通过交谈和观察，能及时掌握客户的购买心理，有针对性地、详尽地介绍银行产品与服务的特点和功能，以引起客户的兴趣和购买欲望，从而激发其购买行为，并抓住有利时机促成客户的购买行为。还可以及时发现问题，进行解释并提供服务，从而消除客户的疑虑或不满意感；并且双方当面交谈和议价，易于迅速达成交易。

人员促销也存在一定缺陷，主要是成本费用较高。此外，人员促销接触的顾客质量和范围十分有限，对推销人员的素质要求高，优秀推销人才难得，这些无疑也是制约其运用范围和程度的不利因素。

(三) 人员促销的作用

银行人员促销的基本任务，在于把银行产品或服务介绍给客户，并鼓励顾客购买，从而实现销售目标。人员促销发挥作用的领域主要有：①已经在银行开立账户的顾客，通过热情周到的服务，同他们保持牢固的关系；②尚未建立关系的客户，通过人员促销可以说服顾客来银行开设账户，促使他们与银行建立起关系。因此，具体地讲，人员促销可以在以下几方面发生作用：

(1) 使客户了解银行的产品与服务；

(2) 增加产品或服务被优先购买的可能性；

(3) 与客户磋商价格和其他条件；

(4) 完成交易；

(5) 向客户提供售后服务；

(6) 坚定客户的信心。

二、人员促销的形式、方法与步骤

(一) 人员促销的形式

银行人员促销的形式一般有以下几种：

1. 柜台服务

银行营业网点是银行企业的窗口，其柜台设置的合理与否，不仅直接影响到商业银行为客户提供服务的质量，而且关系到商业银行对外的企业形象和在同行业竞争中的位置。

综合柜员制是改革商业银行柜台设置的必由之路。综合柜员制是指营业网点在法定业务范围内，按照规定的业务处理权限和操作流程，由单一员工或多个员工组合，通过临柜窗口为客户综合办理本、外币对公业务、储蓄业务、信用卡业务、政策性业务等多种金融服务，并单独承担相应责任的一种劳动组合方式。综合柜员制可根据客户需要灵活调整窗口、人员和业务品种，减少中间处理环节。客户可以随意选择窗口办理所需业务，避免选择不同窗口的麻烦和由此带来的诸多不便。综合柜员制体现了"以客户为中心"的经营理念，能够提供快捷、高效、全面、优质的服务，强化商业银行的企业形象和竞争能力。

2. "私人银行家"

"私人银行家"是指与客户接触的单个的人，是业务员、咨询员和情报员三位一体，他要向客户推销产品，谈判费用，还要达成交易，提供一系列售后服务。客户来银行不仅仅是为了办理某项业务，同时也希望获得理财方面更多的金融咨询。为了适应客户，尤其是"大户"的各种金融需求，"私人银行家"必须提供以下多方面的服务：对客户的财务状况提供咨询、提供所需的服务项目，对所需服务作出安排，当客户出现问题时帮助解决，与客户保持联系。香港金融界目前普遍采用一种"客户经理"的方法，向客户提供个人化服务，如香港大通银行的每位"客户经理"约负责五十至一百个客户，负责向这些客户提供服务和咨询以及推销投资产品，近年来我国的银行也广泛推行客户经理制。

3. 争取潜在客户

人员推销除了向那些已在银行购买产品的客户推销更多产品和提供售后服务外，还要向那些尚未办理业务的潜在客户推销产品。人员推销可以有针对性地对那些对银行服务抱有怀疑和不信任态度的人提供更多的销售努力，同时还可以在超级市场里派出自己的推销人员，直接主动地与进超市的客户接触，为其提供金融咨询服务，如果客户有金融服务的要求，则及时给予办理。

4. 主动参与各种商品交易市场

银行可以派专人进驻房地产交易市场、汽车交易市场等各种商品交易市场，为消费者提供消费信贷等各种金融咨询服务。

(二) 人员促销的方法

人员促销的主要方法包括：第一，单个推销人员对单个客户，即推销人员直接与客户以电话或面谈的方式接触；第二，单个推销人员对客户群体开展推销活动，即推销人员针对一组具有相同需求的购买者介绍展示金融产品的功能与服务；第三，推销小组对客户群体开展推销活动，即由企业各有关部门组成的推销小组针对一个客户群体系统全面地介绍产品；第四，推销会议，会议目的在于教会客户使用和了解某项新产品，如商业银行开发出电话银行业务，银行要具体指导企业客户如何通过电话查询当日账面余额，查询每日人民币外汇牌价，并开展授权转账等业务。

（三）人员促销的步骤

银行开展人员推销时，需要将推销人员进行合理的组织和分配，一般遵循"公式化的推销"理论，具体可以采取以下步骤：

1. 寻找目标客户

银行人员促销的第一步是找出潜在的目标客户。这一类客户须具备以下条件：有需求、能实施、有购买决策权、有接近的机会、有使用能力。寻找目标客户的方法很多，一般可通过促销人员个人观察、访问、查阅资料等方法直接寻找，也可通过促销人员之间协作等间接方法寻找。

2. 促销前准备

促销前，银行促销人员须掌握银行产品、目标客户和市场竞争者等方面的知识。具备上面几类知识的同时，要选择好最佳的访问时间和最佳接近方式。

3. 接近目标客户

接近目标客户是指银行促销人员与目标客户发生接触，以便成功转入面谈。

4. 介绍阶段

这一步骤是促销过程的中心，是银行促销人员运用各种方法说服目标客户购买的过程。在说服的过程中要针对客户的心理，灵活、恰当地运用提示说服或演示说服或两者结合施用的策略。

5. 异议处理

客户异议指目标客户针对银行促销人员提示或演示的商业银行产品提出反面的意见及看法。银行促销人员应认真分析客户异议的类型及其根源，然后有针对性地施用处理策略。

6. 达成交易

接近客户和达成交易是商业银行人员促销过程中最为困难的步骤。在洽谈中，银行促销人员应随时给予客户成交的机会，在这一阶段，银行促销人员尽量提供一些优惠条件，促成交易达成。

7. 后继服务

后继服务是指银行促销人员为已购买银行产品的客户提供的售后服务。后继服务是人员促销的终点，也是促销工作的起点。通过后继服务能加强客户的忠诚度，同时也能获得各种反馈消息，为银行决策提供依据，为促销人员积累经验，从而为开展新的促销提供广泛而有效的途径。

当然，随着金融产品和金融市场的不断变化，人员推销的步骤策略亦需要及时进行评估和调整。

三、促销人员的素质

人员促销的缺陷之一是对促销人员的要求比较高。银行促销人员要出色地完成促进银行产品和服务的销售任务，要经历市场调研、寻找潜在客户、搜集客户情况、初次访谈、回答问题、促成交易和及时反馈信息等过程。这一过程完成，要求促销人员具有较高的综合素质，包括政治思想、文化知识、业务能力、政策法规、言谈举止等多方面的素养和能力。

1. 具有爱岗敬业的精神，旺盛的工作热情

有"推销之神"美誉的日本保险推销大王原一平在其《撼动人心的推销术》一书中，开宗明义，让促销人员先回答七个问题，第一个问题："你是不是相信自己目前从事的是正当的工作？"若回答："不错，我坚信自己从事的是正当的工作。"那么说明，你对自己的工作充满热情，其热情足以感人。作为一名成功的促销人员已有了良好的开端。可见爱岗敬业、工作热情是促销人员必须具备的首要条件，只有这样才能充满信心，克服困难，坚持不懈。

2. 通晓专业知识，扩大知识范围

银行产品和服务较之其他一般产品，知识含量和复杂程度要高，要求促销人员必须通晓金融专业知识，熟悉银行业务范围、产品和服务特色及交易程序等，否则促销工作难以推动。除了精谙与工作内容有关的知识外，还要尽可能扩大知识面，增加信息量。促销是在与客户的不断接触中进行的，不同的客户有其不同的兴趣、爱好，知识面宽，信息量大，就容易以客户关心的话题进行沟通。如你对该话题拥有比客户更丰富的知识和信息量，会更加得到客户的尊重，双方的亲密度会增强，客户也就乐于接受你提供的产品和服务。

3. 牢固的客户意识，诚实的语言表达

促销的目的是为了帮助客户对购买的产品和服务感到满意。"客户至上"的观念应贯穿于整个促销过程，这是成功促销的基本原则。从客户的利益出发，从客户最关心的问题入手，让客户相信购买了你的产品和服务后，能得到收获和利益，促销才能成功。其中诚实的语言表达，会帮助客户消除疑虑和不安全感，起到启发和诱导需求的作用。因为当客户对促销人员不信任时，会担心受骗而拒绝购买。所以，卡内基说："与不诚实的人说话，说了也等于没说。"同理，不诚实的人无论你如何卖力地说，也无法打动他，也无法赢得他的信任。

4. 良好的仪表举止和个人修养

很多成功的促销人员都有一个共同的体会，那就是客户同你保持什么样的关系，要看你有意无意中表现出来的言行。你衣着的款式，打电话的姿态，招呼人的态度，办事效率，凡此种种足以构成你在别人心目中的形象。银行促销人员应注意仪表优雅大方，衣着整洁得体。俗谚说得好："服装整洁就是最好的介绍函。"注重外表的同时要加强个人的文化修养，培养具有优雅、热情、自信、真诚的良好气质。有魅力的外表和良好的气质，将给客户留下难以忘却的好印象，认为你是可以接受和信赖的，那么你的促销阻力将减少，而成功的可能性将大大增加。

四、银行人员促销的管理

有效的人员推销，还有赖于对具体工作的科学管理。人员推销管理工作主要包括以下几方面内容：

1. 推销人员的选聘

（1）推销人员应具备的基本素质。推销人员不仅仅是银行的代表，而且还要成为客户的顾问；不仅要善于推销产品和业务，更重要的是使顾客满意。尤其是在金融领域普遍实行客户经理制、代理制、经纪人制、投资顾问制、理财顾问制的条件下，后者显得更为重要。因此银行的推销人员应具备很高的素质。

结合我国的实际情况，银行在选择推销人员时需要注意以下要求：

①思想素质。推销员要有良好的道德品质和正确的推销思想，具有高度的责任心和事业心，真心实意为顾客着想。推销人员只有热爱本职工作，想顾客所想，急顾客所急，才能积极有效地开展推销工作。

②文化素质。推销人员要具有一定的社会学、经济学、管理学、心理学、地理学、公共关系学及财务会计学等方面的知识，还应具有市场营销的专业知识，并能有效地将这些知识运用到实践中去。

③专业素质。推销人员必须了解本企业的历史及在同业中的地位、影响和实力；了解企业的营销目标、经营方式、服务项目以及各种产品和服务的特点；了解同业中相竞争的产品和服务项目；了解整个经济形势、整个金融市场的趋势及金融领域的前沿问题。

④表达素质。推销员要向客户推销自己，赢得客户的信任，因此需要仪表端庄，谈吐文雅，平易近人。同时还要有一定的语言表达能力和敏锐的洞察力，言谈清新风趣，具有较强的观察分析能力，以观察不同客户的需求，并采用不同的推销策略和技巧，促进不同顾客实现购买行为。

⑤身体素质。推销人员良好的身体素质是吃苦耐劳的基础，推销是一项十分艰苦的工作，没有强健的身体难以胜任。

（2）推销人员的招聘与选择。银行推销人员的招聘可以通过下列方式：在企业内部选择、由在职推销员引荐、社会公开招聘。

选择出色的推销人员对银行推销产品和服务、开拓市场极为重要。合格的推销员不仅要重视满足顾客的需求，也要关心企业的利润。他们要精于分析营业数字，善于估量市场潜力，勤于搜集市场情报，并能采取相应的销售策略。从长远来看，具有以市场为中心观念的推销人员，要比只注意推销商品的推销人员更有效率。

营销管理者在选择推销人员之前，应该认真分析研究工作的性质及对推销员的要求，对推销员的自我管理能力、顾客管理能力、推销知识、技巧、责任等进行分析，同时对推销员的工作经验、推销能力、个人形象、身体状况及个性都有具体的要求。在具体的选聘工作中，其方式有非正式的个别面谈、正式面试和测验等。筛选推销员时，应该从前面所列的基本条件出发，通过平时印象，辅之以智力测验、能力测验、性格测验、环境测验，并经过笔试、口试、体格检查及试用等方式确定合格的人选。

2. 推销人员的培训

推销人员培训的种类可从不同角度审视：有上岗前培训和在业培训、在职培训和脱产培训、长期培训和短期培训、内部培训和外部培训等。

培训的方式主要有理论讲座、业务讲解、案例讨论、角色模拟、参观学习、试用等。

培训的内容包括有关理论知识与业务知识、企业及产品知识与市场知识、营销战略与营销技巧、新理论与新业务知识等。

3. 推销人员的报酬

就专职推销员来看，银行在决定其报酬时，首先应考虑到当前社会的一般报酬水平。报酬中需要包括：固定工资、机动待遇、开支补贴和附加福利。固定工资保证推销员有稳定的最低收入；机动待遇如佣金、红利等，目的在于鼓励推销员的工作热情；开支补贴能使推销员大胆去做该做的事，不必顾虑开支；附加福利如定期休假、伤病补贴、退休金和人寿保险等，可以让推销员免除后顾之忧。

4. 推销人员的督导

银行一定要对经常外出的专职推销员加强督导和管理，这是利用人员推销的难点。在监督其完成本职工作方面，除了要进行目标管理或定额管理之外，平时还要要求其定时提供业务报告。同时也要给予其一定的指导和帮助，如帮助推销人员合理安排时间和工作程序，以提高工作效率。并且还要规定其拜访老客户和新客户的时间分配比例。例如西方企业一般规定，必须有 20% ~25% 的时间用来寻找新客户，若三次拜访不成功，则再主动放弃。

5. 推销人员的激励

有计划地对推销人员进行激励，才能经常保持他们的干劲。银行应该帮助推销人员解决思想问题和具体困难，随时关心他们的工作成就，及时给予鼓动。其方式包括物质刺激和精神鼓励两方面。可以给予升迁、奖励、分红、旅游、休假，还可以定期召开推销员会议，让推销员交流经验，相互促进，或是举办推销竞赛等。

6. 推销人员的评估

银行对推销员的工作必须建立科学的评价制度，根据对推销人员的考核评价标准定期对推销人员进行考核和评价，以建立报酬和激励的基础。评估既可采取纵向评估的形式，也可采取横向评估的形式。当然，采取横向评估时要考虑地区之间、客户之间或产品之间的可比性；评估的指标可以是最终的业绩指标、费用指标，以及大量的中性指标如客户拜访次数、拜访客户的量。同时还要考察推销人员的工作质量，如顾客的满意度、受表扬的次数、媒介宣传的次数等。

第四节　银行的营业推广

一、银行营业推广的概念及其特征

（一）营业推广的概念

营业推广又称销售促进，与人员推销、广告促销相比，营业推广更加形形色色。根据美国销售协会的定义，营业推广是指那些不同于人员推销、广告和公共关系的销售活动，旨在激发消费者购买和提高经销商的效率，诸如陈列、展出、展览、表演和许多非常规的、非经常性的销售尝试。它可以用来补充其他几种促销方式的不足，在国内外越来越被商业银行所重视。

（二）营业推广的基本特征

（1）非规则性和非周期性。营业推广常用于一定时期里一定任务的短期的和额外的工作，因而表现为非规则性、非周期性使用。

（2）灵活多样性。营业推广工具十分繁多，应根据银行提供的不同产品和服务项目以及不同的营销环境灵活地加以选择和运用。

（3）短期效益比较明显。广告和公共关系等促销手段要取得效益需要一个较长的周期，而营业推广最适宜实现短期的具体目标，在短期内可刺激客户大量购买，并能吸引潜在的客户。

（三）营业推广的局限性和作用

营业推广也有它的局限性，即长期效果不是太好，不可能建立品牌忠诚，不能避免产品的衰退。另外，营业推广不利于树立银行的形象，频繁地使用营业推广会使公众觉得银行在急于推销，降低了服务项目的"身价"，所以具有良好形象的银行应该慎重地使用与选择营业推广工具。

营业推广作为一种非价格竞争手段，在金融界具有特殊的作用。商业银行在同业竞争中一般都设法避免进行直接的价格竞争，包括利率竞争和费用竞争，这样的结果常常是两败俱伤。为了获得成功，营业推广必须与客户的实际需要相关联，应以激发客户使用某种产品和服务的兴趣为准。据美国麦克康尼公司的调查统计，美国四家银行中至少有一家尝试过馈赠式的营业推广手段，其中只有5%对促销结果不满意。

二、银行营业推广的形式

1. 营业过程中的营业推广

（1）临柜人员推广。商业银行各经营网点的临柜人员，在为客户办理存取款、结算等业务时，向客户送商业银行新产品宣传折页，或通过演示示范和口头方式向客户推荐适合这个客户的其他产品，或对客户在办理业务时的咨询进行详细回答。

（2）信贷员推广。商业银行信贷员有针对性地向企业推销适合于他们的中间业务及介绍其功能，向他们分送宣传折页和有关资料，或请企业有关人员到本行来看示范表演，使企业深入了解银行的新产品及其特性。

（3）大堂导储。在商业银行的营业网点设置大堂经理或导储小组，专门回答客户的咨询，指导客户办理业务，帮助客户解决一些困难，同时又向客户介绍、推荐其他产品和分送他们所需的宣传折页。

2. 业务宣传咨询

银行的基层行处，利用一些双休日或节假日，组织部分员工不定期地到人口流量较大的街道或公共场所，开展新产品、新服务宣传咨询活动。

3. 有奖销售

银行实施有奖销售活动的目的就是对购买商业银行产品或享受商业银行服务的客户，按一定方式进行奖励，以刺激客户的进一步消费，但是开展这种活动必须要遵守国家的法律法规、注重经济效益原则，要有创意，不要尾随别人，亦步亦趋。

三、银行营业推广工具

营业推广的工具繁多，五花八门，不拘一格，银行应根据市场类型、顾客心理、销售目标、产品特点、竞争环境以及各种营业推广的费用和效率等择而用之。根据营业推广活动所面对的对象的不同，营业推广方法可分为三大类：第一类是面对消费者的，有赠品、奖券等；第二类是面对中间商的，有销售折扣、广告津贴等；第三类是面对销售人员的，有销售竞赛等。

1. 面对消费者的促销工具

消费者促销工具多种多样，主要包括下面几种：

（1）赠送样品。向消费者提供免费试用银行新产品，使其了解产品的性能，刺激他们的购买兴趣，促使其购买此产品。

（2）赠品或赠券。赠品是为了鼓励购买某种产品而附赠的另一种产品；赠券是一种有价证券，当持有者用它来购买某一特定产品或服务时，可享受一定幅度的优惠。赠券能刺激成熟品牌的销售，促进新产品或服务的试用。一般可通过邮寄、广告赠送、附在其他产品上等方式向消费者或机构单位发放赠券。银行在吸收存款、办理信用卡或机构特定庆典日之时，以及对长期顾客等都可以赠送赠品或赠券。

（3）专有权利。针对现有顾客，提供某种特殊的权益和方便。如英国渣打银行推出的一种信用卡就可以在香港及海外各大城市的电话上使用国际电话服务。

（4）有奖销售。即企业销售某种产品时设立若干奖励，并印有奖券，规定购买数量，顾客达到购买数量后可获奖券。然后由销售者按期宣布中奖号码，中奖者持券兑奖。这种推广方法，利用人们的侥幸心理，对购买者刺激性较大，有利于在较大范围内迅速促成购买行为，但应注意奖励适度。

（5）配套或免费服务。为推广某种产品，对顾客提供相关配套服务或免费提供相关服务。

（6）数量折扣。按照顾客购买产品的数量或金额或积分的多少给予优惠，意在与顾客建立长期关系。

（7）合作推广。与证券公司、保险公司、工商企业等组成策略性促销联盟，共同向顾客提供一揽子优惠措施，以扩大产品的销售。

2. 面对中间商的促销工具

银行有些营业推广是针对中间商的，用于说服他们经营或经销自己的品牌产品。

（1）销售折扣。给予长期经销本银行产品或者销售业绩较好的中间商一定折扣，包括批量折扣、价格折扣。批量折扣就是购买一定数量的产品，银行会再额外赠送一些；价格折扣（又称发票折扣或价目单折扣）是指在某段指定的时期内，每次购货都给予低于价目单定价的直接折扣。这一优待鼓励了经销商购买一般情况下不愿购买的数量或新产品。中间商可将购货补贴用做直接利润、广告费用或零售价减价。

（2）广告津贴。商业银行出资帮助中间商在当地媒体上进行广告宣传，开发市场。

（3）销售竞赛。即银行确定销售奖励的办法，刺激、鼓励中间商努力推销商品，展开竞赛，业绩优异者给予奖励。

（4）公关活动。举办招待会，邀请中间商参加。或者定期在各个区域的中间商中选出业绩良好者，邀请他们到银行总部或世界其他地方的银行观光考察，增进沟通与合作。

3. 对销售人员的促销工具

对银行销售人员的营业推广主要有销售竞赛，这是激励销售人员增加销售的一种较好的促销工具，银行根据销售人员的销售业绩，给予一定的提成、奖金等物质奖励和相应的精神鼓励。如银行可以每年举办一次或多次销售竞赛，业绩较好者可获得免费旅游或者礼物等。

四、营业推广方案的制订

营业推广的目标一般有两个：促进短期销售和建立长期市场份额。为了充分发挥营业推广的积极作用，避免出现消极现象，商业银行在开展营业推广活动前，应先拟定好营业推广方案，然后加以实施。营业推广方案，应包括下列主要内容。

1. 营业推广的对象与目标

即首先要明确谁是营业推广的对象，是中间商还是消费者，是男性消费者还是女性消费者等，然后进一步明确目标，是稳定老主顾还是发展新用户，是鼓励继续购买还是争取试用。

2. 营业推广的措施

由于营业推广的各种方法特点不同，同一方法对不同对象的吸引力也有差异等原因，营业推广的措施需经比较后选择确定。同时应注意，在一次营业推广活动中，选择的措施不宜太多，以便增强针对性。

3. 营业推广的时机、规模与时间

营业推广的时机选择是否恰当会对其实施效果产生显著影响。确定营业推广的规模应与目标顾客结合起来考虑，如目标顾客面广，可把规模扩大些。同时，还应尽可能选择效率高而费用省的营业推广方法，以收到事半功倍的效果。营业推广的时间一般不宜太长，以免出现怀疑或逆反心理，失去吸引力；但也不能太短，以防失去一些本可争取到的顾客，造成遗憾。

此外，营业推广方案中还应包括营业推广的范围和途径、参加者的条件、费用预算以及其他有关问题等内容。方案实施以后，应注意对其实施效果进行评价。

第五节　银行的公关促销

一、公关促销的含义和特点

（一）公关促销的含义

公关（即公共关系）是现代西方国家企业销售促进中逐渐发展起来的一个新概念，

当前已成为促销的一个主要手段。西方对于公共关系的定义多种多样，比较有代表性的观点认为，"公共关系是通过传播大量具有说服力的材料，促进社会上人与人之间或人与企业之间、企业与企业之间的亲善友好关系"。这表明，公共关系是以组织群体为对象、以获得公众的理解和支持为目标的一门管理科学。公关促销的主要原则包括协调原则、超前原则、互惠互利原则、整体效益原则。

银行公共关系促销，是指银行运用各种传播手段与社会公众沟通，以达到树立良好银行形象，赢得社会公众的好感、理解、信任和支持，从而乐于接受银行产品和服务的目标。

根据美国芝加哥公共关系公司总裁菲利浦·拉雷斯的观点。我们可以把银行公关促销的任务概括为四个方面：

（1）从公众的态度觉察趋势，决定银行的走向；

（2）帮助银行协调这些趋势，把银行引向利益交汇点，而不是引向银行和公众利益的冲突点；

（3）制定适当的策略和方法，以达通融；

（4）协助创造有利于银行组织正常运行、正常发展的氛围。

（二）公关促销的特征

银行的公共关系具有如下特征：

（1）它是银行与其他相关公众之间的相互关系。这些相关公众既包括银行外部的顾客、新闻界、同业机构、政府各有关部门及其他社会公众，又包括银行内部的职工。其中商业银行是公共关系的主体，相关公众是公共关系的客体，公关活动的媒介是各种信息沟通工具和大众传播渠道。

（2）银行公共关系的目标是为银行广结良缘，在公众中树立良好的银行信誉和社会声誉。良好的形象和声誉是商业银行的无形财富，是其富有生命力的表现，也是公关的真正目标之所在。银行的公共关系就是利用一切可利用的方式和途径，通过一系列深入细致、持之以恒的公关工作，让公众了解、熟悉银行的经营宗旨，了解银行的产品种类、服务方式和内容等有关情况，增强相关公众对该银行的信任感，使该银行在社会上享有较高的声誉和较好的形象，从而不断取得公众的理解、信任、支持和合作，为商业银行的生存、发展创造良好的条件。

（3）银行公共关系活动的基本原则是真诚合作、平等互利、共同发展。公共关系是以一定的利益关系为基础，因此，在与相关公众的交往中必须要有诚意，平等互利，并注意协调、兼顾银行利益与公众利益，才能维护和发展双方的良好关系。

（4）银行的公共关系是一种着手于平时努力，着眼于长远打算的长期活动，其效果不是急功近利的短期行为所能达到的，需要连续的、有计划的努力。银行要树立良好的社会形象和信誉，不能拘泥于一时一地的得失，而要追求长期的稳定的战略性关系。

（5）银行公共关系的基本方法是信息双向沟通，内外结合。公共关系是商业银行与相关公众之间的一种信息交流活动，商业银行通过公关活动，沟通企业上下、内外的信息，建立相互间的理解、信任与支持，协调和改善企业的社会关系环境，使企业内部和企业外部的人际关系和谐统一。

二、银行公关的主要对象与策略

银行在其营销活动中，面对的公众是多层次、多种类、多方面的，归纳起来，银行公共关系的对象主要有企业和居民、其他同类银行、新闻界以及内部员工等。

1. 企业和居民

银行与企业和居民的关系是客户关系。客户是银行赖以生存和发展的基础，协调好与客户的关系，可以促进顾客形成对银行及其产品的良好印象和评价，提高银行及其产品在市场上的知名度和美誉度，为银行争取顾客，开拓和稳定市场关系。要建立与客户的良好关系，就需要做到：

（1）让客户充分了解银行的宗旨、信誉、经营范围及服务手段和方式。

（2）提供多样化的产品和热情周到的服务。

（3）善于及时处理客户的投诉。

2. 其他同类银行

银行与其他同类银行的关系是竞争关系。同行历来是冤家，银行的生存、发展近年来处境日艰，原因无非是竞争的加剧。但是，也要看到竞争是促进银行发展的动力，没有竞争就没有发展，所以与竞争者的关系是对立的也是统一的。银行要善于协调与竞争者的关系，努力与竞争对手建立良好的伙伴关系，尊重竞争对手，学习竞争对手的长处，创造和睦相处、团结合作、共同发展的外部有利环境。攻击竞争对手，采用不正当手段竞争将会影响银行在社会公众心目中的形象和声誉，会失去公众的好感和信赖。

3. 新闻界公众

新闻界公众是指服务于报纸、杂志、电视、广播等新闻媒体部门的记者、编辑、节目主持人、专栏作家等。新闻媒体是银行宣传工作最重要的载体，银行通过传媒向公众传递信息、发表意见。因此，银行要实现自己的目标，宣传和树立银行的良好形象，就必须重视新闻界，搞好同新闻界公众的关系，并充分利用大众传播媒介，为树立形象服务，扩大银行的知名度和美誉度。银行要搞好与新闻界的关系，必须做到以下几点：

（1）勤于并善于和新闻界接触，以求建立长期稳定的合作关系。应选派专人与新闻界人士联络和交往，加强情感交流，争取建立良好的个人友谊，使新闻界人士逐渐积累对银行的了解、信任和良好印象。在此基础上，还应加强信息交流，及时给新闻界人士提供有新闻价值的消息和资料。

（2）仔细研究新闻媒介的特点，掌握新闻工作的规律。银行公关人员要把仔细研究各种新闻媒介的特点作为日常的基本业务之一，除了要了解报纸、杂志、广播、电视等不同类型的传播媒介的功能和基本特点外，还要掌握好不同类型的传播媒介的以下具体情况：报道方针、报道风格、报道手法、报道内容、截稿日期、印刷过程、发行周期、发行范围、发行方式、读者对象等。将这些情况整理分类，建立起新闻媒介档案。

（3）尊重新闻工作者的劳动与权利。对记者的采访，银行应安排专人接待，积极配合、提供方便，不得干涉、过问记者的采访动机，不得干涉记者的报道角度和报道时机，充分尊重他们的个人见解和风格，使他们在采访工作中感到其劳动得到了尊重，其合法权利受到了保障，从而乐于与银行保持长期稳定的合作关系。

4. 内部员工

员工是银行直接面对的、最接近的公众。员工具有二重性，他们既是银行内部公共关系工作的对象，又是银行开展外部公共关系工作的依靠力量。不论是前台还是从事后勤工作的员工，其思想意识和工作态度都会直接影响银行向客户提供服务的质量，反映出银行的精神面貌和管理特色，从而影响银行形象的建立。因此，银行要重视对其员工的公关工作，培养集体凝聚力。

首先，要尊重员工的个人价值，激发员工的主人翁精神，使员工将自己作为银行一员的个体价值与银行的团体价值融合在一起。

其次，要建立和运用激励机制，最大限度地调动每个员工的积极性、主动性和创造性，使所有员工齐心协力塑造好银行形象。

最后，要保持与员工的沟通，尤其是做好新产品、服务或营销计划的沟通，赢得员工的支持和合作。如果客户走进银行，手里挥动着新的服务广告而出纳员却未曾听说此事，这会削弱出纳员的士气，银行的营销工作也会遭受损失。

作为一门"博取好感的艺术"，公共关系刻意塑造良好的银行形象，即产品和服务形象、员工形象、外观形象等内在和外在的精神、风格、特征。良好的银行形象会给银行的发展带来巨大的潜力，能为银行赢得客户和市场，为银行带来更多的支持和帮助，增强战胜困难的能力。所以，公共关系促销是银行促销的一个重要组成部分。

第六节 促销方式的选择与组合

银行要获得促销活动的成功，应当根据促销目标，促销产品的特点，合理地选择和运用促销组合策略。银行促销组合策略是对商业银行人员推销、广告、营业推广、公共关系几种促销方式的选择、运用和搭配组合。

一、影响促销组合的因素

由于促销方式各具特点，因而银行营销人员应该根据不同的需要和情况来选择、搭配促销方式，制定相应的促销策略。银行在选择最佳促销组合时必须考虑如下因素：

1. 促销目标

根据银行促销目标或目标顾客所处准备阶段的不同，需采取不同的促销组合。如促销目标为树立企业形象，提高产品知名度，促销重点应以广告为主，同时辅之以公关宣传；如促销目标是让顾客充分了解某种产品的性能和使用方法，印刷广告、人员推广或现场展示是好办法；如促销目标是要在短期内迅速增加销售，宜采用销售促进策略，并辅以人员促销和适量的广告。从整体上看，广告和公关宣传在顾客购买决策过程的初级阶段成本效益最优，其最大优点为宣传面广；而人员促销和销售促进在购买决策的较后阶段更具成效。

2. 市场性质

对不同的市场需求采取不同的促销组合和不同的促销策略，因此应根据市场地理范围的大小，市场的类型，以及不同类型市场潜在顾客的数量，分别采用不同的促销策略。

首先，促销组合应随着市场区域范围的不同而变化，如目标市场范围小且相对集中，应以人员促销为主；对于范围广且较分散的市场，则应以广告宣传和公共关系为主。

其次，促销组合应随着市场类型的不同而不同。消费品市场的买主多而分散，不可能由推销人员广泛地个别接触，主要靠广告宣传介绍、产品包装说明以及产品陈列吸引顾客。

最后，促销组合应视市场上的潜在顾客的数量类型而定。顾客数量少而使用业务数量大，如对银行业务的大客户，应该用人员促销策略；顾客数量多而分散，宜采用广告推销等形式。

3. 产品特点

顾客对于不同性质的产品具有不同的购买动机和购买行为。因此必须采用不同的促销组合策略。在通常情况下，顾客多，分布面广，购买频率高，因此广告的效果更为明显；而顾客数量少，分布集中，购买批量大，适宜人员促销。至于销售促进和公共关系等则起辅助作用。

从产品特点看，技术复杂、价格昂贵的范围商品适合人员促销；反之，技术简单、标准化程度较高、价格低廉的服务产品适合广告促销。

4. 产品生命周期

对处于生命周期不同阶段的产品，促销目标通常不同，采取的促销方式自然也不同，大致情况如表7－2所示。

表7－2　　　　　　　　　　产品生命周期与促销策略

产品生命周期	促销目标	促销主要方式
投入期	认识了解产品	各种广告
成长期	增进兴趣与偏好	改变广告形式
成熟期	增进兴趣与偏好	改变广告形式为主、辅之销售促进
衰退期	促成信任购买	销售促进、辅之提示性广告
产品生命周期各阶段	消除不满意感	改变广告内容、利用公共关系

在整个产品生命周期的不同阶段，银行还要注意顾客购买产品之后可能产生的意见和怀疑，应采取相应的售后服务措施，尽力消除这些不满意感。如银行市场部，在

服务商品售出后，建立电话询问制度，这正是消除客户疑问，加强服务工作，以保持银行和服务产品在市场上的良好声誉的最佳体现。

5. 促销费用

银行不论采用哪种促销策略和方式，都必须考虑费用的多少。促销方式的组合，受到银行本身人力、财力、物力状况的制约。一般来说，人员促销费用最高，广告费用次之，销售促进和公共关系最低。银行应依据自身的人才、财力和物力来选择和运用促销组合，以尽可能低的促销费用取得尽可能高的促销效益。

二、银行促销组合策略的应用

银行市场营销模式先后经历了生产、推销、市场和生态四种营销模式，目前金融界普遍推广的是市场营销模式。商业银行市场营销以客户为中心，以服务为依托，通过有效的营销活动占领市场。它主要包括市场研究、产品开发、产品定价、促销和营销渠道。

银行在制定营销策略时必须考虑市场营销各要素的行业特点，充分利用自己的各种资源条件，使各要素形成有机的营销组合，形成丰富多彩的策略与战术，从而实现符合自身条件和市场要求的营销策略。

在充分考虑以上几个因素之后，商业银行应制定促销组合策略计划，具体可分为以下几个步骤：

1. 分析当前市场营销状况

具体内容有：①宏观经济现状及变化趋势，以及对银行营销的主要影响；②金融市场状况，如市场规模、市场份额、客户购买力以及供求变化的趋势等；③银行产品状况，如产品和服务价格、赢利水平、产品定位等；④竞争状况，辨认主要竞争对手，了解他们的实力、战略目标、产品种类和质量、市场份额等；⑤销售状况，主要是各分支机构的网点分布及银行产品分销情况。

2. 确定促销组合策略要解决的核心问题

在提出问题时，应围绕两个方面：一是影响市场营销的外部因素——机遇与挑战的分析，找出市场中存在哪些机遇，可带来什么"利好"，同时也要分析不利之处；二是对商业银行自身的优势和劣势进行分析。经过分析后才能有的放矢，保证营销战略具有针对性和实用性。

3. 寻求备选方案

提出制定营销战略的多种可选方案。寻求备选方案应注意几个问题，一是选择标准要有预见性和可行性；二是应同时准备几个备选方案，以供管理者选择和遇到特殊变化时进行调整；三是提出的备选方案必须和设定的战略目标相一致。

4. 评价和选定

对各个备选方案进行评价，最后选定一个较好的方案。方法有两种：一是筛选法，将备选方案与战略目标的各项要求相衡量，筛选一种与营销目标最接近的方案；二是排列选择法，即将所有被选方案的相关要点排列起来，比较它们的优劣。

本章小结

所谓促销是指银行为开拓资金融通渠道，扩大资金融通范围，鼓励购买或销售某一产品和服务所采取的各种刺激手段和方法，也是金融产品和服务的提供者与客户间交流信息的所有活动。促销活动的基本构成要素由以下四个方面组成：促销的客体，促销的主体，银行促销的方式，信息反馈。

商业银行在促销中可以使用的促销方式很多，大致可以归纳为以下几种类型：广告、人员促销、营业推广、公共关系。

广告和其他促销手段相比，具有一些特点：非人员性、广泛性、潜在性、低成本性、艺术性。人员促销是银行员工以促成销售为目的与客户间的口头交谈，是说服和帮助购买者购买银行产品和服务的过程。营业推广是指那些不同于人员推销、广告和公共关系的销售活动，旨在激发消费者购买和提高经销商的效率，诸如陈列、展出、展览、表演和许多非常规的、非经常性的销售尝试。银行公共关系促销，是指银行运用各种传播手段与社会公众沟通，以达到树立良好银行形象，赢得社会公众的好感、理解、信任和支持，从而乐于接受银行产品和服务的目标。银行促销组合策略是对银行人员推销、广告、营业推广、公共关系几种促销方式的选择、运用和搭配组合。

思考题

1. 银行开展促销的原因与作用？
2. 联系我国银行广告运用的现状，简述银行广告的实施策略与步骤？
3. 银行如何进行营业推广？
4. 人员促销有何特点？对促销人员有什么要求？
5. 比较银行的各种促销方式。

案例一 中外银行经典广告语集锦

· 瑞士银行：诚心诚意，紧密相系。
· 台湾储蓄银行：年终奖金何处去。
· 香港宝生银行：灵活变通，服务大众。
· 香港汇丰银行：今日汇丰，祝你成功。
· 香港银通银行：银通多而广，服务遍全港。
· 香港集友银行：诚。
· 香港东亚银行：香港人的银行。
· 香港恒生银行：充满人情味，服务态度最佳的银行。
· 香港中银信运卡：通行寰宇，事事关心。
· 美国运通银行信运卡：一诺千金。

- 纽约城市银行："城市"永远不会沉睡。
- 美国第一国家城市银行：全球进步的助推器。
- 美国联合储蓄银行：除了你自己以外，你可以在这里储存一切。
- 美国国家银行：这里绝对安全，不存在任何假如。
- 花旗银行：一种新视角。
- 美国储蓄银行：世界上最好的书——你自己的存折。
- 法国银行：请信赖我们。
- 英国巴克雷银行：假如没有巴克雷，您恐怕要迷路。
- 英国标准渣打银行：历史悠久的，安全可靠的英资银行。
- 中国建设银行：善建者行，善者建行。
- 中国农业银行：大行德广，伴您成长。
- 中国工商银行：您身边的银行，可信赖的银行。
- 中国银行：选择中国银行，实现心中理想。
- 招商银行：招商银行，因您而变。
- 民生银行：服务大众，情系民生。
- 兴业银行：服务源自真诚。
- 光大银行：超越需求，步步为赢。
- 中信银行：用我们的智慧，为您创造财富。
- 交通银行：交流融通 诚信永恒。
- 北京商业银行：北京人心中的银行。
- 广州商业银行：政府的银行，市民的银行。
- 杭州商业银行：绿色银行，开放银行，钻石银行。
- 烟台商业银行：伴您走向辉煌。
- 宁波商业银行：我们自己的银行。
- 重庆商业银行：离您更近，与您更亲。
- 西安商业银行：与您共创西部辉煌。
- 银川商业银行：真诚相伴，携手理财。
- 哈尔滨商业银行：诚实守信，服务至上，打造精品银行。
- 常熟农村商业银行：自己的银行，当然首选。
- 张家港农村商业银行：伴随您成长的银行。
- 中国农村信用社：面向农村，服务三农。

资料来源：根据百度搜索整理。

案例二　2004，银行促销之面面观

2004 年，银行营销一改其深居简出的旧有形象，开始频频活跃于大众视野。纵观银行界这一年的营销思路和营销手段，真可谓热闹非凡，而人们对此也报以了巨大的关注和热情。

一、银行促销之广告篇

在国内某一知名财经类杂志上，去年8月只有1家国内银行投放了广告，而今年同期则增至3家。在许多电视台的黄金时段中，还有越来越多的路牌广告、车体广告和网络广告上，银行的面孔开始频频出现。这些广告多数针对的是银行现有的零售业务，尤其是新开发的业务。如Z行的"有房有车更有爱"房贷广告，M行在全国启动的"非凡理财万里行"，J行的"外汇宝"等，上海某行还在地铁车厢里铺陈了一整节车厢的广告，相当具有震撼力！

这些广告一方面提升了银行品牌和形象，另一方面，也是最主要的方面，那就是宣传介绍新产品新服务，主要集中在卡类业务、外汇业务、理财业务和网上银行业务方面。如果某一天你被某则广告牵扯了眼球，恰好又契合了你内心的某种需要，那你可能就成了该行的客户。

二、银行促销之行动篇

除了广告，银行还以各种具体行动回馈客户，宣传新产品。这大概算各行都有的一个惯例，那就是在节日或者客户的生日（限于大客户）送上精美礼品，或者邀请客户及其家人共度佳节。财大气粗的银行一出手，不管是礼品还是社交宴会都是相当有分量的。比如G行今年中秋就为存款级别不同的客户准备了不同的礼品，并赠送保利国际剧院的门票，届时行里领导将一并出席。

以行动促销的方式上还不乏创新之作。例如某银行在成都开办了一场别开生面的银行卡秀，宣传其"STAR"卡。该行"STAR"卡同时具有"银联"和"VISA"标志，可提供遍及境内外方便安全的服务，并可在全国各地有银联标志的特约商户及该行的特约商户签账消费。在这场命名为"Z行'STAR'"的晚会上，模特们在变幻的灯光、优美的音乐声中，走在T形台上，或将"STAR"卡做成耳坠，或做成链坠，或者将卡串起来当作腰带。正是在"美"和"动"的组合中，小小的"STAR"卡显得极为炫目。

三、银行促销之打折篇

打折是促销不变的主题，对消费者永远具有着吸引力。这是最简单也是放之四海皆准的法则。2004年，不少银行在手续费的收取上实行打折优惠。如J行网上银行汇款就打6折，凡网上银行个人客户"速汇通"（个人电子汇款）按汇款金额的0.6%收取手续费，最低1元，最高30元，比网点柜台的汇款手续费节省40%；Z行网上汇款手续费也下调60%，持有相关银行VIP卡的话，手续费甚至全免或者减半；在G行"金融@家"促销活动期间，新老客户均将免费享受原价18元/月的G行信使服务一年，证书工本费由原来的130元调整为98元，90元的调整为85元，80元的调整为75元。

四、银行促销之抽奖篇

2004年，银行还以各种消费积分、交易有奖等形形色色的方式来鼓励消费者使用银行产品，奖品也各式各样，汽车、数码产品、旅游、话费等。如：2004年4月1日至5月31日期间，凡成功申请Z行"移动数字证书"的客户，即可参加"惊喜奖"抽奖（获赠数码产品）；凡通过Z行网上银行"专业版"进行网上支付、自助缴费、同城转账、异地汇款、银证转账、外汇通实盘买卖、国债投资的客户，交易金额在 100 元（含）以上的，每笔交易获得一个抽奖号，即可参加"心动奖"抽奖（获赠数码产品）；2004 年 5 月 1 日至 5 月 15 日，Z 行将在"一网通"举办网上问卷调查活动，完成问卷调查的客户均可参加"真情奖"抽奖（获赠 250 元 U 盘一个）。

J 行南京分行从 7 月 1 日至 10 月 7 日开展"缤纷夏日，好礼等你拿"活动，向广大客户派送实惠，其中包括"香港行抽奖"、"消费积分抽奖"、"VIP 客户抽奖"、"网银积分抽奖"四个专题奖项，而且各奖可兼得，可谓惊喜连连。

G 行河南省分行隆重推出"刷牡丹卡 快乐游香港"消费积分有奖活动。

2004 年 4 月 1 日至 6 月 30 日期间，对使用 Z 行"一卡通"（或活期存折）缴纳各项费用的客户，按月抽取 50 名客户，中奖客户凭发票可到 Z 行报销中奖当月话费，最高额度不超过 1 000（含）元。

五、银行促销之赠礼篇

除抽奖外，赠礼也是银行的一大促销手段，而且这种方式受益的概率更大、范围更广。如：G 行联合全国近 50 家知名网站，共同开展了一次"G 行'金融@家'，开户送礼、证书免年费、交易有奖"大型促销活动。"交易有奖"即使用 G 行"金融@家"办理汇款、交费以及网上支付业务的客户如交易笔数排名在前，将获该行提供的奖金，在 G 行近 50 家联合促销网站办理网上支付业务还有机会获得这些网站提供的奖品或优惠。

G 行北京分行：凡年底前在该行办理外汇宝业务且开户资金达到 2 万美金及以上者均可获赠价值 2 180 元的 FX168 外汇宝专业外汇分析软件，免费使用一年；凡开户保证金在 5 万美元（含）以上的客户可任选一款市面流行分析软件（如世华财讯专业外汇分析软件、FX168 外汇宝软件、文华财经软件等），免费使用一年。

M 行：按转账类交易（理财服务、对外转账、约定转账等）和其他交易（缴费、支付、外汇、基金、国债等）分别积分，选择该行特约网上支付合作商户兑换奖品。

H 行武汉分行：凡是华夏丽人卡持卡人推荐亲朋好友在各网点开办华夏丽人卡的话，即可获得精美礼品，档次可自由选择，随时兑奖。

六、银企联手之衍生促销

银行与一些企业联手促销，给消费者提供双重的优惠和服务。这也是本年度银行促销的一大特色。看来银行是谙熟消费者心理，你爱什么，我给什么。如：S 行与深圳市现代演艺中心联手合作，从即日起，凭 S 行"发展理财"贵宾卡购票可获票价 6 折优惠。

J 行郑州分行持太平洋卡在新纪元汽车销售有限公司购买指定别克系列轿车，享受购车优惠，并赠 1 000 元工时费；同时，持 J 行 VIP 卡者，加赠 500 元工时费。

G 行联合近 50 家网站提供大优惠：凡在联众、新浪、搜狐、QQ、云网、当当、卓越、易趣、盛大等近 50 家网站上购物并使用该行网上支付业务的客户，将有机会享受联合促销网站提供的数码相机、手机、MP3、F1（世界一级方程式赛车）上海站门票、亚洲杯门票、VIP 邮箱、会员积分、虚拟币、优惠券……各种奖品和优惠。G 行还与联众世界共同举办 G 行"金融@家"杯网络棋牌大赛，包括升级、军棋、象棋、桥牌四个单项比赛。只要注册了 G 行"金融@家",并在比赛中获胜,就可获奖。

J 行与比亚迪联合开展刷该行卡,做比亚迪形象宣传使者活动,包括持卡购车优惠和刷龙卡消费中大奖等内容。信用卡用户凭卡购比亚迪品牌汽车,可享受 1 000 元的优惠。同时客户刷卡消费 100 元以上即可获得一次抽奖机会,从中抽出 3 名幸运客户,作为比亚迪汽车形象宣传使者,每人奖励福莱尔轿车一部,季度优胜者更获得比亚迪最新生产的 F6 轿车。

资料来源:某银行培训资料。

第八章 银行营销的其他策略

20 世纪 90 年代以来，由于世界经济格局的变化，国际银行业的经营环境发生了巨大的变化，对银行的营销管理也产生重要的影响，从而要求银行在传统的营销策略之外采取新的措施，以不断改进营销工作。本章介绍的是在银行营销领域除了产品、定价、分销与促销等手段之外的一些其他策略，主要包括银行的品牌策略、客户关系策略、交叉营销策略与整合营销策略。

第一节 银行营销的品牌策略

目前，银行业已从开发新业务领域的竞争阶段，进入到抢夺同一领域市场份额的新阶段，银行业开始以品牌营销为"卖点"展开竞争攻势。在金融产品和服务迅速发展的时代，打造著名的银行品牌，已成为众多银行拓展市场打天下的制胜法宝。

一个银行想有立足之地，就必须建立品牌或品牌系列，进行整合营销，使客户对金融产品形成一个框架性认识，然后把所有的产品创新纳入品牌，使客户在熟悉的框架里认知和接受比较陌生的东西，从而达到事半功倍的效果，建立起强势的品牌资产。

一、品牌概述

当今经济时代，一个好的成功品牌，对一个企业的意义，犹如龙有眼睛一样。在传统中国的商业社会里，品牌的概念类似于"金字招牌"；在西方的行销领域，品牌是企业的无形资产，内涵远远超出文字标记和注册商标本身。

（一）品牌的含义

所谓品牌是一个名称、名词、标记等符号或设计，或是它们的组合，其目的是识别某个销售者或某群销售者的产品或劳务，并使之与竞争对手的产品或劳务区别开来。品牌是一个复合概念，包括品牌名称、品牌标志等。品牌在本质上代表卖者对交付给买者的产品特征、利益和服务一贯性的承诺。最佳品牌就是质量的保证。

（二）品牌的内容及个性构成要素

1. 品牌内容

品牌从本质上说，是传递一种信息。一个品牌能表达六层意思：

（1）属性。一个品牌首先给人带来特定的属性。

（2）利益。一般而言，客户购买的是利益而不是属性，属性需要转换成功能和情感利益，属性耐用可以转化为功能利益。

（3）价值。品牌体现某制造商的某种价值。

（4）文化。品牌可能附加和象征了一种文化。

（5）个性。品牌还能代表一定的个性。

（6）使用者。品牌还体现了购买或使用这种产品的是哪一类消费者，这一类消费者也代表一定的年龄、文化、个性，还对于公司细分市场、市场定位有很大帮助。

所以，品牌是一个复杂的符号。一个品牌不单单是一种名称、术语、标记、符号或设计，或它们的组合运用，更重要的是品牌所传递的价值、文化和个性，它们确定了品牌的基础。

2. 品牌个性构成元素

（1）产品的特征。产品是品牌的最重要载体，企业产品本身的发展随着在市场上的展开而逐渐广为人知，从而形成自身鲜明的个性。

（2）品牌联想。品牌的联想是品牌更深的拓展，一提到花旗银行，人们马上就会想到世界最大的银行形象，快捷、卓越、成功。这是为什么呢？一个富有内涵的企业文化蕴含在其中，这是一种无形的资产。

（3）视觉风格。视觉设计被称为是"无声的推销员"，它是消费者在终端所见到的最直接的广告，是产品的形象代言人。名称、标志、字体、色彩、商标等各种手段的综合运用，都有助于其品牌个性的塑造与强化。

①银行名称。名称是银行的语言标志。银行的名称设计要求名副其实，并能正确反映银行的经营目标、经营方针、经营理念和经营范围。

②银行标志。它是高度浓缩化了的银行形象，体现了银行的个性与风貌。银行标志应具有鲜明的特点，并要便于人们识别与记忆。

③银行标准字。这是银行名称的固定写法，一般有固定的尺寸比例、固定的颜色与固定的字体。银行标准字可以强化银行形象，对银行标志起到补充与说明的作用，故而运用非常广泛，也非常重要。

④银行标准色。这是银行用来表示自己特征的固定额色，可以是一种色彩，也可以是一系列色彩组合，但不宜超过三种。不同的色彩具有不同的视觉效果，也代表了不同的文化含义与象征意义，展示出不同的精神理念。

⑤银行的商标。商标是经注册的商品标记，可以表明商品的独特性。银行服务是一种无形产品，不像其他企业产品那样容易注册。

（4）品牌历史。一般来说，诞生时间较短的品牌占有年轻、时尚、创新的个性优势，百事可乐之所以比可口可乐更具年轻的个性，除了广告策略的不同，百事可乐比可口可乐上市时间短也是一个重要原因。诞生时间较长的品牌常常给人成熟、老练、稳重的感觉，但可能也有过时、守旧、死气沉沉等负面影响。因此，对于老品牌，需要经常为品牌注入活力，以防止其老化。国际上一些老牌银行也经常宣扬其悠久的历史，期望在消费者心目中形成"姜还是老的辣"的厚重品牌个性。

（5）风俗籍贯。例如德国人的严谨，美国人的冒险，法国人的浪漫，以色列人的顽强，这些个性上的差异也会影响到生长在这个地方的品牌，所以德国的银行严谨刻板，美国的银行创新不竭，如此等等。

有一些品牌，会借助文化的背景而树立自己的个性。如：工行是牡丹卡——牡丹是国色天香，花中之花；农行是金穗卡——蕴含着生命之源；中行是长城卡——历史悠久，中国独有，世界八大奇迹之一；建行是龙卡——中华民族是龙的传人，龙是中国独有，巨龙腾飞，势不可挡……

（三）品牌的作用

品牌是个性和风格在产品中的体现，是企业的精髓，在银行营销中发挥以下重要的作用：

（1）有助于消费者确定并把握商品。不同的品牌标志着不同的经营主体及不同的商品内容，是公司特定事物的象征符号。对于一个具体的产品来说，品牌的标志有利于使消费者确定某种产品，并把握这种产品的具体内容和产品品质，以区别于其他产品特别是同类或类似产品。

（2）有助于识别、记忆。品牌不仅有利于消费者区分商品，还便于其识别和记忆商品。品牌对于产品生产者来说，它要意义在于提高商品的识别性，给社会以认知。一个设计巧妙、新颖的品牌会给人以强烈的视觉冲击力，引起人们的关注，从而使人们达到对商品的识别和了解，并激起人们的购买欲望。因此，一些好的品牌设计往往采用象征意义较强、寓意丰富的文字或图案，以强化品牌的识别性。同时，品牌还有便于记忆的特点。品牌作为反映公司产品这一客体的外在形象及内在精神的标志，具有使其产品本身更为简单化、形象化，并且容易传播的功能，这就使得记忆品牌要比记忆商品容易得多。无论任何形式的广告，首先映入人们眼帘的是商标。因此，商标很难被人们忘记，因为它已深深印在人们的记忆之中。

（3）有助于销售产品和占领市场。品牌一旦拥有一定的知名度后，银行就可利用品牌优势扩大市场，促进消费者的品牌忠诚，品牌忠诚使银行在竞争中得到某些保护，并使它们在制定市场营销计划时具有较大的控制能力。

（4）有助于稳定产品的价格，降低价格弹性，减小经营风险。由于品牌具有排他专用性，在市场激烈竞争的条件下，一个强有力的知名品牌可以使消费者减少购买过程中的风险，同时，消费者也乐意为此多付出代价，保证商业银行销售量的稳定。而且，品牌具有不可替代性，是产品差异化的重要因素，减少价格对需求的影响程度。

（5）有助于市场细分和市场定位。品牌有自己的独特风格，除有助于销售外，还有利于银行进行细分市场，商业银行可以在不同的细分市场推出不同品牌以适应消费者的个性差异，更好地满足消费者需要。

（6）有助于新产品开发，节约新产品投入市场成本。一个新产品进入市场，其风险是相当大的，而且投入成本也相当大。商业银行可以有效地进行品牌延伸，借助已成功或成名的名牌，扩大商业银行的产品组合或延伸产品线，采用现有的知名品牌，利用其一定知名度和美誉度，推出新产品，可以大大降低新产品的开发风险。

（7）有助于塑造和宣传文化。商业银行品牌体现了一种商业银行文化，通过品牌个性可以宣传商业银行的精神，起着扩散商业银行文化的作用。

二、银行品牌策略

银行品牌营销依托的是金融产品或服务，每一个金融产品都有成长、成熟、衰落的周期，所以商业银行须采取一定的策略来创造或更新品牌。

1. 品牌创造策略

商业银行决定是否给产品起名字、设计标志的活动就是银行的品牌有无决策，即品牌有无策略。尽管品牌化是商品市场发展的趋势，在竞争日益激烈的市场中，银行使用品牌能有利于其开拓市场，培育优质客户群，树立银行及产品形象，但对于单个银行而言，是否要使用品牌还必须考虑产品的实际情况，因为在获得品牌带来好处的同时，建立、维持、保护品牌也要付出巨大成本，如广告费、法律保护费等，所以银行要认真分析利弊。由于银行产品本身特点或者是行业习惯等原因，银行产品通常是一个产品就是一个品牌，因而商业银行一般较多采用有品牌策略。

2. 品牌使用者策略

即决定由谁来使用该产品品牌的决策。通常一个产品的品牌的使用者可以是商业银行整体、商业银行的某一分支机构以及其他有关单位或个人。

3. 群体品牌与多品牌策略

商业银行在决策使用品牌后，还需要对如何使用品牌的组合进行决策。一般地，有以下几种策略：

（1）多品牌策略。多品牌策略又称单一品牌策略，即每个或每类产品单独一个品牌。多品牌策略的优点是迎合了细分市场的需要，有利于突出产品特色。其缺点是新产品无法得到成功品牌的荫蔽，且新产品推出成本高，增加了品牌管理费用。

（2）群体品牌策略。即企业的所有产品都使用同一品牌。其优点在于可以充分发挥某一品牌的价值，具有较高经济效益。利用原有成功品牌易于推出新产品，而新产品的成功又会进一步提高品牌的价值。缺点是不同定位的产品集中于同一品牌，势必造成品牌间的冲突，不利于产品销售。

（3）双重品牌策略。即银行的名称或标记与产品品牌并用，在各种产品品牌前冠以商业银行的名称，将两者紧密配合，共同推出。这种策略使得银行不仅在单个品牌上予以投入，而且将这些品牌与银行的名称紧密联合，使客户对具体产品保持忠诚的同时，对银行本身也保持忠诚，充分发挥了群体品牌与多品牌策略的优点，避免了各自的缺点。由于银行产品众多，而且随着技术的进步，产品更新换代的速度不断加快等原因，商业银行可尽量采用双重品牌策略。

4. 品牌再定位策略

这是商业银行适应市场变化的一种品牌营销策略。当消费者需求偏好发生变化或竞争者推出了新的品牌，市场对本银行品牌产品的需求减少时，应重新评价原品牌与细分市场，对品牌进行再定位。如中国建设银行在 1996 年 3 月实施 CI 战略时，将其行名由"中国人民建设银行"改为"中国建设银行"，并重新设计了行徽，强调其业务定位于大行业、大企业，从而有利于其改变以往主要从事国家的"拨改贷"及固定资产投资业务的形象。

三、银行品牌命名的思路及品牌策略实施的步骤

（一）银行品牌命名的思路

（1）个性化营销的起点。品牌命名，是个性化营销的起点。品牌命名要有个性，就必须对一些常见的名字敬而远之，比如亚洲、东方等这些名词，不要以为这类"大名"很有气势，实际上是最空洞无力，易入俗套。

（2）口语化易于传播。品牌如果念起来拗口，消费者就很难记住，信息传递就会出现"断层"；反之，悦耳、朗朗上口的名字，就很容易被记住。中国银行业中的"金钥匙"、"金葵花"等，都是好的品牌名称。

（3）浓缩的是精华。许多品牌往往有一串很长的名字，以显示与众不同，但结果却适得其反。

（4）为品牌延伸"预留管线"。品牌命名，其实就和盖房子布电线是一个道理，起先要是不把"管线"布好，将来房子成型了，你就只好布"明线"，不好看的同时也造成资产受损。

（5）品牌名字的性别。品牌名字和人的名字一样，大部分存在明显的性别特征。由于银行市场品牌和品种数量的发展趋势是越来越多，银行产品的性别将成为一种很好的识别代码，让消费者不需要看说明就可以直接从名字上知道该产品是男性用品还是女性用品，缩短了销售交易的认识时间；另外，性别特征明显的消费品，将更能加强其个性化和专业化的释义。

（6）品牌名字的年龄。品牌名字的年龄特征，将起到快速锁定不同年龄的消费群体之作用。

（7）体现银行文化。银行品牌是银行文化的载体。因此，品牌命名可以借助银行文化给消费者带来巨大的思想空间，对银行后期的发展创造条件。

（8）满足目标顾客心理需求。命名是用语言来表达商品本身的主要方式。因此，命名时的意义、音感、视觉三种形象给目标顾客的感受是很重要的，这个形象就要考虑商品本身的设计以及后期的广告宣恰销售与行销的方法等方面的形象，从而给目标客户制造一种好印象。

（9）美好的想象空间。品牌联想是决定产品是否畅销很重要的　个环节。

（二）银行品牌策略实施步骤

1. 市场细分及确定目标市场

市场细分是根据各种不同的标准将客户群体进行分类，并对不同客户群体的特征进行深入调查研究，寻找那些有利于银行扬长避短的市场机会，这是银行一切营销工作的基础。如果没有自己的目标细分市场，银行的品牌也就成了无源之水、无本之木，难以具备很强的竞争力。由于银行一般规模较大并且开展多种业务，因此组织、产品组合、个别产品三个层次的定位都是必要的。在此应注意两点，一是三个层次的定位应有清晰的相关性并有内在的逻辑关联；二是品牌既可产生于产品组合层次也可产生于具体产品层次。

2. 品牌定位

品牌必须要有一个明确的定位，以确定其提供给消费者的利益和承诺是什么。合理的产品定位可以有效地减少客户的搜寻成本，增强消费者的忠诚度。因此，品牌的定位过程就是确定目标市场、确定服务内容和确定受众的过程。

3. 品牌创造与更新

商业银行导入金融 CIS 战略就是把银行的金融文化及高层的经营宗旨、经营理念等进行确认或重新修正，形成本行与众不同的、富有个性的金融理念，并在此基础上，对商业银行表层识别系统和视觉识别符号进行全方位的规划设计和定位，形成独具特色的物质或标志，提高银行品牌标识系统的载体能力。商业银行将这种品牌形象特质向外界传播的同时，应随时根据社会公众和广大客户的认同要求不断调整、完善。

4. 品牌推广

商业银行品牌创造或更新后，便会在社会中进行推广，以加强品牌在公众心目中的形象，在推广过程中主要要处理好以下五大关系。

第一，处理好与广大客户的关系，使自己的业务为广大客户所接受。

第二，处理好与社会公众的关系，使回报社会与壮大自身实力达到有机的统一。

第三，处理好与中央银行及银监会的关系。要经常主动与当地人民银行与银监会沟通联系、汇报，利用人民银行及银监会的政策优势与信息优势，指导并完善自己。

第四，处理好与其他商业银行的关系。品牌经营应在平等竞争、相互支持、互不拆台的原则下发展互利互惠关系。

第五，处理好与地方政府的关系。商业银行在品牌经营中要积极把握区域经济特点，适时调整信贷投向，为当地经济建设服务，以赢得地方政府的支持。

5. 品牌内涵延伸

银行品牌信誉其实质也源于银行产品的信誉，因而商业银行要有良好的品牌经营必须要注重向客户提供优质的金融服务。当前，实现金融服务的多样化、优质化、技术化和高效化，是银行品牌内涵延伸的一大方向。

第二节　银行营销的客户关系策略

传统的市场营销强调吸引新客户购买，关注一次性交易，因而是交易营销。美国著名学者、营销学专家巴巴拉·本德·杰克逊在 1985 年就提出了关系营销。他认为留住老客户比吸引新客户更重要，企业的核心任务是建立和发展与客户之间的长期关系。为留住老客户而开展的营销活动就是关系营销，即把营销的重点放在改善与老客户的关系上。

一、银行客户关系的内涵及战略意义

20 世纪 90 年代以来，信息科技产业的发展在增进了人与人的沟通的同时也令商业竞争更加激烈和复杂，为保持客户而增进与客户的联系成为现代企业竞争的焦点，关

系营销成为企业营销的主导思想。

（一）银行客户关系的内涵

　　所谓客户，英语为"Customer"。其词意为"惠顾"，指"按照惯例或经常性地呈现一项事物"，或"习惯性的行径"。即其本意包含对客户要吸引、留住、培养、开发、创造的意思。因此，所有在现在或未来有可能与银行发生某种业务联系的个人或单位都应被看做是银行的客户。银行应把有业务往来的人当成家人，深入地了解他们的需求，满足其需要。

　　关系营销又称关系市场营销，是一种新的营销理论，被西方舆论界视为"对传统营销理论的一次革命"。银行的关系营销是指营销活动以建立和巩固与银行有关的各方关系为目的，通过集中关注和连续服务与有关各方建立长期的互动联系，以促进银行业务持续发展的一种策略。

　　关系营销的基本内容由 4 个组成部分，即关联（Relaxtion）、反应（Reaction）、关系（Relationship）和回应（Reflection）。这就是所谓的"4R 营销组合"。

　　按照 4R 营销组合，首先，银行与客户在市场变化的动态中应建立长久互动的联系，以防止客户流失，赢得长期而稳定的市场；其次，面对迅速变化的客户需求，企业应学会倾听客户的意见，及时寻找、发现和挖掘客户的渴望与不满，及其可能发生的变化，同时建立快速反应机制以对市场变化迅速作出反应；再次，银行与客户之间应建立长期而稳定的伙伴关系，从实现销售转变为实现对客户的责任和承诺，以维持客户再次购买和提高客户忠诚度；最后，银行应追求市场回应与回报，并将市场的回应与回报当作进一步发展和保持与市场建立关系的动力和源泉。

　　银行在实施关系营销时需要确立关系营销的程度。银行与客户之间有 5 种不同程度的关系：①基本型，产品销售出去后就不再与客户接触；②被动型，鼓励客户在遇到问题时将有关情况反馈给银行，例如设立举报电话；③负责型，产品售出后不久打电话给客户，听取客户反映；④能动型，产品售出后不断给客户打电话，提供有关产品的新信息；⑤伙伴型，成为用户的良好伙伴，不断地为客户提供帮助。银行应该尽可能提高与客户间关系的密切程度。当然，银行同时也需要根据产品边际利润的高低和客户数量的多少来确定与客户建立怎样的关系。

（二）银行客户关系的拓展

　　近年来，关系营销的概念又有了新的发展，除了客户以外，还把其他有关的对象也纳入关系营销的范畴，由此形成另外 5 个关系市场（如图 8-1）。

　　1. 中介市场

　　银行的中介资源包括：保险公司、房地产中介商、会计师事务所和律师事务所等。银行通过加强与这些中介机构的联系会带来派生业务，或对营销的其他方面起到促进作用。

　　2. 供应商市场

　　对一般工商企业而言，这是指原材料或批发商品的来源，对银行来说则相当于同业拆借市场、中央银行等与一般客户不同的资金投放和来源的渠道。

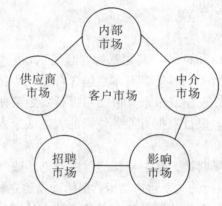

图 8-1　拓展的客户关系营销

3. 招聘市场

银行最缺乏的资源不是资本或原材料，而是有技能的熟练人员。在与客户的交往中，这是最活跃的因素。因此，银行的整体营销应该包括重新设计招聘广告，到大学去宣传银行工作的吸引力，建立助学金和各种奖学金。一项研究成果表明，改善与招聘市场的关系可使企业产品的接受率在两年内提高200%。

4. 影响市场

这是指会对银行的经营活动产生影响的组成部分，如政府部门、监管机构、消费者协会和传媒等。

5. 内部市场

内部市场是指银行内部的员工和各个部门，银行管理层应该将其看作是银行的内部客户或内部供应商。就此而言，内部营销实际上是广义的关系营销的一部分。

根据关系营销的原理，银行不仅要改善与客户的关系，而且还要处理好其他与银行有关的各个方面的相互关系，只有这样，银行的营销活动才能得到各方面的支持和配合。

（三）实施银行客户关系营销的重大战略意义

关系营销在银行业中的应用是由于当今银行业日益加剧的竞争和网络银行的发展。实施关系营销对银行实现自身的健康发展具有以下重大战略意义：

1. 有助于银行自主地选择和培养顾客群

现代市场营销是一种吸引和保持可盈利顾客的艺术。客户是企业关系营销的核心，而关系营销的前提是企业科学地分析现实顾客和潜在顾客，根据自身发展战略自主地选择和培养可盈利的顾客群。这关系到银行的生存基础和经营效益，也决定着银行核心竞争力的塑造和未来的发展。

2. 有助于银行培养忠诚顾客

国外有研究学者的研究表明：企业吸引新顾客的成本大约是保持老顾客成本的5倍，企业只要降低5%的顾客流失，就能增加25%~85%的利润。这是关系营销得以发展和越来越多企业探寻与顾客维系契约和忠诚关系的主要内因。这对那些缺乏关系营销观念和战略，把银行的重点放在吸引新顾客，而不是保持现有顾客满意的银行来说尤为重要。

3. 有助于银行培养竞争基础和利润源泉

在竞争激烈的市场环境中，企业的生存和发展则越来越依赖于自身所拥有的忠诚顾客群。对银行来说，不能被动、消极地等待忠诚顾客群的自动产生，而应当积极、主动地发掘有发展前途和潜力的顾客，并将其培养为自己的忠诚顾客。这就需要银行运用关系营销这把利器，来有效完成这一重任。

4. 有助于银行塑造核心竞争力

在市场竞争中，企业应当凭借卓然超越竞争对手的优势来吸引和拥有自己的顾客群，这种优势必须在正确的营销观念的指导下，以向顾客传递价值为目标，实现有机整合，才能形成企业的核心竞争力和竞争优势。因此，在关系营销中，企业应当有效地将质量、服务和营销有机地融为一体，不断提高企业素质，塑造和展示银行核心竞争力，树立企业良好形象，在竞争中为银行未来可持续发展奠定基础。

二、银行客户关系管理

客户关系管理（Customer Relation Management，CRM）起源于 20 世纪 80 年代初提出的"接触管理"，即专门搜集整理客户与公司联系的所有信息，至 90 年代初演变为包括电话服务中心与支援资料分析的"客户服务中心"。经过二十几年的不断发展，它最终形成一套完整的管理理论体系。

银行客户关系管理的目标在于通过优化面对客户的工作流程以减少获取客户和保留客户的成本，从而赢得更多的顾客，实现对顾客需求的全方位了解与提供全方位服务，实现顾客价值最大化，提高客户满意度，保留最有价值的顾客。

（一）银行客户关系管理的内涵

银行客户关系管理（CRM）是指银行提供富有意义的交流沟通渠道，通过安排银行的细分顾客，培育顾客满意行为，联结从顾客到银行的各个过程，旨在优化可赢利性、收入和顾客满意的商务战略。

银行的 CRM 作为一种新型的管理模式，有着一套先进的管理思想及技术手段，借助先进的管理方法和信息技术，通过对企业业务流程的重组来整合客户信息资源，利用客户经理制度，实现客户信息和资源的共享，从而为客户提供更优质的产品和更周到的服务，保持和发展更多的客户，最终达到企业利润的最大化。CRM 的内涵大致包括以下 6 个方面内容：

1. 银行客户关系管理的核心是坚持以客户为中心

银行在进行 CRM 实践中，始终坚持客户至上、客户第一，把以客户为中心作为经营管理的基本理念，并贯穿到各个方面和各个环节。因此，衡量 CRM 有效性和效果的主要标志是客户的满意度和忠诚度。以客户为中心，就要求银行必须不断研究客户需求，甚至通过相互学习和沟通创造客户需求，并及时予以满足，来提升客户利益和价值，这显然与传统银行通过推销金融产品来获取自身利润的经营有着本质的区别。

2. 银行客户关系管理的实质是及时满足客户需求，在提高客户价值的过程中提高自身价值

具体说有两个方面的要求：一是强调及时、有效地满足客户的现实需求，同时不断挖掘并满足客户的潜在需求，能够为客户提供一套完整的、连续的、有效的一揽子服务方案，并确保能得到落实。二是考核客户贡献度，实行差异化服务。CRM 始终强调通过服务提升客户价值，但并不是说不要自身利益。事实上，它更多强调在提高客户价值过程中来提升银行自身价值，实现追逐利润的可持续发展目标。

3. 银行客户关系管理必须在满足客户需求和风险控制之间寻求一种均衡

市场的不确定性和信息的不对称，以及基于人的本性的道德风险，使银行与生俱来就具有高风险特征。CRM 从本质上来说是以满足客户需要为主要内容的，同时它必须建立在风险的有效防范和可承受范围之内，以达到降低客户风险从而降低自身风险的目的。

4. 银行客户关系管理主要是由市场部门和客户经理来完成的

在银行经营以销售金融产品为主要特征的年代，银行市场人员主要是储蓄员、信贷员等专业产品推销员；而到了银行经营真正确定以客户为中心的时代，客户经理才应运而生。在银行普遍推行 CRM 过程中，客户经理的地位和作用才真正得到确立，从而与信息技术专家一道成为 CRM 的主要力量。客户经理是银行与客户沟通的纽带和主要渠道，其基本职责是发现客户需求，进行风险识别，并协调银行内部资源及时有效地满足客户需求，实现 CRM 的基本要求。

5. 银行客户关系管理是一个包括客户开发、稳定和扩大的动态过程

客户开发是 CRM 的起点，也始终是商业银行竞争的焦点。在客户开发方面，商业银行一般是通过自身实力、信誉、市场定位和特定服务，并借助于现代市场营销技术吸引和争夺优质客户。

6. 银行客户关系管理需要一个健全的文化体制背景、顺畅的分销渠道和先进的科技支撑

CRM 的核心是以客户为中心，并通过先进的技术平台和客户经理来完成一系列的营销和服务方案。因此商业银行在内部组织结构上也必须体现这一要求，根据不同类型客户而成立不同的市场部门。市场部门通过加强对客户经理的管理，最终实现 CRM 的经营理念和管理要求。在为客户服务的过程中，方便、快捷、安全始终是最基本的要求。因此，分销渠道功能健全与否至关重要。

(二) 银行客户关系管理系统的构成

一个功能齐备的 CRM 包括四大系统：

1. 市场管理系统

通过营销专家彻底地分析客户和市场信息，策划营销活动和行动步骤，更加有效地拓展市场。它具有市场分析、市场预测和市场活动管理功能。

2. 业务管理系统

该系统不仅有效地管理传统的存、贷款，结算，支付等业务，而且提供完善的新

业务开发平台，从而多方面、深层次、高效率地管理银行的经营业务。

3. 客户服务系统

客户服务覆盖在线服务、现场服务、远程服务，兼容了人工和自动化服务，另外还包含了客户服务管理。客户服务管理可以有效地提高服务质量，增强服务能力，从而更加容易捕捉和跟踪服务中出现的问题，迅速准确地根据客户需求分解调研，延长客户的生命周期。

4. 技术支持系统

CRM 与客户经理的根本区别在于 CRM 有强大的信息技术为后盾，用自动化的处理过程代替了原有的手工操作过程。

（三）银行客户关系管理的方案

1. 统合银行的前后端

前端主要指多种客户联系渠道的整合，客户通过银行网点、电话银行、自助银行、网络银行等各种渠道方便无碍地与银行接触。后端指的是银行采用强大的后台资料分析系统，探索客户资料并进行深入挖掘，以作为客户管理的依据。银行通过后端将客户一般资料、近期消费趋势、交易数量和质量等进行综合分析，得出客户需要的服务，再通过前端向客户进行新服务的介绍或交叉销售，使客户形成有专职客户经理贴身服务的良好感觉。

2. 进行客户结构分析，确定重点客户

推行 CRM 要求我们首先必须明确知道有哪些客户，对我行影响较大的客户是谁，有哪些客户发展潜力较大。一般来说，寻找重点客户的基本方法是测算客户贡献度。对于公司客户和机构客户来说，按客户贡献度很容易对现有客户结构进行初步界定，并在此基础上划分为不同类别，其中重点客户的占比和贡献基本也遵循着 2 比 8 规则。作为最基层的经营和服务机构（如支行），紧紧抓住那 20% 的重点客户并合理配置自身资源，可以实行一对一的营销，让他们成为忠实顾客。但对于二级分行或省级分行来说仅仅依靠那 20% 的客户是不够的，不能轻视那 80% 的顾客。

3. 确定客户需求，制定差异化服务营销政策

一般来说，客户需求具有多样性、差异性和变化性等特征，因此由客户需求而导致的金融服务要求也是丰富多彩的。从 CRM 的观点看，为便于管理，银行要不断地准确判断在客户需求中哪些是基本需求，哪些是特殊需求，并适时采取相应的政策。基本需求具有相对稳定性，银行所要做的还是围绕方便、快捷和安全，搞好优质服务，提高客户的交易量；而对于特殊群体或单个客户的特殊需求，则必须制定特殊政策，提供具有个性化的"组合式套餐"服务。这样所对应的不同客户类型既体现了"大规模"，又兼顾了"个性化"。

4. 市场部门的确立和客户管理职责要求

作为一场深刻的服务变革，银行推行 CRM 对银行内部组织结构也提出了全新要求。CRM 作为高度信息化、市场化条件下的产物，要求银行内部组织结构必须严格遵循以市场为导向、以客户为中心的原则，尽快摒弃以产品为原则、强调上下对口的官

僚组织体系，全面推行扁平化管理。

5. 客户经理的配备和管理

由于客户的性质不同，不同的客户经理在服务范围和要求上也存在着很大差异，因此保持客户经理的相对稳定，有利于培养客户经理成为适合客户要求的专家，更好地为客户服务。为充分发挥客户经理的作用，其责、权、利应当逐步统一起来，特别在内控机制逐步完善的情况下，可以分别给予客户经理一定的业务授权，以保证其为客户更好地服务。对客户经理的考核是客户经理管理的重要环节，一般也必须遵循效益原则。对客户经理的考核一般按年度进行，考核结果必须与其收入和级别升降结合起来，建立完善的奖惩机制。

三、银行客户关系维护

商业银行客户关系维护是客户经理的一项重要工作。客户经理能否掌握各种有效的客户维护技能，采用一定的维护方法，是银行客户关系能否成功维护的关键。

（一）银行客户关系维护的方式

银行客户关系维护的方法多种多样，归纳起来可以分为以下四种基本方式：

1. 硬件维护

硬件维护是由银行的设施来实现的，是一种物对人的维护。现代银行应该拥有比别人更多、更好的设施，应拥有比别的企业更完善的维护功能，这样才更具吸引力。现代银行的营业机构应营造一种温馨、可信任的"家庭式"气氛，有别于传统的银行模式。在客户洽谈室，设置有家庭式的沙发、盆景、壁灯等，客户经理与客户之间，可在柔和舒适的环境中共商投资等金融"大计"。除此以外，现代商业银行还应拥有强大的网络系统支持。

2. 软件维护

软件维护是指由银行工作人员（包括客户经理和其他银行员工）来实现的人对人的维护。在硬件条件相同或相似的条件下，软件维护是商业银行维护水平的决定因素。金融服务维护的多样化和技术化是现代商业银行金融服务维护的发展方向，但拥有高素质和高技能的金融管理者和操作者才是其有力的保障。因此，银行员工，特别是银行的客户经理要不断地提高金融服务和客户维护的素质和技能，商业银行必须建立一支具有较高文化、有专业知识、有应变能力、有市场谋略和技巧的专业客户经理队伍，为客户提供高质量的软件维护。

3. 功能维护

功能维护是指银行拥有强大的金融产品供给和金融服务功能来实现客户关系维护的目标。银行的客户总是带着具体的金融需求和实际问题来寻求银行的合作，而功能维护就是商业银行凭借自身强大的金融产品供给能力和优质的金融服务水平来帮助银行顾客解决金融需求或实际问题的一种维护，为客户提供多种方便，解决他们提出的问题，满足他们的金融需求。

4. 心理维护

心理维护就是指银行要想方设法让客户得到心理上的满足的要求。无论是法人消费者（法人客户）还是个人消费者（零售客户），其消费行为都受到消费者心态的影响，甚至左右其消费行为。例如，个人消费行为往往可以按照人们的生活方式、个人特征及消费心态来进行市场细分。可以说，当今世界，消费心理学已在银行和消费产品营销中得到了广泛的应用。因此，银行的客户经理和员工应该掌握顾客消费心理和消费行为的相关知识，应该既会"做事"，也会"做人"，满足客户对精神方面层次越来越高的需求。

（二）银行客户关系维护的影响因素

如何评价客户关系维护的质量是银行管理者和市场营销者共同面临和关心的一个问题。CRM 管理者希望建立一套客户关系维护质量指标用以考核银行员工和客户经理的工作业绩、服务水平并进而提升银行的对外形象；客户经理则希望有一套质量指标可以反馈客户接受其提供金融服务后的信息，用以评估自身的工作成果并及时调整客户经理的营销方案。尽管难以找到几个明确的量化指标来直接评估银行客户关系维护质量，但可以从以下几个方面进行考虑和归纳：

1. 客户满意度

客户满意度是商业银行客户关系维护质量体系的核心指标。在发达国家，客户满意原则已经在金融领域得以广泛运用，它是留住老客户，获得新客户的基本策略。

然而，客户满意度又是一个难以具体计量的东西。关于客户满意度的评价不同的市场营销专家或管理学者提出了很多不同的计量方法和标准。归纳起来，客户满意度可以从客户和客户行为的角度来考察，并且可以从三个基本标准入手。一是回头客比率；二是忠诚度水平；三是客户对银行产品的认识度。

2. 金融产品体系及质量

金融产品及其质量与客户维护质量密切相关，现代的机构客户和个人客户对金融需求越来越多，需求层次的差异也越来越大，质量要求也越来越高，任何一家商业银行如果不能面对复杂的市场需求建立较为完整的金融产品体系，不能提供优质的金融服务，都难以真正做到高效优质的客户关系维护。

不管一家银行主要业务是什么，有一点是肯定的，即它的某项维护的实施，它做什么，怎么做，决定了客户是否满意。因此，银行的金融产品体系或产品服务简介应该按金融产品的功能而不是按业务内容来进行分类，这样更有助于客户对银行产品或服务的选择。

3. 系统与网络的支持

随着 IT 技术、网络应用的发展，银行业对系统、网络的依赖越来越大，系统与网络的支持对银行客户关系维护质量好坏的影响也越来越大。毋庸置疑，一家现代银行，如果没有形成完整和科学的"银行业务流程"，没有客户关系管理（CRM）系统的支持，其客户关系维护的质量注定低下。

4. 客户经理的素质与能力

一支高素质、能力强的客户经理队伍是商业银行客户关系维护质量的保障和基础。

第三节　银行营销的交叉营销策略

交叉营销已经成为银行业开展合作的一项重要内容，甚至是并购得以发生的基础，交叉营销也并非仅仅适用于大型银行，只要具备一定的条件，各种规模的银行都可以在一定范围内开展交叉营销。为了全面了解交叉营销的策略，需要首先了解交叉营销的实质。

一、交叉营销的概念及战略功能

(一) 交叉营销的概念

与交叉营销密切相关的一个概念是"交叉销售"，交叉销售 (Cross - selling) 通常是发现一位现有顾客的多种需求，并通过满足其需求而实现销售多种相关的服务或产品的营销方式。

交叉销售从狭义上讲，就是一种以企业与客户的现有关系为基础，以客户为中心，发现客户多种需求，去销售更多的产品，满足其多种需求的营销方式。从广义上讲，它更是一种营销哲学，在深入地分析目标客户的各种个性化需求的基础上，充分利用一切可能的资源来开展营销、服务市场、赢得顾客、与合作伙伴共享市场。这些资源包括自己现有的、可以开发或正在开发的，也包括合作伙伴的。就金融业而言，交叉销售是指在企业现有客户资源的基础上，识别和发现客户的潜在需求，从而有针对性地销售或定制各项金融产品和服务。交叉销售的优点主要是提高销售成功率，增强客户忠诚度，降低销售成本，增加企业利润。

促成交叉销售的各种策略和方法即"交叉营销"。交叉销售在传统的银行业和保险业等领域的作用最为明显，因为消费者在购买这些产品或服务时必须提交真实的个人资料。这些数据一方面可以用来进一步分析顾客的需求，作为市场调研的基础，从而为顾客提供更多更好的服务；另一方面也可以在保护用户个人隐私的前提下将这些用户资源与其他具有互补型的企业互为开展营销。

可见，交叉营销的实质是在拥有一定营销资源的情况下对自己的顾客或者合作伙伴的顾客的一种推广手段，这种营销方法最大的特点是充分利用现有资源，在两个具有相关用户需求特点的企业间开展交叉营销，能使各自的潜在用户数量明显增加而不需要额外的营销费用，同时，以交叉营销为基础建立起良好的合作关系对两个（或多个）企业间的发展具有更多的战略意义。

(二) 交叉营销的战略功能

20 世纪 90 年代以来，美国、欧洲等大型银行之间的收购兼并不断在国际金融市场掀起巨澜。大量的合并、收购活动完成后，尤其是美国主要的商业银行并购投资银行以后，银行业进入金融混业经营的新阶段，不仅在原有的传统商业银业务领域继续拓展，而且将触角直接伸向原来禁止进入的投资银行业务领域。在这个进程中，交叉销售是商业银行和投资银行并购之后采用的主要经营方式，也成为金融业展开混业经营、提升核心竞争力的市场利器和重要手段。选择交叉营销有两大功能：

1. 提高顾客满意度和忠诚度，降低顾客流失率

交叉营销是一种以企业与客户的现有关系为基础去销售另一个产品的营销战略，这就要求企业实施客户导向战略，以作为交叉营销成功的有力支撑。面对越来越多的金融产品和服务，客户的预期在提升，他们期待着有量身定做的金融产品或服务来供自己享用，希望从供应商那里得到更多的价值，还企盼着能简洁便利地得到所需的金融产品和服务，而且这些产品和服务的个性化特色能够更鲜明一些。客户的高服务预期和低退出成本，导致企业与客户的合作关系愈加难以维持。

企业只有借助 CRM，通过数据挖掘技术对客户信息进行细分，再进行有针对性的产品和服务的交叉营销，提高了市场营销工作的精准度，同时也提高了顾客满意度和忠诚度。客户购买产品越多，企业与客户之间越容易建立信任和依赖关系，而这种关系越强，客户越不容易流失，企业也就有更多的信息和机会交叉销售其他的产品和服务。

2. 降低成本，增加企业利润

实践证明，将一种产品和服务推销给一个现有客户的成本远低于吸收一个新客户的成本。来自信用卡公司的数据显示：平均说来，信用卡客户要到第三年才能开始有利润。由此可见，吸收新客户的成本是非常高的，而对现有客户进行交叉销售，也自然成为许多公司增加投资回报的捷径。交叉营销每多售出一项产品，收入随之增加，但营销成本并没有显著提高。

在成本节约上，通过交叉销售，可以削减重叠的机构和人员，消除业务重叠，可以以更低的价格组合提供多种金融产品。交叉销售还可节约交易成本，降低交易费用，减少学习成本，实现管理资源和现金流量的充分利用，提高资产回报率。

在效益改进上，利用合并各方的客户基础、经销渠道，通过交叉营销每个并购成员的不同产品给另外成员的消费者，在没有增加相应成本的前提下，提供更有利的多重产品和服务组合，或整合复杂的销售和市场计划，提升目标消费者市场的份额，大幅增加收益。

在经营多样性上，实行交叉营销，往往伴随着业务的多元化和客户群体的多样化，尤其是当兼并与被兼并金融机构处于不同业务、不同市场，且这些业务部门的产品没有密切的替代关系，兼并双方也没有显著的投入和产出关系时，交叉营销不但增加了企业的市场份额，而且可以轻而易举地进入有吸引力的新市场，增加了提供金融产品和服务的宽度。

二、交叉营销的战略步骤

1. 产品和客户的分析

（1）寻找产品。如何有效地进行交叉营销？寻找合适的产品自然是第一步。目前

有两种方法：业务灵感和数据挖掘。有些时候，业务灵感可以告诉企业，哪些产品需要进行交叉营销。业务灵感的确是一个快速确定交叉营销产品的方法。但是，仅仅依赖业务灵感可能会丧失许多商机，因为在某些情况下，一些好的交叉营销产品并不是直观可见的。因此，如果要寻找那些潜在的交叉营销商机，有一个最好用的工具——数据挖掘。链接分析是数据挖掘中的一种方法，它可以从历史数据中找到产品和产品之间的相关关系，从而产生出最恰当的交叉营销产品或服务。但是，链接分析的结果必须依赖业务知识来审核其准确性和价值，因此，在实际应用中，又常常将业务灵感和数据挖掘结合起来，以确定合适的交叉营销产品。

（2）分析客户。一旦确定了要推销的产品，就必须进行客户定位，主要是了解不同产品之间同时或前后发生的购买关系，从而为交叉营销提供有价值的建议。通常来讲，如果具备客户的产品购买信息，就可以应用链接分析的方法来了解产品和产品之间的相关程度，从而确定交叉营销的对象。目前，类似的数据挖掘技术也已在国外企业中广泛使用，针对既有客户推销不同的产品和服务。应用分类模型对所有客户购买该指定产品的可能性进行预测，从而发现谁最有可能购买该产品。对筛选出来的客户进行预测，可以选择全部的潜在客户进行交叉营销，也可以采用数据挖掘中分类的方法进行评分，以便找出购买可能性大的客户，从而进一步提高购买率。

2. 交叉营销关系的建立

（1）选择伙伴。企业总想以更少的精力和成本更频繁地接触更多潜在客户，提供丰富的信息或优惠，以吸引人们购买产品或服务，就得寻找最能帮忙的合作伙伴。选择合作伙伴时，应多考虑对方的信誉和他们服务的顾客群，而不是他们实际提供的产品或服务。最好的合作伙伴应具备下列特点：服务于相同的顾客群，但不存在竞争；伙伴企业中有相识的经理，有利于共事；服务企业想争取的顾客；双方的商业淡旺季互补；双方有可互相捆绑销售的产品或服务；双方有相兼容的价值观念。

（2）洽谈合作。与潜在合作伙伴接近时，先说明自己想探索一种新办法，使他们以相同或更少的费用和时间接触到更多顾客。然后自己试着描述一种打算尝试的简单方式，要清楚阐明交叉营销的好处及责任。

3. 交叉营销的策划

在初步确定开展交叉营销的合作伙伴后，就可以开展交叉营销案的策划了。通过以下几个阶段来最后完成交叉营销案的策划。

（1）初步调研、分析思考。这一阶段要求通过对目前市场上竞争对手或其他相关产品的市场营销情况，特别是交叉营销情况的调查，收集相关信息，根据调查获得的资料分析其中的亮点和存在的问题，分析问题产生的原因，发掘其中的成功经验和有待改进的地方。然后，对比自己产品的情况，分析在目前情况下，可供借鉴的地方，再比较、分析潜在合作伙伴的市场营销情况，思考、酝酿交叉营销方案的初步轮廓。

（2）初步策划。根据交叉营销方案的初步轮廓，通过系列化和结构化加以充实后，形成基本完整的粗线条的交叉营销方案，初步的交叉营销策划案主要是提供给上级部门报批的，同时也是用来说服合作伙伴联合开展交叉营销的，所以初步策划案的重点是分析开展交叉营销可以给合作双方带来的利益以及相对低廉的成本。

（3）详细调研。主要是为交叉营销策划案收集详尽的相关信息资料。

（4）酝酿论证。方案酝酿和拟订是基于大量的调研材料，并借助理论知识和实践经验所进行的智力操作活动，这是交叉营销策划的核心。

（5）撰写策划书。当策划方案经过论证认为可行时，就可以将设计好的方案用文字等形式表达出来，写成具体的、方案明确的、可操作的策划书，以指导企业开展交叉营销中的各项工作。

4. 交叉营销的组织实施

（1）人员选择。开展交叉营销活动的人员，大部分可以由企业原有的市场营销人员担任，另外企业也可从众多的社会应聘者中挑选素质较好的人员来执行，也可从企业其他部门中选拔一些知识面较广、又有一定市场营销知识的员工来担任。无论采用哪种方式，除了应该具备一般市场营销人员应有的基本知识和技能外，还应具备以下条件：一是熟悉双方产品情况；二是熟悉本企业情况并基本了解合作方情况；三是了解与促销活动有关的各种政策法规。

（2）人员培训。参加交叉营销活动的人员有本企业其他岗位选拔的、有新招聘的，培训内容要根据企业和受训人员的情况来确定。

（3）具体开展。①成立专门领导小组。为了更好地开展交叉营销活动，有必要成立专门的领导小组，统一协调指挥，以便更好地完成交叉营销活动，为合作双方带来更大的利益。②定期收集活动情况反馈，适时调整。活动进行过程中要定期收集活动情况的反馈信息，根据反馈信息，分析活动开展的阶段成果和不利情况，视实际情况，作出适当的调整，以利于活动更好地开展下去，为企业带来更大收益。③合作双方联合开展活动。通过合作伙伴双方的联合活动，往往能收到事半功倍的效果。

三、交叉营销的效果评估

为了提高今后的交叉营销方案设计质量和交叉营销活动效果，在每一次组合营销活动结束后应主要根据方案设计时所制定的交叉营销效果评估的标准和方法及时地对交叉营销活动进行效果评估和经验总结：

（1）直接效果评价。如用户数量、营销 ROI、交叉营销收入、交叉营销成本等。

（2）间接效果评价。如交叉营销活动对新用户和老用户之间的影响、交叉营销活动对相关业务之间的影响、交叉营销活动对客户忠诚度的影响、交叉营销活动对长期效益和企业形象的影响、交叉营销活动对联盟合作关系的影响、交叉营销活动对竞争关系及竞争格局的影响等。

（3）经验与教训总结。要认真分析和总结在交叉营销目的、市场细分、目标客户群特点分析、合作伙伴选择、产品选择、方案设计、实施过程控制等方面的经验或教训。

第四节　银行整合营销策略

　　整合营销（Integrated Marketing）是一个 20 世纪 90 年代开始产生、流行的市场营销学的新概念，对此，虽然几乎每一个市场营销学学者都在著作、文章中提出了独具个性的定义，但到目前为止，尚没有一个公认的、权威的概念定义。因此，在我们给整合营销下定义以前首先回顾前人的文献是不无裨益的。

一、整合营销的概念

　　约翰·麦克特瑞克（John Mckitterick）于 1957 年就曾指出：营销观念是一种整合的、以消费者和利润为导向的经营哲学。

　　整合营销概念最初是以整合营销沟通形式出现的：1991 年，美国市场营销学教授 Don Schultz 提出了整合营销沟通的新概念，认为整合营销沟通是一个"管理与提供给顾客或者潜在顾客的产品或服务有关的所有来源的信息的流程，以驱动顾客购买企业的产品或服务并保持顾客对企业产品或服务的忠诚度"。

　　1995 年，Pautian Chude 首次提出了整合营销概念，他给整合营销下了一个简单的定义，整合营销就是"根据目标设计（企业的）战略，并支配（企业各种）资源以达到企业目标"。

　　近年来，我国的学者也开始对整合营销进行了研究，并结合我国国情提出了自己的定义。伍士林认为，"整合营销是以整合企业内外部所有资源为手段，重组、再造企业的生产行为与市场行为，充分调动一切积极因素，以实现企业目标的、全面的、一致化营销"，并主张整合营销应当把"企业一切活动，包括采购、设计开发、生产、外联、公关、销售等，不管是企业经营的战略策略、方式方法，还是具体的实际操作，进行一元化整合重组，使企业在各个环节上达到高度协调一致、紧密配合，共同进行组合化营销。"伍士林的基本思路是以整合为中心，整合企业的营销渠道、营销方式、营销管理和企业内外的商品流、物质流、信息流，实现系统化管理，协调统一企业内各层次、各职能部门、各岗位以及总公司、分公司、子公司、材料供应商、产品分销商之间的行动，依托企业营销的规模化与现代信息技术的广泛运用，谋求从"供应商——生产商——分销商——顾客"整条价值链的最优化。

　　尽管到目前为止，尚没有一个公认的、权威的概念定义，但上述各定义的基本思想是一致的，即以客户需求为中心，提供产品或服务，同时为产品或服务提供者带来长远的经济利益。同时也可以看出，影响顾客利益的不仅仅是企业内部的各种活动，还包括供应商及渠道中的各种活动。从另一个角度考虑，整合营销可以视为是对产品价值链的整合。显然，整合营销不应仅仅局限在企业营销部门内部或企业营销部门与其他职能部门之间，它还应扩展到企业外部，即延伸到供应商和各个下游分销渠道。所以，整合营销应当包括两方面：一是企业内部整合营销，二是企业外部整合营销。企业应当首先实现各种营销手段、营销部门与其他职能部门之间的内部整合，然后以此为基础从更广的范围进行价值链上企业、供应商、分销商和顾客之间的整合。

二、银行内部营销与外部营销

鉴于银行业的营销策略制定与实施的核心是为顾客创造价值，顾客分为内部顾客和外部顾客，而银行营销是针对顾客的，所以，银行营销就依据其策略安排分为内部营销和外部营销（如图8-2所示）。但是，必须明确，银行业的营销重点是外部市场（顾客）营销，营销的目的是通过外部营销获得收益，内部营销的成功是外部营销成功的前提。

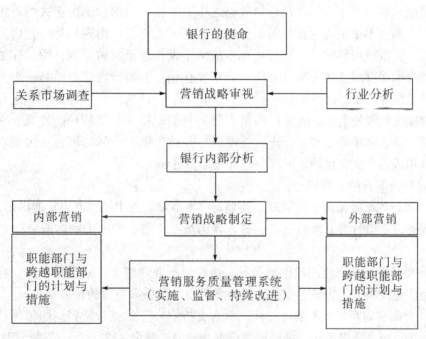

图8-2 银行内部营销、外部营销框架

（一）银行内部营销

1. 银行内部营销的含义

内部营销是指银行在其内部从营销管理的视角管理其人力资源，把员工当作顾客，通过领导或管理性服务和加强内部沟通，创造员工满意，吸引、开发、激励、留住胜任的员工，为外部顾客提供满意服务，以保证外部营销成功的营销活动。以此为银行带来长远、稳定的经济效益。

2. 银行内部营销的要素

（1）在何处、向谁进行内部营销。显然，内部营销就是在银行内部，即内部市场上运用营销手段，其对象是面向银行内部的员工，即内部顾客。企业内部的员工之间、部门之间都互为顾客。

（2）营销什么。内部营销的内容主要有：第一，营销本银行的产品或服务；第二，向员工传达有关信息，如企业的远景信息、观念性信息、承诺性信息等。

（3）如何营销。主要是：设计、组建现代化银行营销组织，使内部各种联系形成网络。

（4）为什么要进行内部营销。内部营销的最终目的是通过内部营销使内部顾客满意，激发他们工作的积极性，更好地为外部顾客服务，进而使外部顾客对我们的银行感到满意、喜爱、信任，并不断地购买我们的银行产品或服务，成为我们的忠诚顾客，实现银行的经营目标。

3. 银行内部营销的特点

银行内部营销有以下几个特点：①银行内部营销不是一项独立的活动，而是隐含在质量机制、客户服务计划以及营销战略之中。②银行内部营销由正式的有组织的活动伴之以一系列不很正式的首创活动所构成。③信息交流（沟通）是银行内部营销成功的关键。④银行内部营销在独特化竞争战略中发挥着至关重要的作用。⑤银行内部营销在减少职能部门之间的冲突方面具有重要作用。⑥银行内部营销是一个实验性过程，目的是引导员工自己得出如何行为的结论。⑦银行内部营销是渐变、进化的，并导致各种壁垒的缓慢消除。⑧运用内部营销的目的是推动革新精神的发扬。⑨如果最高层承诺支持、全体员工相互合作、管理风格开放，银行内部营销会更为成功。⑩银行内部营销成为企业文化的组成部分，其效果会更好。

4. 银行内部营销的管理

（1）银行内部营销的有效管理，要确定基本战略。如中国工商银行就提出："总行为全行服务、上级行为下级行服务、管理者为员工服务、员工为顾客服务"的大服务战略。

（2）要以银行业文化的理论为指导，进行银行业营销文化的建设，树立起银行业为国家经济建设服务、为顾客服务的强烈意识和"服务第一"的价值观。

（3）全面实施客户经理制，完善"后台支持前台"的银行营销组织体系和运行机制，以顾客、顾客需求变化、满足顾客需要为导向，健全、优化银行营销组织结构。

（4）建立、完善银行的内部管理沟通体系和完整的营销沟通网络系统，健全沟通制度和优化沟通机制。以管理沟通的理论为指导，使银行与其各种利益相关者、银行领导者与员工、员工们相互之间等各方面都能够进行良好的沟通。要及时调整或创新业务流程，以适应顾客需要的变化。

（5）以银行发展战略、营销战略为指导，加强企业人力资源管理与开发。

（二）银行外部营销

1. 银行外部营销的含义

银行外部营销是相对于银行内部营销而言的，是银行运用营销手段于外部市场所进行的营销活动。实际上，银行外部营销就是人们一般情况下所说的市场营销。

2. 银行外部营销的重点

在制定正确的竞争战略的基础上，外部营销要重点抓几点：

（1）质量营销。银行外部营销要建立营销质量的"持续提高"机制。重点是在每个营销服务环节加强质量管理，持续提高营销服务质量，使质量差距不断缩小，使银行营销服务质量在顾客心目中的地位不断提高。

（2）客户关系管理。主要内容见本章第二节。

（3）关注顾客的价值链。顾客价值链就是顾客为给自己创造价值而在特定环境中所进行的一系列活动和所采取的一系列措施。银行提供的优质产品和超值服务就是向顾客价值链系统提供的一系列输入。银行及其各级主管和客户经理要深入研究顾客在其价值链的各个环节上的行为模式，弄清顾客从银行提供的金融产品或服务中获得了什么价值，弄清顾客在特定的时间、地点到底希望利用金融产品或服务做什么，才能清楚银行提供的产品或服务何以与顾客价值链相得益彰。

（4）建立营销服务质量管理反馈与监测系统。主要包括以下步骤与内容：①进行顾客服务基准的调研。重点从区域性的顾客投诉资料、现有顾客访谈、各个分支机构顾客投诉记录、流失顾客的访谈等风险问题分析入手。②对照服务标准和顾客需要，分析、诊断服务中存在的问题，包括：低于标准的服务、被破坏的顾客关系、问题因由、关键的问题等。③士气监测，重在员工态度调查。④建立风险问题反馈系统。⑤进行服务质量状况的监控，采取改正措施。⑥循环评审。

本章小结

所谓品牌是一个名称、名词、标记等符号或设计，或是它们的组合，其目的是识别某个销售者或某群销售者的产品或劳务，并使之与竞争对手的产品或劳务区别开来。品牌是一个复合概念，包括品牌名称、品牌标志等。品牌从本质上说，是传递一种信息，一个品牌能表达六层意思：属性、利益、价值、文化、个性和使用者。另外品牌也有其自身个性元素。基于上述的品牌个性和风格，它在银行营销中发挥着重要的作用，所以我们有必要对银行品牌策略进行步骤分析。

银行的关系营销是以建立和巩固与银行有关的各方关系为目的，通过集中关注和连续服务与有关各方建立长期的互动联系，以促进银行业务持续发展的一种策略。近年来，关系营销的概念又有了新的发展，除了客户以外，还把其他有关的对象也纳入关系营销的范畴。实施关系营销对银行实现自身的健康发展具有重大战略意义。

银行客户关系管理的目标在于通过优化面对客户的工作流程以减少获取客户和保留客户的成本，从而赢得更多的顾客，实现对顾客需求的全方位了解与提供全方位服务，实现顾客价值最大化，提高客户满意度，保留最有价值的顾客。一个功能齐备的CRM包括四大系统：市场管理系统、业务管理系统、客户服务系统、技术支持系统。银行客户关系管理有多种方案同时也有多种维护客户关系的方式（硬件维护、软件维护、功能维护和心理维护）。

交叉营销的实质是在拥有一定营销资源的情况下对自己的顾客或者合作伙伴的顾客一种推广手段。它发挥着两大功能：提高顾客满意度和忠诚度，降低顾客流失率；降低成本，增加企业利润。为了更进一步了解交叉营销，就需要对交叉营销的战略步骤进行分析：产品和客户的分析、交叉营销关系的建立、交叉营销的策划、交叉营销的组织实施。

鉴于银行业的营销策略制定与实施的核心是为顾客创造价值，顾客分为内部顾客和外部顾客，而银行营销是针对顾客的，所以，银行营销就依据其策略安排分为内部营销和外部营销。

思考题

1. 银行如何实施品牌策略？
2. 简述银行客户关系内涵及实施其营销策略的重大战略意义。
3. 简述银行客户关系管理。
4. 简述银行外部营销和内部营销与银行整合营销之间的关系。
5. 简述整合营销与传统营销的区别。

案例一　招商银行品牌营销的成功案例

《招商银行"2008 和世界一家"整合营销传播方案》获得 2008—2009 年度中国杰出营销奖总决赛银奖，送选公司是招商银行股份有限公司信用卡中心。

北京奥运会开幕前 500 天，招商银行就亮出了震撼北京的"和"主题，这绝非巧合。2008 年北京奥运会开幕式上，活字印刷表演以 3 种不同字体展示的"和"主题，以磅礴的气势震撼了世界。也正是这个"和"，引出一段品牌营销佳话。

奥运会开幕前 500 天整，非赞助商招商银行于 2007 年 3 月 24 日推出一张奥运 VI-SA 卡"和"，突出"世界一家"主题及"和谐、和睦、和平"概念。与奥运会开幕式完全是不谋而合，招商银行信用卡中心市场企划部副总经理徐美娟娓娓道来。说巧合，是因为徐美娟及其同事们 2006 年底决定推出"和"主题的奥运信用卡时，的确没想到一年半后的故事。据招商银行的统计，该行 2002 年底发行第一张信用卡后，花了 4 年功夫，在 2006 年底实现累计发卡量 1 034 万张。然而 2007 年里，这一数字翻了一番，达到 2 068 万张。2008 年上半年又新增发卡量 314 万张。徐美娟兴奋地透露，由于"和"卡市场效果超出预料，招行已决定延长它的营销计划至 2009 年。

"和"卡的成功绝非巧合，是招行酝酿了 4 个月的又一次品牌营销活动，从策划到配套设计，再到落实，每一步都计划缜密。"这个奥运三波段操作给我们的启示是：要企划得早，想法要完整，从品牌、营销的角度和营销关联度的角度都要齐备。"徐美娟感慨地说。

招商银行考虑到非赞助商的局限，避开了运动题材，深度挖掘奥林匹克精神与中国文化相通的"和"的理念。产品设计上，用每发行一张信用卡就捐赠人民币 1 元给希望工程小学购买体育器材的方式，将慈善和奥运精神结合在一起。营销过程中，还组织本行工作人员前往受捐助的希望小学，宣扬奥运精神，并配合各种广告，强化传播"和"的理念。招商银行结合公益捐赠的产品设计是一个非常好的议题，而且搭了奥运很好的议题做了这个产品设计。

这些措施与国内形势和民意高度吻合，因此获得了许多广告所不及的结果。譬如

2008 年中央电视台春节联欢晚会上的小品使用了"和"卡，以及由于主题高度契合，使得中央电视台经济频道同意破例在奥运期间重播"和"卡的电视广告等。招行也因此被当作奥运会营销的成功案例，成为众多媒体和市场营销专家们讨论的话题。它在营销渠道上面用比较少的资金，得到非常大的回响，这是非常令人开心的地方，最后它的成绩非常好。

　　资料来源：根据凤凰网财经整理。

案例二　中国银行奥运营销案例

　　2007 年 3 月 27 日，中国银行启动"迎接奥运，中行与您同行"大型营销服务计划，以奥运会门票、奥运特许商品以及奥运赞助企业的产品作为奖品回馈客户。计划覆盖面广，持续时间长。此外，"住理想之家，看精彩奥运"消费贷款促销活动、"中银理财，圆奥运之梦"中银理财亲友推荐活动以及回报老客户等专项抽奖活动还将陆续推出。

　　自 2004 年 7 月成为北京 2008 年奥运会银行合作伙伴以后，中国银行迅速制定了奥运营销战略："以奥运促发展，以发展助奥运"，充分利用奥运平台，力图建立中国银行的差异化竞争力。

　　中国银行分别制定了不同年度的奥运营销主题：2006 年，期盼奥运，中行与您携手；2007 年，迎接奥运，中行与您同行；2008 年喝彩奥运，中行与您共赢。

　　中国银行从奥运宣传与品牌管理、现场服务与准备、业务奥运营销、奥运市场营销四大领域系统展开奥运营销推广计划，并取得了初步的成果。

　　第一，以产品为主线。

　　无论奥运营销是提高了品牌影响力还是美誉度，都要转化为市场力，最终促进产品的销售，所以最便捷的办法之一就是直接用产品进行营销。

　　中行按照奥运主题产品创新要求，推出多类产品用于产品营销，它们分别是："个人金融业务奥运产品、银行卡业务奥运产品、资金业务奥运产品、结算业务奥运产品、公司业务奥运产品、电子银行业务"。随着奥运的临近，以"奥运精神"为主旨的中国银行奥运产品越来越丰富。

　　第二，充分利用渠道网点优势。

　　作为有着遍布国内和国际的分行、支行及营业网点优势的中国银行，在奥运营销中非常重视渠道作用，充分挖掘渠道网点潜力，成为各奥运合作伙伴营销案例之中的亮点。

　　2006 年，中行被北京奥组委正式批准成为 2008 年奥运会门票代销主渠道，开创了国内银行参与大型体育赛事门票销售业务的先例。

　　第三，积极参与奥运服务。

　　由于奥运营销的软广告性质，往往它所传播的品牌给予消费者的印象是正面居多，是公益的和健康的，所以能够在企业与消费者之间建立一种感情关系，也就是体验式营销的概念。奥运合作伙伴和赞助商利用自己的特殊地位和应该承担的义务积极参与相关的奥运工作，提供服务，既能履行承诺、落实合作，又可以借机扩大社会影响、提高美誉度，增强市场竞争力。

第四，强强联合，实现共赢。

如今的奥运营销绝不仅仅是自己的"独舞"，要充分利用奥运平台市场营销案例分析，与其他企业合作，在合作中发现和利用新的机会，实现"1＋1＞2"的营销效果。同时，这种联合也是遏制竞争对手"隐形营销"的有效手段。

第五，赞助冠名，明星代言。

奥运营销要营造良好的社会形象，需要企业内部和外部都有一个良好的氛围，这样才能形成合力，达到营销的最好效果。

资料来源：根据百度搜索整理。

第九章 银行营销组织的管理

营销组织是实施营销战略、评价与控制营销活动的基础，它在现代营销管理活动中的地位十分重要。

本章先介绍营销组织的特征、营销组织的模式，再就营销组织中产生问题的协调、如何对银行的营销组织实施控制等问题作一个详细讨论。

第一节 银行营销组织概述

随着金融市场化、竞争激烈化、管制政策不断放宽、计算机技术与信息技术的高速发展，市场营销已经从一个简单的销售功能演变为一个复杂的功能群体——营销组织。作为一般组织，它具有两个方面的属性：一是名词含义，指由两个或两个以上的人员，遵循一定的规则，为实现共同的目标所组成的具有特定结构形态的集体；二是动词含义，即指挥、协调、控制有关人员、工作任务和有效、合理地配置有关资源。银行营销组织是经济组织的一种，组织管理是银行营销成功的保证。

一、银行营销组织含义

银行的营销组织是银行为了实现营销战略目标，履行营销职能，由有关营销人员协作配合而形成的有机的、协调的组织结构系统。无论是制定还是实施营销战略，都离不开有效的营销组织，特别是实施战略，它包含到达战略目标的一系列实际活动。没有完善的营销组织，顺利完成这些活动是难以想象的。特别是在现代较成熟的银行业，要想成功地实施营销战略，必须有健全、有效的营销组织。

二、银行营销组织的特征

由于银行是特殊的企业，它的经营对象不是具有特殊使用价值的商品，而是货币与信用。银行除了开展资产与负债业务外，还要从事大量的中间业务，因此与一般工商企业相比，银行营销组织有着自身的特点。

一是部门协调性。对于一般企业来说，产品生产与销售在时间和地点上可以分离。但银行业务大多是综合性服务，产品提供与服务在时间、地点上是同步的，而客户贷款融资的需求还需要产品部门的严格审查。这样，在营销过程中，就需要银行内部销售人员、结算服务人员和产品审批部门互相合作，协调运作。

二是灵活高效性。一般工商企业产品都是有形产品，具有各自特性，可以向有关部门申请并取得专利，对于仿制或伪造产品等侵权行为可以提出诉讼并依法取得赔偿。而银行业务大多为无形产品，而且各家银行提供的产品都非常相似。这就要求营销组织不断挖掘客户需求，及时开发新产品和个性化产品，体现灵活高效的营销创新能力。

三是关系维护性。一般工商企业产品实现销售后，只有在物理上的维修服务。而银行业务实现后，更重要的是客户关系维护要保持。销售人员要充当金融顾问的角色才能发现客户新的需求，巩固合作关系，否则客户很可能被同行"挖"走。

四是内控严谨性。一般工商企业对销售人员职业犯罪的防范要求较低，也比较好控制。而银行的销售人员在企业账户管理和贷款融资上作案的机会较多，因此银行营销组织不仅仅要求销售人员职业道德观念强，而且在内控制度上要健全完善。

五是团队整体性。银行同业间业务相似易模仿的特点，对银行树立整体营销、团队服务提出了要求。如果过多地依赖销售人员个人关系争取客户业务，则客户流失的可能性也高。强调银行营销组织团队整体功能，有利于长久地巩固客户关系。

六是柔性化。以标准化产品为代表的"大量生产、大量消费"的时代已经结束，消费者需求日益个性化和多样化，银行业间的竞争越来越激烈，这就迫使银行必须借助信息技术，建立特殊团队的方式来分析和研究消费者的个性化需求，从而实现企业营销组织的柔性化，为消费者提供及时、有效的服务。

三、银行营销组织的模式

银行营销组织模式是随着银行营销活动的发展而不断走向完善的。根据营销组织的特征、金融产品职能、银行活动领域的范围、地理位置及其相互关系形成了多种多样的银行营销组织模式。而在实际营销工作中，由于市场的复杂性，银行可能会将这些模式相互融合、综合运用，出现混合型的组织模式。但从根本上划分，现代银行营销组织模式可分为职能型营销组织模式、产品型营销组织模式、区域型营销组织模式与市场型营销组织模式以及代表新型营销组织模式的客户经理制。

（一）职能型银行营销组织模式

这种组织模式是最早被采用、应用较普遍的营销组织模式之一。指按照营销工作的不同职能，如营销行政、市场调研、新产品开发、销售、广告与促销、客户服务等来对营销部门进行具体划分。由营销行政部门负责营销领域的日常具体行政事务，如人事管理、费用控制等；市场调研部门主要负责改善银行市场机会及营销活动的市场调查研究；新产品开发部门负责根据市场调研部门提供的信息设计出满足市场需求的产品；广告与促销部门则提供有关推广银行产品信息、广告宣传、媒体技术等服务，并与外界保持密切的联系，以增强本行及其产品的知名度；客户服务部门主要负责向客户提供各种售后服务，接受客户的投诉案件。在这种模式中营销经理是最高层次管理者，负责银行营销战略的制定及营销预算决策等关键性事项，同时，也要做好各营销职能部门的协调工作，而各职能部门则要向营销主管负责，其规模大小可以根据银行的具体情况来确定。该模式的结构如图9-1所示。

图9－1 职能型银行营销组织模式

职能型营销组织模式的优点是各职能部门分工明确，以特殊专长来处理不同的营销工作，而且管理也较简单。但它也有这样一些缺点：没有人对金融产品的整体负责，也很难对各部门进行考核，当市场与产品数量太多之后这种组织模式就很不适合，且各个职能部门容易形成各自为政的局面，过分强调本部门功能的重要性，从而使营销经理的大量精力花费在协调上，影响了营销的长远规划。随着20世纪80年代银行再造运动的兴起，这种组织模式受到了极大的挑战。

（二）产品型银行营销组织模式

对于规模较大或拥有较多金融产品的银行来说可以采用这种营销组织模式。它是一种为了适应竞争激烈化、产品创新多样化的现实而出现的营销组织结构，其在纵向上仍然保留了功能型的业务分配，而横向则设置产品经理，按照不同种类产品进行管理。其基本结构如图9－2所示。

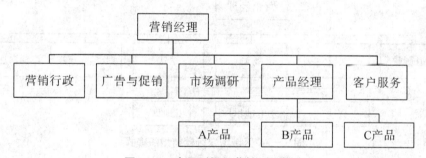

图9－2 产品型银行营销组织模式

产品经理负责一个产品的开发、营销计划的制定、产品定位、具体销售、售后服务、后续改进等全部的职能。产品经理是某一产品的全面计划者和责任人，他对该产品在市场上的表现负责，但产品的具体开发、生产、销售工作则要由研发、生产和销售部门具体协助完成。

产品型银行营销组织模式有以下几个优点：

（1）产品经理可以为某一产品设计具有效益的营销组合，推动新产品的开发，激发内部的创新精神。

（2）产品经理对于市场上出现的情况反应比专家委员更快，避免由于职能组织发展而形成的僵化。

（3）由于每种产品都有相对应的产品经理负责，所以即使是名气再小的品牌也不会被忽略。一个产品的成功有一个最全面的负责人，可提高新产品开发成功的效率，避免不同部门、环节的在沟通衔接上出现问题。

（4）产品型营销组织模式是培训年轻主管人员的最佳场所，因为产品型营销组织可以使他接触公司运作的全部领域。

但是，产品型营销组织模式也有一定的缺点，主要表现在：

（1）培养成熟的产品经理需要时间，因为一个产品经理要求具备全面的素质、知识和经验。

（2）部门之间要形成良好的沟通文化气氛，主动协助产品经理完成任务，因此要建立恰当的内部考评机制，使之有利于产品经理的工作，但这种气氛的形成和机制的形成需要时间。

（3）相对而言，费用会增加。因为需要更多的人、更强大的激励，因此如果处理不当，则会陷入困境。

（三）区域型银行营销组织模式

随着对银行业务管制的不断放松，银行服务的区域范围也不断扩大，许多银行的销售不再只限于本地区，而是一般可以在整个国家乃至不同国家中开展业务。在这种情况下，区域型的营销模式便自然地得到了应用。这种模式是按照不同的区域来设置营销力量的，其结构如图9-3所示。

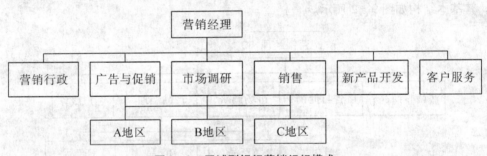

图9-3　区域型银行营销组织模式

在该模式中，地区经理掌握本地区的市场环境、客户及竞争对手的状况，配合银行的总体战略计划而为产品在本地区打开销路制订计划，并负责贯彻执行。同时，地区经理要协调好上下级之间的关系，充分调动本地区的各方力量，最大限度地利用市场机会开展营销工作。区域型营销组织模式可以在一定程度上减少营销费用，便于有关人员了解所在地区的特殊环境，加快市场开拓步伐，对于营销人员的工作业绩也容易进行衡量与评价。

（四）市场型银行营销组织模式

一些银行正从以产品为中心向以市场为中心的组织结构转变，这是竞争日益激烈的反映。许多银行将产品出售给不同类型的市场。市场经理实质上是参谋人员，而不是专职工作人员，他的职责和产品经理相类似，市场经理要制订其所管理产品的长期计划和年度计划，因此必须分析研究市场的发展状况和银行将供应市场的新产品。其工作绩效常以对市场份额的增长所作的贡献来衡量，而不是根据在市场上获得的现时盈利。

以市场为中心的组织模式的主要优势在于它能够促进交叉销售，并且有利于向同一个细分市场提供几种产品的组合；它最大的优点在于并非着眼于营销职能、区域或产品本身，而是以市场为中心，针对不同的细分市场、不同的客户群体的需求开展营销活动，这与现代市场营销观念最为吻合。要使这种转变成功，营销经理要了解若干种不同服务的各个细分市场的需要，要说服以产品为导向的销售人员转移其关注的重点。该模式的结构如图9-4所示。

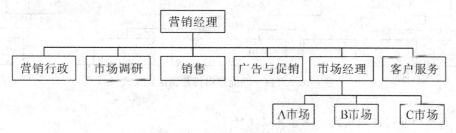

图9-4　市场型银行营销组织模式

（五）混合型营销组织模式

随着银行经营规模与业务范围的不断扩大，单一的组织模式已不能再适应竞争的需要。为了相互弥补各自的缺点，出现了混合型的模式，比如产品—市场型模式，即银行营销部门同时设立产品经理与市场经理，前者负责产品销售及利润规划，后者致力于市场的培育和开发，其结构如图9-5。

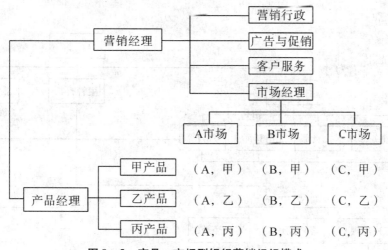

图9-5　产品—市场型银行营销组织模式

此外，还可有产品—职能混合型模式。它将各职能部门与不同产品相互交叉，其结构如图9-6。

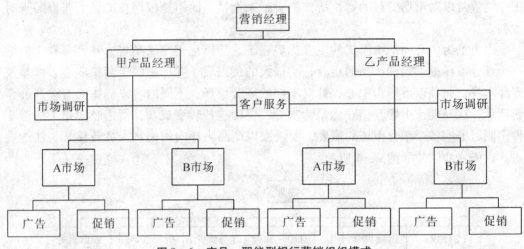

图9-6 产品—职能型银行营销组织模式

（六）新型的营销组织模式——客户经理制

随着经济的发展和竞争的不断加剧，银行的营销观念也随之发生了很大变化。认识到市场营销成功的关键在于不断提高客户的满意度，于是各家银行本着"以客户为中心"的营销观念，对营销组织模式也进行了调整，建立起了"客户经理制"新型营销组织模式。可以说，银行实施客户经理制是金融体系向国际化发展的必然趋势。

客户经理制是指银行以市场为导向，以客户为中心，将销售人员与客户之间的联系构建为一一对应的营销组织结构体系，使银行人力、物力资源得到更充分的应用，满足客户需求，并以此谋求与客户建立全面、稳定和长期的服务关系，这种营销组织结构如图9-7。

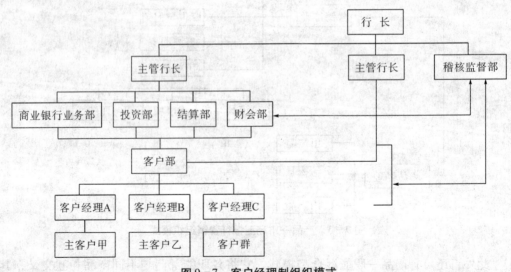

图9-7 客户经理制组织模式

客户经理制的实施旨在防范风险的前提下，减少工作环节、提高工作效率，培养高素质的营销队伍，建立稳定优良的客户群体，从而提高银行整体经营管理水平和竞争实力，最终实现全行的经营效益目标。其实质是建立对外以市场为导向、以客户为主体，对内围绕客户经理和营销前台为服务中心、全行联动的经营管理体制。

更具体地说，客户经理制是银行为了达到开拓市场、争取目标客户、规避资金风险、实现利润最大化的目的，为客户特别配备专职经理的制度。它具体由客户经理对客户实现"一对一、面对面"的服务，负责与客户的联系，了解、跟踪客户的生产、经营、财务、发展等情况，受理客户提出的服务需求，以及负责银行业务拓展、宣传和信息收集等。

四、银行营销组织的设计

组织设计就是通过对管理劳动的分工，将不同的人员安排在不同的岗位与部门中，使整个管理系统有机地运转。管理劳动的分工包括横向和纵向两个方面。

横向的分工，是根据不同的标准，将管理劳动分解为不同岗位和部门的任务。横向分工的结果是部门的设置，或"组织的部门化"。

纵向分工是根据管理幅度的限制，确定管理系统的层次，并根据管理层次在管理系统中的位置，规定各层次管理人员的职责与权限。纵向分工的结果是管理决策权限的集中与分散。

（一）营销组织存在的问题

银行营销组织设计上存在的问题主要集中于以下几个方面：

1. 效率低下

银行在发展壮大过程中，营销组织尤其是销售组织迅速扩张，但效率却日渐降低。随着金融服务产品的扩大和延伸，银行市场服务定位的细化市场增长渐趋缓慢，效率迅速降低。在效率降低的同时，对市场的反应也变得迟钝，整个销售体系运转迟钝。

2. 管理失控

有些银行在组织迅速扩张的过程中出现了管理失控的现象，表现在：一是财务失控。营销及客户维护费用持续上涨，但利润并没有增加。二是信息失真。管理部门往往得不到及时而准确的市场和客户信息。三是人员失信。有些销售人员一方面掌握银行的客户资源，建立私人关系或向管理层施加压力，要求降价和促销；另一方面又向客户索取回扣，严重损害银行利益。四是关系失控。在规模迅速扩大了之后，不注意与客户建立长期的合作关系，使辛辛苦苦扶持的客户在市场成熟后出现倒戈。

3. 沟通不畅

地区差异、顾客差异的存在，银行缺乏相应的职能和能力，导致对市场信息把握不准，依赖于道听途说及受到部门、地区和个人利益的驱动。例如，销售部门总是认为广告不够多，新产品出得不够快，价格不够低，质量不够好，但却对顾客需要什么样的东西并不清楚，也不知道广告能产生多少效果、降价能产生多少销售增长；市场部门则认为销售人员努力不够。银行内部往往缺乏对客户需求的认真研究，缺乏长期系统的调研和顾客档案资料的积累，对营销手段实际效果的跟踪不到位，从而使银行的营销政策具有极大的随意性和盲目性。掌握信息的人不作决策，决策者获得不真实的信息，部门的利益冲突导致信息封锁。由于信息沟通不畅和部门间利益冲突，使得各种营销措施总是前后矛盾，影响营销效率。

4. 追求短期利益

销售人员一般说来总是追求短期利益，结果也导致整个银行追求短期利益。既不重视整体战略的发展，也不重视顾客服务和顾客创新。但当短期利益追求到一定程度，市场潜力挖掘完之后，银行就面临困境，销售人员也会发现自己的传统技能已经不适应新的形势的需要。这样，当银行被迫发展各种新的职能时，就会遇到巨大的内部阻力；当银行试图加强控制时，就会面临遭到巨大损失的挑战，有时会导致内部的巨大震荡和财务上的损失。

(二) 营销组织设计的影响因素

银行在组织设计的过程中，往往要考虑企业制度、机构设置、责权利分配、授权、最大限度减少内耗、组织效能等因素。随着银行规模、技术复杂性、顾客需求离散化、企业文化等因素的日益突出，在很大程度上影响着营销组织的设计。

1. 市场营销战略

组织机构是帮助管理当局实现其目标的手段。因为目标产生于组织的总战略，所以结构应当服从战略。银行建立营销组织的目的是为了更好地开展营销活动以实现它所制定的战略目标。营销战略目标种类繁多，大致可分为市场目标（如满足市场需求、客户对产品的要求等）、销售目标（如销售量、营业额及其增长率等）和财务目标（如投资收益率、短期利润目标等）。它们是营销活功的最终利益所在、也是一切营销工作紧紧围绕的中心。因此，银行在建立营销组织时首先必须考虑营销目标与营销战略，只有这样，建立起来的营销组织才能做到与目标一致，与任务相统一。否则，就会变成一种机构的简单增减，尽管花费了人力、财力、物力，却不能达到预期的效果。

2. 银行的规模

组织的规模对结构具有明显的影响作用。中小银行的组织机构比较简单，易统一，管理也不难，只要采取某一种基本模式就可以。大型的银行倾向于比中小型银行具有更高程度的专业化，比如，市场调查专家、产品经理、广告经理等，从基层到高层有很多缓冲层，相对来说管理的层次比较多。大银行往往采取矩阵型的组织机构，因而没有中小型银行灵活，但信息技术的日益发展正在使大型银行的组织扁平化，从而使之贴近市场成为可能。

3. 环境的变化程度

任何的市场营销组织都是在不断变化的社会经济环境中运行，并受这些环境因素的影响和制约。市场营销组织比起银行其他的组织结构，与银行外部环境尤其是市场环境有着更加密切的关系。因此，设置市场营销组织首先要分析市场环境，既要分析市场状况，也要分析竞争者状况。市场状况包括消费备的购买习惯、购买行为、产品的市场寿命周期等；竞争者状况包括竞争者是谁、竞争者擅长于什么、如何对付竞争者等。

4. 员工的素质

组织日趋扁平化对员工素质提出了更高的要求。现在的银行员工尤其是客户经理有着比以前更大的权限，同样这也要求他们具备更高的素质，他们必须是信贷、结算、营销、财务等方面的通才而不仅仅是某一方面的专才。因此，组织设计时只是考虑到放权并落实。"事事有人做"是不够的，同时必须保证"事事能做好"。而且，组织扁平化的一个结果是晋升的机会减少，这对银行的人力资源管理机制尤其是激励机制和员工素质提出了新的要求。

5. 银行文化价值观

广义地说，文化价值观也包括在环境中，这里将它单独列出是为了进一步突出其重要性。管理学起源于西方，但我们并不能将之全盘照抄。组织设计也是如此，组织在相当程度上应与各国、各企业的文化价值观保持一致。德国偏好正规化和分权化的组织，美国则喜欢非正规化式的分权，在印度高集权化和低正规化的组织比较有效，而日本喜欢围绕团队构筑更为有机的组织。由于中国伦理讨厌冲突，这在一定程度上培植了具有清晰线路和明确作业程度的组织模式。应该指出，如果组织设计严重阻碍了银行的创新、发展和生存，那就必须首先从重塑银行核心价值观入手，实行组织变革。

第二节 银行营销组织的协调与发展

随着现代银行业务范围的不断扩大，市场营销活动也日趋复杂，各个部门之间出现矛盾的可能性也大大增加。为了更好地实现银行的营销目标，需要对各部门之间的工作进行协调，做到彼此配合，保持整个营销工作步调一致，从而使营销组织得以更好的发展。

一、银行营销组织的协调

为了实现银行的整体目标，各个职能部门应该相互配合。但在实际运行过程中可能会产生许多矛盾，这些矛盾来自于各部门对一些问题的不同看法。各个部门在看待某一问题时都会倾向于强调本部门的重要性及其利益所在。部门之间的矛盾与争论必然会耗费许多时间与精力，使银行丧失更好的发展机会，从而削弱银行的竞争能力，影响其战略目标的实现，因此，对于各部门之间的关系必须要采取一定的协调措施。随着银行规模的扩大，营销组织的复杂性也不断增加，协调工作就显得日益突出了，其重要性也被越来越多的银行管理人员所认同。

银行营销组织的协调包括内部协调与外部协调两方面内容。所谓外部协调是指营销部门与其他各部门之间的相互协调，而内部协调则是指营销组织内部各个职能部门之间应该保持一致性。

（一）外部协调

由于营销部门与其他部门之间是相互作用的，营销计划的执行要依赖于银行组织中的每一个部门，尤其是数据处理、系统与操作、人力资源或人事、财务会计、银行投资、法律服务、审计等部门，接下来我们就介绍一下营销组织与这些部门之间的关系及其协调。

1. 数据处理部门

由于多数银行产品都已数据化，产品专家必须与数据处理专家一道工作并进行有效的沟通。但需要说明的是银行产品是由产品经理而不是数据处理人员设计，数据处理人员的目标就是开发出达到设计效果的程序系统。与此相反，营销的目标是弄清所采取的步骤是否都以客户为导向。例如，数据处理部门开发的支票账户计算表包括了所有应该包括的内容，但是客户却很难看懂。而营销部门的责任就是要确保所有的银行产品（包括这样的计算表）能让客户满意。

数据处理部门还可以向产品经理提供大量的客户信息。这些信息在营销管理过程的评估阶段必不可少，但并非轻而易举就能获得这些信息。数据处理部门不仅要提供需要的信息，而且也必须使信息编排格式具体化。

2. 系统与操作部门

金融产品开发后，必须让分行人员了解如何为产品做好准备以及如何为这个产品服务，而营业人员主要关心的是如何顺利、精确、及时地完成每天的工作。对于营业人员而言，让客户满意可能处于次要的地位，因为需要记录每件事情，使支票和余额到位，以避免失误、欺骗或其他操作性问题。很多银行管理人员宁愿承担给客户带来不便的风险，也不愿让银行审计员或稽查员发现操作有误。营销人员应该根据这些特点，采取合理措施来减少与他们的摩擦。

3. 人力资源或人事部门

该部门主要负责对员工的培训、建立工资与福利制度和对业绩的评价。在一个真正面向市场的银行中，以客户为中心应该被列入每个工作人员的工作准则中，业绩评价及工资的增长均应反映出个人执行任务的好坏状况。为了使员工的工作更加富有成效，营销部门要为人力资源部门开展面向客户的服务培训提供全面的信息。

4. 财务部门

财务部门认为应该按原则严格控制开支如固定的预算，定价应着眼于回收成本、标准化的交易。营销部门则认为应根据直观方法开支，有能适应需求变化的灵活预算，定价着眼于促进市场的进一步扩大，特殊交易条件和折扣多。解决这类问题的办法是使财务人员更多地了解市场营销活动，同时，给市场营销人员更多的财务培训。

5. 银行投资部门

营销经理必须了解银行的资产和负债结构、资金成本以及投资回报率等情况，并对此保持敏感。通过营销工作而吸收的存款应计入资产负债表中资产一栏；同样，新的贷款必须计入负债一栏。营销决策会影响确定利率，例如向消费者提供保险费率以吸引新的存款或降低利率促进贷款，然而这种决策不能脱离实际。营销部门要从银行投资部门那里了解关于利率的信息，然后说明资金成本与使用这部分资金的成本之差，从而足以让银行产生出合理的边际利润。

6. 法律服务部门

银行的运作必须遵守各种法规，这会加重银行的负担且耗资巨大，而且许多规定在很大程度上会影响银行的营销活动。例如在美国，银行的经营要受到联邦存款保险公司、联邦储备委员会、货币监理署及各州有关部门的监管，这些机构颁布的法律法规就对银行的服务及广告活动等产生巨大影响。营销部门必须通过法律服务部门了解这些法律法规，使其营销活动不至于违反规定。在较大的银行，法律人员通常会参与新产品的开发工作，并负责审定新的服务项目广告的文字说明，以确保不违反有关规定。

7. 审计部门

随着营销部门广告开支、费用的增加，它需要接受定期审计以保证记录过程的正确性；在新产品的开发中也要求审计人员参与以实现对产品的合理控制；而外部审计则更注重于银行的活动是否与有关法律法规相一致，它们倾向于检验银行的营销计划、广告及样品。因此，营销部门保持广告、服务的正确记录是十分重要的。

正是由于营销部门与其他各个部门之间的密切关系，营销组织必须要与它们相互沟通，使得整个银行的工作实现有机组合。而这种外部协调的核心便是使银行各部门树立营销观念，明确客户是银行各项工作紧紧围绕的中心，将向客户提供有效的服务作为银行的最高宗旨。

（二）内部协调

除了搞好外部协调之外，银行营销组织内部的各个组成部分之间也要经常进行沟通，这就是内部协调问题。一般来说，银行营销组织的内部结构如图9-8所示。

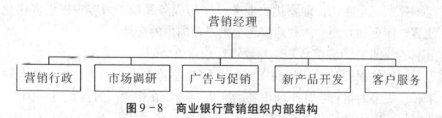

图9-8　商业银行营销组织内部结构

在这些内部结构中，市场调研部是其他部门活动的基础。通过对市场的调查研究可使营销部门了解市场需求动态、供给状况、竞争对手的情况，从而为制定正确的营销方针政策提供依据。银行必须建立起一套科学的信息传递机制，使市场调研部门获得的信息能够及时、准确地传递到其他部门。广告部门应与有关部门相互配合，利用各种可能的媒介及人员关系将银行的产品推向更广阔的市场，树立银行的声誉，以吸引更多的客户。新产品开发部门则应认真研究市场调研部门送来的信息，针对市场变动状况及客户需求设计出新的银行产品，并通过广告部门将产品迅速推向市场，以增强银行的竞争能力。客户服务部门则要为客户提供全面周到的服务，并接受客户在使用银行产品过程中的意见建议，将它反馈到有关部门，以改进营销决策。

二、银行营销组织的发展

银行的营销组织处于不断变化的社会环境之中，世界经济一体化、服务手段多样化、市场竞争激烈化及技术设备现代化等趋势使得营销部门的人员不断增加，规模不断扩大。为了适应市场及客户需求的变化，营销组织必须要不断地发展，以增强银行的市场竞争能力。

所谓银行营销组织的发展就是要改变其现状以适应新的形势，使营销人员树立起新的价值观、工作态度与行为。

（一）银行营销组织发展的原因

银行营销组织之所以能够积极地得到发展，主要是由于以下原因：

1. 世界经济、金融一体化的推动发展

随着社会化大生产的迅速发展，世界各国之间的经济联系日益密切。尤其是20世纪70年代以来，许多国家都实行改革开放，努力使本国融入国际市场之中，从而进入世界贸易的大赛场。为了增强本国在国际市场中的竞争能力，各国都在寻求本地区的联合，形成了不同层次、不同形式的经济合作，如欧洲共同体（现称"欧盟"）、北美自由贸易区、亚太经合组织等，这些都意味着各国之间经济的相互依赖程度不断增强。随着经济一体化，金融市场也迅速发展、各国的外汇管制不断放松、推动了全球外汇市场的一体化，中国也于1996年12月1日起实现人民币在经常项目下的可兑换。而资本流动的加剧又使得国际金融市场上的利率水平也趋于一致。随着银行业务的不断拓展，银行服务在经济贸易中的地位日益受到重视。为了适应一体化的经济、金融形式，银行的组织要实现全能化，即要扩大业务品种与服务领域，为客户提供多样化的金融服务，使客户能更加方便、顺利地实现全世界范围内的交易。

2. 国际金融业竞争愈演愈烈，导致银行业竞争加剧

随着各国开放程度的不断提高，银行业的竞争越来越激烈。首先，从金融机构的数量上来看，更多的银行参加不同市场的竞争。比如在中国，目前就有中国工商银行、中国农业银行、中国建设银行、中国银行几家国有商业银行及交通银行、光大银行、招商银行、中信实业银行、中国民生银行、福建兴业银行、北京华夏银行、上海浦东发展银行、深圳发展银行等股份制商业银行，此外还有汇丰银行、花旗银行、渣打银行、东亚银行、瑞士银行、荷兰银行等外资银行，这么多的银行集结于一个空间有限的市场，必然会展开激烈的争夺。各家银行并存、业务又交叉重叠，这就使得银行营销活动的难度更大。为了在激烈的竞争中取得优势，银行的营销组织应该体现自身特色，开发出更具有吸引力的产品，建立完善的分销系统向客户推销产品。

3. 银行规模扩大，营销组织越来越细分化

随着金融市场全球化、银行业竞争的加剧，银行的经营风险也不断扩大。各国银行为了求得生存与发展，纷纷采取合并的方式扩大其规模。这种合并不只在小银行之间发生，很多大银行也在走向联合。比如，1999年由日本兴业银行、第一劝业银行和富士银行组成新的瑞穗银行企业集团，资产高达13 180亿美元，资本金和经营规模均

居当时全球银行企业集团之首。2001 年 3 月德国第一大的德意志银行与第三大的德累斯顿银行签订合并协议，合并后的银行资产规模达到 13 000 亿欧元。2004 年美国摩根大通银行与美国第一银行合并，合并后的新摩根大通银行资产总额达 1.12 万亿美元。这种联合使得银行实力大大增强，但另一方面也造成银行组织过于庞大。为了保持银行经营的有效性，营销组织必须要建立一套科学的管理制度，以保持其健康的运行，不断提高工作效率，降低成本，使资源得到充分合理的运用。

4. 银行服务手段现代化程度越来越高

作为一种特殊的经营货币的企业，银行的最终目标与其他企业没有什么不同，要实现银行的利润最大化，各个银行就要提高自身经营的核心竞争力，这样就要求各个银行的服务不断创新，服务的手段不断提高，才能赢得广大客户的青睐，这样的目的使得银行的营销组织千方百计地推陈出新，客观上起到了不断提高银行服务的现代化手段的作用，银行营销组织的发展也变得越来越壮大。

（二）银行营销组织的发展步骤

银行对其营销组织必须采取合理措施，促进其能够健康地发展。其发展过程一般可以分为以下步骤：

1. 分析各种变革力量

对于银行的营销组织来说，其变革力量不外乎两方面：内部力量与外部力量。内部力量主要是营销组织在运行过程中暴露出的问题，如员工的态度、组织的不协调等等；而外部力量则包括竞争对手的策略改变、新产品推出、市场价格波动、客户需求变化、技术进步及其他各项在银行本身之外的因素对营销组织造成的压力。

2. 诊断问题症结

在对内部力量与外部力量客观分析的基础上，银行应该认真地对本行营销组织的问题所在进行诊断，从而发现问题的实质。必须清楚：

（1）现有的营销组织的主要症结何在？其根源是什么？

（2）改进的目标是什么？

（3）要采取哪些措施对组织进行改进？什么时候执行？

（4）采取措施后可能带来什么样的后果？

3. 选择适当方法与具体措施

选择什么样的方法发展营销组织一般要取决于对问题进行分析之后得出的结论。银行应根据现存问题的实质及本行所面临的实际条件来决定要对组织结构、人员配置、技术设施、营业网点等要采取的具体措施，从而制定一个合理的发展方案。

4. 实施方案

在制订出方案之后便要付诸实施。在实施过程中需考虑以下问题：

（1）变革的时机，即何时采取措施。一般要尽量避开工作较繁忙的时间段，因为变革之后营销人员必须经过一段适应期。

（2）从何处着手，一般要结合各银行营销组织原有的特点从中层或基层开始。

（3）变革的深度，指具体措施将涉及多广的范围，是以整个营销组织或营销组织中的某个部门为对象，还是只对一个小组、几个营销人员采取调整措施。

5. 评价

在对营销组织进行具体调整之后，必须要对执行结果进行评价，并将有关的评价返回到决策层，以便判断变革是否合理，有没有达到预期的效果，还需采取什么补充或配套措施，这样才能保证营销组织发展的正确方向。

总之，银行营销组织的健康、协调发展是一项巨大的工程，我们必须认真分析，努力掌握有关信息，使其能够有条不紊地进行。如何吸收其他国家银行发展过程中的经验，合理地设计并建立与本行特点相适应的营销组织并促进其合理、协调地发展是当前我国各银行面临的一个重大课题。

第三节　银行营销组织的控制

银行营销组织的控制是对营销组织进行管理的一项重要内容。具体是指银行的营销部门在执行营销计划的过程中接受内外部有关信息，对计划的执行情况进行监督、将原定的计划目标、操作过程与营销部门实际情况进行对比，找出偏差，分析原因并采取有关措施消除偏差，防止发生失误的一系列管理活动。

一、银行营销组织控制的必要性

实施营销组织控制的必要性首先在于营销计划实施过程中的不确定性，或是预期情况与现实的不一致性。由于未来环境大多是未知的，而计划通常是根据不确定因素制定的，在实施过程中难免会遇到多种意外事件。同时，计划与环境之间的相互作用往往也是难以预计的，这就需要通过控制对计划本身或计划的实施过程进行必要的监督、检查与调整。

其次，营销组织控制有助于及早发现问题，避免可能的事故，以及寻找更好的管理方法，充分挖掘营销组织的潜力。例如，控制产品或地区市场的获利性，可以使银行保持较高的获利水平；严格筛选新产品，可避免新产品开发失误招致巨额损失；实施质量控制，可避免顾客购买后产生不满情绪。

最后，营销组织控制能对营销人员起到监督与激励作用。如果营销人员发现他们的主管非常关心每种产品、每个销售区域的盈利情况，而且他们的报酬甚至前途也取决于这种盈利情况，那么，他们的工作将更积极，并更符合营销目标任务的要求。

可见，控制是营销组织管理的一个重要阶段，它与计划及组织的联系非常密切。然而，从当前我国银行营销活动来看，许多银行对营销组织的控制仍不甚有效，甚至还没有建立起一套适当的控制制度，严重影响了银行营销功能的正常发挥。因此，加强银行营销组织的控制是提高银行营销组织运行质量的当务之急。

二、银行营销组织控制的方法

作为对营销组织进行管理的一项重要内容，营销组织的控制对于改善银行的经营活动有十分重要的意义。银行营销组织的控制方法大体可以分为现象观察法、专题报告法、预算控制法、盈亏分析法、组织审计法等多种方法。而在实际应用中为了保证其合理、灵活、有效的控制，银行应该根据实际情况，运用多种方法，对银行营销组织进行科学的控制。

1. 现象观察法

这种方法主要是管理人员直接到现场进行观察，了解营销组织的运行，和营销人员直接交谈，掌握他们的思想动态、对组织机构的看法、对营销活动的意见等。现象观察是从营销领域获取原始信息的一种重要手段，经常被各种营销管理组织所采用。它的优点是可以及时掌握第一手资料，其准确性极高，并可获得一些其他方法无法得到的信息，为进一步改善营销组织提供依据。并且这种通过现场收集来的信息，还可以用以验证其他方法所得到的信息的真实性。再者，在运用这种方法的过程中，营销管理人员经常与下级营销人员接触可以加强人们之间的交流，融洽营销部门之间的关系，使营销人员受到鼓励。当然，观察法得到的只是原始信息，必须要经过有关人员的分析才能使资料的价值得到充分体现。另外，观察法也会受到时间、地点以及观察者的知识、能力、经验等的限制。

2. 专题报告法

这种方法是指对取得的原始数据进行整理，从而形成系统的信息，作为对营销组织评价及采取改进措施的依据的方法。由于银行营销控制人员的时间、精力是有限的，如果大部分信息都采用现象观察的方法去从大量原始数据中查找就会显得费时费力，因此就要求有关部门对原始资料进行适当的分析与整理，提出能够反映偏差、揭示原因、表明发展趋势的报告，以供管理人员及决策层参考。报告一般由下属部门或基层工作者提供资料，也可以在主管人员的领导下组织一些经过训练的人员，成立专门小组对营销组织进行分析与调查，从而提出专题报告以改善银行的营销活动。

3. 预算控制法

这种方法是在营销组织具体开展有关活动之前即对分配给他的各项活动费用（如营销人员的推销费、广告费等）进行一定的计划限制的方法。它可以把营销组织的活动集中引向增收节支、减少不必要的费用开支以取得更好的经济效益。预算还可以作为衡量银行营销组织有关部门绩效的标准，对于超过预算所发生的费用开支，控制部门要认真查找原因。营销组织预算控制应该与整个银行的目标相一致，但又要避免管得过细过死，防止单纯地以上年度的收支水平作为制定下年度预算的唯一标准。为了做到这一点，营销部门的预算可以采用弹性预算，即将费用划分为固定费用与可变费用，对于后者可以体现较大的灵活性，随着营销业务的数量而变化。

4. 盈亏分析法

盈亏分析法被广泛地应用在计划、预测及控制过程中。在实际的计划实施过程中，由于各种条件的不断变化，营销费用与营销收入也处于变化之中，我们可以对照营销目标检查与评价盈亏情况以分析其偏离目标的程度，揭示应该采取什么样的矫正措施来保证营销目标的顺利实现。

盈亏分析可以从以下四个方面着手：

（1）销售额分析。销售额分析即通过营销组织的实际销售额及按地区划分的销售额，来分析营销组织的整体效能及分销组织设置是否合理。

（2）营销费用分析。营销费用分析即对营销组织的费用开支数额及营销费用率（即营销费用占销售总额的比率）进行计算分析。一般来说，营销费用率是有一定的幅度限制的，如果超过了该幅度就要寻找原因，分析营销组织的哪个环节出了差错而导致费用上升。

（3）市场占有率分析。市场占有率对银行的利润水平有较大的影响，所以是银行营销的一个重要目标。通过分析营销机构在特定目标上份额的变化，控制部门可以为营销组织的调整提供依据。

（4）客户态度分析。客户对银行的意见、批评、建议都是对营销效果的一个重要反馈，它代表银行在客户心目中的形象。通过对它们的分析可以使银行采取措施更好地树立它在社会上的声望。

5. 组织审计法

组织审计法是指对营销部门在特定的营销环境中实施营销战略的能力及执行情况、营销部门的组织机构、职权划分、报告制度、管理观念及与其他部门之间的关系等进行一个全面的评估。具体包括以下几个方面：

（1）检查营销主管及营销人员的职责范围及其划分程度，分析他们的日常营销操作是否按既定的原则进行组织，营销部门内部是否做到权责明确并能相互协调。

（2）检查营销部门的职工培训、监管、评价及激励等方面的活动是否正常有序地进行，从而为营销人员素质的提高、积极性的发挥提供保护。

（3）检查营销部门与其他部门（如零售业务部、投资部、信托部、财会部等）之间的关系，判断各部门之间是否进行通力合作，从而为整个营销组织的协调、有效运行提供参考依据。

当然，对营销组织的审计要立足于银行的目标计划，通常要由专门的审计人员定期进行。通过合理的组织审计无疑会大大提高营销组织的应变能力，使它在复杂的环境中更好地发展。

三、银行营销组织控制的程序

银行营销组织的控制是根据营销计划的要求，制定衡量营销绩效的标准，然后把实际的营销工作结果与预定标准相比较，以确定营销组织活动中出现的偏差及其严重程度。在此基础上，有针对性地采取必要的纠正措施，以确保营销资源的有效利用和营销目标的圆满实现。

营销组织控制一般包括八个基本环节的工作，这些基本环节构成了营销组织控制程序：

1. 确定控制对象

确定控制对象，即确定对哪些营销活动进行控制。最常见的营销控制的对象包括销售收入、销售成本和销售利润三个方面。其他如市场调查的效果、新产品开发、营销人员的工作效率、广告效果等营销活动也应通过控制加以评价。所以，银行营销控制人员可以根据实际情况对控制对象加以选择。

在确定控制对象的同时还应确定控制的量，即控制频率。因为不同的控制对象对银行营销成功的重要作用不同，应该有不同的控制频率。

2. 制定衡量标准

一般情况下，银行的营销目标就可作为营销组织控制的衡量标准，如销售额指标、销售增长率、利润率、市场占有率等。当进行营销过程控制时，问题就比较复杂，需要建立一套相关的标准，例如将一个长期目标转化为各个时期的阶段目标，将战略目标分解为各个战术目标等。由于各银行的具体情况，营销目标不同，营销组织控制的衡量标准也就各不相同。

3. 选择控制重点

银行没有能力、也没有必要对营销组织的所有成员、所有的营销活动和营销计划实施的每个环节都进行控制，而必须在影响银行营销成果的众多因素中选择若干关键环节或关键活动等作为重点控制对象。

4. 制定控制标准

所谓控制标准是对衡量标准的定量化，既以某种衡量尺度表示的控制对象的预期活动范围或可接受的活动范围。例如，银行需要开发一种新产品，目的是达到一定比例的市场占有率。这里，市场占有率是衡量标准，而达到一定比例是控制标准。银行制定营销控制标准一般应允许有一定的浮动范围，不可绝对化。同时应注意因地制宜、因时制宜、因人制宜。如营销人员的绩效标准，就要充分考虑到个人之间的差别，主要包括：各个营销人员所负责区域的市场条件和发展潜力；各个营销人员所在区域的竞争状况及本银行产品在该市场的地位；营销人员所推销产品的广告强度等。

5. 衡量营销绩效

衡量营销工作成效以预先制定的标准为依据。要评价营销人员的工作热情，可以考核他们提供有关营销创新和市场开拓合理化建议的次数；评价他们的工作效率，可以计量他们提供的顾客数量与质量；分析银行的盈利程度，可以统计和分析银行的利润额及其与资金、成本或销售额的相对百分比；衡量营销人员的工作绩效，可以检查他们的销售额是否比往年或平均水平高，等等。

6. 分析产生偏差的原因

把预先制定的衡量标准和控制标准与实际结果进行比较，找出偏差。营销执行结果与营销计划发生偏差的情况是经常出现的。原因不外乎两种：一种是实施过程中的问题，这种偏差较容易分析；另一种是营销计划本身的问题。而这两种原因通常是交织在一起的，加大了问题的复杂性，致使分析偏差原因成为营销控制的一个难点。

要想确定产生偏差的原因，就必须深入了解情况，占有尽可能多的相关资料，从中找出问题的症结。如营销部门没有完成营销计划，可能是某种产品的亏损影响了整个部门的盈利；营销效率不高，可能是营销组织结构不尽合理。

7. 采取改进措施

针对存在的问题，应提出相应的改进措施。提高工作效率是营销组织控制的重要目的。采取改进措施宜抓紧时间。一般来说，其做法有二：一是在制订营销计划的同时就提出了应急措施，在实施过程中，一旦发生偏差可以及时补救；二是事先没有预定措施，而是在发生偏差后，根据实际情况，迅速制定补救措施加以改进。

8. 再评估

采取了改进措施进行调整之后，控制系统还要进行再评估。如果这些措施并不能很好地改进营销组织的活动，就需要进行再次分析，从而找到更加有效的办法，提高营销组织的适应性。

总之，银行营销组织的控制对于保证营销工作的正常开展十分重要，但它是一项非常复杂的工作，银行必须从本行实际出发制定合适的标准，对银行营销组织实施有效的控制，从而使营销活动更加科学、合理。

本章小结

营销组织是实施营销战略、评价与控制营销活动的基础，它在现代营销管理活动中的地位十分重要。银行的营销组织是银行为了实现营销战略目标，履行营销职能，由有关营销人员协作配合而形成的有机的、协调的结构系统。与一般工商企业相比，银行营销组织有着自身的特点。

银行营销组织模式可分为职能型营销组织模式、产品型营销组织模式、区域型营销组织模式与市场型营销组织模式以及代表新型营销组织模式的客户经理制。一家银行在设计选择组织模式时，应结合多方面的因素进行选择。

随着银行规模的扩大，营销组织的复杂性也不断增加，各部门之间的关系必须要采取一定的协调措施。银行营销组织的协调包括内部协调与外部协调两方面内容。此外，银行营销组织的控制是对营销组织进行管理的一项重要内容。

思考题

1. 与一般工商企业相比，银行营销组织有哪些自身的特点？
2. 银行营销组织的模式有哪些类型？
3. 银行在设计选择组织模式时，通常要考虑几方面的因素？
4. 银行如何对营销组织进行协调？
5. 银行营销组织控制的方法、控制的程序是什么？

案例一　美国商业银行客户经理制借鉴

客户经理制是美国商业银行广泛采用的一种竞争优质客户、推销银行产品和服务、增加盈利的业务体制，是美国金融市场激烈竞争的产物。客户经理制的出现，推动了美国金融业务整体服务水平的提高。了解美国大商业银行的客户经理制的核心内容和基本经验，有助于我国商业银行贯彻优质客户竞争战略，提高业务服务水平，促进专业银行尽快向商业银行转轨。

一、客户经理的岗位设置

客户经理，在美国银行业是指在业务部门或分行的业务第一线工作的、全面管理特定的银行客户、全面协调客户与银行的业务关系、全力向客户推销银行产品和服务项目的业务代表。美国商业银行的客户经理设置比较灵活，表现在三个方面：

（一）客户经理的岗位设置没有一个硬性规定

在哪个部门、哪个分行设置客户经理，设置多少，取决于产品销售和市场开发的需要。

（二）根据客户情况决定管理客户的数量

负责管理银行关键大客户的客户经理可能只管一个企业，管理小客户的客户经理可能要管上百家企业。

（三）根据客户的分布来协调客户经理的设置

服务重要客户的客户经理并不一定都设置在总行，也可设置在客户所在地的分行。

二、客户经理选择客户的方法和标准

（一）依据经营战略和市场定位确定目标客户

美国大型商业银行一般根据自己的经营战略和市场定位选择目标客户，围绕目标客户实施客户经理制。如花旗银行实行全球化的经营战略，其市场定位是面向国际市场的大企业服务。凡是属于市场容量大、产品生命力强、技术不断更新、业务保持增长、发展前景广阔的产业，都是花旗银行的行业竞争重点。这些行业中处于领先地位的企业，就是客户经理的客户竞争重点。

（二）依据企业信用评级选择优质客户

无论是客户经理还是银行，都希望所选择的客户是优质客户，可以带来高效益低风险的业务收入，而选择的标准是根据银行制定的信用评估体系对客户的评级。每家商业银行都配备了数量众多的信用分析师对客户进行细致的分折，并根据信用分析确定优质客户名单。

三、客户经理的主要职能

（一）密切保持与客户的关系

密切与现有客户的关系，是客户经理的首要职责。客户经理要积极保持和发展客户关系，及时发现和满足客户需要，反馈客户的意见和要求。在关键业务和关键场合，适当安排银行与客户双方高层主管的接触。动员全行的力量，为密切客户关系服务。

（二）为客户提供"一站式"（One Point Contact）服务

客户经理是全权代表银行与客户联系的"大使"。客户有问题只需要找客户经理一个人，由客户经理负责了解情况，协调行内关系，并负责解决，再向客户交待。而不是像以前，客户需要与银行发生多种业务往来。通过客户经理提供的"一站式"服务，不仅对客户服务质量能够大大提高，银行内部也加强了业务协调，改进了工作效率。

（三）参与对客户的信用风险管理

根据客户的业务经营情况，对客户的信用风险进行分析和控制，是客户经理的一个重要职责。在对客户的信贷业务中，客户经理对客户的信用风险提出意见，参与部分信贷的审批。在信贷发放之后，要密切注意客户信用的变化，必要时向银行提出警告。

（四）积极推销银行产品

客户可能对银行的产品和业务了解有限。客户经理在与客户的交往中，要善于发现客户的业务需要，有针对性地向客户主动建议和推荐适用的产品，还可以根据客户的特别需要，探索开发专用产品的可能性。

（五）开发新的优质客户

客户经理要努力从竞争者手中拉拢优质客户，不惜从细小和无利的业务做起，逐渐培养与客户的关系，使客户最后把主要业务转给本银行。

（六）引导客户的业务需求

客户经理的另一大职能是向客户灌输最新金融知识，培育客户的金融资产意识，激发和引导客户对新型金融服务的需求，不断推动银行与客户业务向纵深方向发展。

四、对客户经理的管理

通常，美国商业银行对客户经理的业务划分及客户经理的行政关系都直接隶属于其所在的业务部门和所在分行，银行不设立单独的客户经理管理机构。银行各部门根据业务的需要对客户经理实行分散式的管理，体现了银行客户经理的职务头衔与银行职位等级之间没有建立起对应的关系。在职务等级不同的客户经理之间，工作的性质和范围基本是一致的。

客户经理虽然有不同级别的银行员工出任，但在业务管理和行政管理上则归属其所在的部门或分行。无论等级高低，客户经理都要接受部门经理或分行经理的统一领导。同时，美国大商业银行对客户的重视，是通过其业务机构的层次设置和对客户的分类管理来实现的，也就是通过授予客户经理较大的业务权限来实现的，即以外部营销管理为导向而不是以内部行政关系为导向的业务管理体系。

五、对客户经理的考核和激励

在美国大商业银行中，对客户经理的管理与其他员工不同。最大差异体现在对客户经理的考核和激励方面。对每一个客户经理，银行都规定有营业额计划。营业额计划的完成情况是对客户经理考核的首要依据。

营业额计划的指标，即客户经理实现的银行各类产品的销售额。不同部门和分行该指标也不尽相同。

营业额计划的基期。营业额计划一般是按照年度计划制订的，但为了减少银行业务受季节性因素波动的影响，有的银行业采用滚动式的计算方法，按照6个季度的营业额制订计划、每1个季度向前调整1次。

营业额计划的下达。在一个计划期，总行参考前一期营业额的完成情况，按照一定的业务增长比率向部门和分行下达营业额计划；部门经理和分行经理再将计划落实到每个客户经理身上。

营业额计划的考核。营业额计划由总行自上而下制订，考核也是由总行自上而下进行。对客户经理的考核由所在部门和分行进行。

对客户经理的激励。对客户经理进行激励的最有效的办法是施行同经营业绩挂钩的提成制度。具体有两种做法：通常对经营批发银行业务的客户经理采用底薪加提成的激励方法；对经营零售业务的客户经理，多采用全额佣金制度的激励方法。此外，银行业采用一些辅助性的精神激励措施，如向业绩突出的客户经理颁发最高创收奖、最佳服务奖等。

资料来源：叶望春. 商业银行市场营销——案例与实践. 北京：中国财政经济出版社，2003.

案例二 澳大利亚银行的目标市场选择

1. 营销管理

澳洲联邦银行没有专设市场营销部门，而只在其总行的国内金融服务部下设新产品研究开发中心，负责全行新产品的研究、开发和推广。该中心的独特之处在于：中心负责人可依据授权，在全行范围内跨部门、跨地区、跨专业进行产品信息搜集和新产品推广及后续跟踪监督。对于日常的市场营销工作，该行采取全员营销模式，即全行每一位员工均是兼职营销员。每当银行推出新产品，各部门都要组织本单位员工观看新产品的介绍和演示，以尽快熟悉新产品并能迅速有效地推介给客户。为增强员工从事营销的责任感和积极性，联邦银行将营销工作分解并列入每一位员工的个人业绩考核范围，同时出台相应的奖励措施以激励之。在这种市场营销管理机制下，联邦银行虽没有设专职营销员，但其营销力量却十分雄厚，实践证明行之有效。

2. 营销策略

多层面的市场分类是联邦银行的基本策略。其市场分类的特点是细而又细。在将客户分为个人、企业两个基本类别的基础上，对每一类客户又进一步细化。如对个人客户，根据年龄分为不同组别，有针对性地提供适合各年龄段需要的金融产品和服务。不仅如此，对同一产品也根据各年龄段的特点设计不同的形式。以储蓄为例，为小朋友推出儿童零用钱账户，对青年人设立移动电话银行、网上银行账户，为老年人保留最原始的储蓄存折。其宗旨是从客户需要出发，为客户提供全面服务、终身服务。尽管像儿童零用钱这样的账户服务不会给银行带来多少收益，但这能使客户从小就认识、了解联邦银行，再加上联邦银行随着小客户的成长不断为其及时提供适当的产品和服务，使得联邦银行锁定客户的能力大大增强。目前联邦银行拥有近 1 000 万客户，占澳大利亚人口总数的一半，其中很多客户以联邦银行的服务相伴终身。因此，这种自然培养客户的长期策略不仅稳定了客户群，并为银行提供生生不息的业务源泉，而且还相应减轻了银行拓展新客户的压力，节省了相关的成本和费用。

3. 营销手段

联邦银行市场营销的基本原则是以现有客户为中心，重点发展延伸金融服务，注重交叉销售和关系经理制的建立。在这项原则的指导下，该行的营销手段有两大特点：

（1）注重交叉销售（Cross Selling）。这种销售方式打破了银行内部业务划分的界限，目的是向现有客户销售尽可能多的银行产品。如企业融资部在为企业客户提供信贷服务的同时，还向该企业员工推销储蓄账户、信用卡、保险和养老金管理等零售银行业务，对于企业的高层管理人员则推销私人银行业务。一旦客户对某一项业务感兴趣，则立即联系有关的业务部门进行具体操作。交叉销售的宗旨是让现有客户尽可能多地使用本行产品和服务，从而锁定客户。

　　（2）注重发展客户经理制（Customer Manager System）。20世纪90年代初，西方银行为突出以客户为中心，普遍推行客户经理制，客户经理负责管理客户在银行办理的所有业务，重在提高对客户服务的质量。目前，澳大利亚银行业传统的客户经理制正在向更深层次的关系经理制（Relationship manager System）演变。使用关系经理的名称，体现出现代银行不仅注重客户服务，更注重银企长期关系的维系和加强。关系经理不仅要保证为客户提供一流的服务，更注重深入研究企业的经营管理和发展策略，为企业发展提供顾问服务，并根据企业的发展方向分析客户潜在的金融需求，及时提供相应的产品和服务。如发现银行现有产品无法满足客户需求，则及时与产品开发部门沟通，设计新产品。在这种关系经理制下，银行帮助企业逐步成长壮大，企业的成长则反过来推动了银行业务的扩张和发展，两者同生共长。

　　资料来源：韩宗英. 商业银行市场营销. 北京：中国金融出版社，2007.

参考文献

［1］菲利普·科特勒. 营销管理. 北京：中国人民大学出版社，2001.

［2］玛丽·安娜·佩苏略. 银行家市场营销. 张云，何易，译. 北京：中国计划出版社，2001.

［3］郝渊晓. 商业银行营销管理学. 北京：科学出版社，2004.

［4］奚君羊. 银行营销管理. 上海：立信会计出版社，2003.

［5］赵辉，丁玉岚，陈玉平. 商业银行市场营销策略. 北京：中国金融出版社，2004.

［6］杜芹平，张洪营. 商业银行服务营销. 上海：上海财经大学出版社，2005.

［7］袁长军. 银行营销学. 北京：中国金融出版社，2004.

［8］赖丹声. 银行营销实战原理. 北京：清华大学出版社，2006.

［9］邹亚生. 银行营销导论. 北京：对外经济贸易大学出版社，2006.

［10］欧阳卓飞. 现代商业银行营销. 北京：清华大学出版社，2004.

［11］刘永章. 银行营销. 上海：上海财经大学出版社，2001.

［12］筱璘. 商业银行营销实务. 北京：中国金融出版社，1998.

［13］孙国辉，李煜伟. 金融企业营销管理. 北京：北京大学出版社，2008.

［14］彭建刚. 商业银行管理学. 北京：中国金融出版社，2004.

［15］彭程，等. 花旗营销：银行营销的新时代. 北京：中国经济出版社，2003.

［16］姜国云. 解读海外代理行. 北京：中国金融出版社，2005.

［17］邓军. 现代商业银行营销管理. 北京：中国财政经济出版社，1999.

［18］杨明生. 商业银行营销实例与评析. 北京：中国金融出版社，2006.

［19］韩宗英. 商业银行市场营销. 北京：中国金融出版社，2007.

图书在版编目(CIP)数据

银行营销管理/罗军主编 . —成都:西南财经大学出版社,2010.7
(2016.6 重印)

ISBN 978 - 7 - 81138 - 852 - 7

I.①银… II.①罗… III.①银行—市场营销学—中国

IV.①F832.3

中国版本图书馆 CIP 数据核字(2010)第 131358 号

银行营销管理

主　编:罗　军
副主编:阮小莉　尹志超

责任编辑:邹　蕊
助理编辑:高小田　李　婧
封面设计:杨红鹰
责任印制:封俊川

出版发行	西南财经大学出版社(四川省成都市光华村街55号)
网　址	http://www.bookcj.com
电子邮件	bookcj@foxmail.com
邮政编码	610074
电　话	028 - 87353785　87352368
照　排	四川胜翔数码印务设计有限公司
印　刷	郫县犀浦印刷厂
成品尺寸	185mm×260mm
印　张	12.5
字　数	265 千字
版　次	2010 年 8 月第 1 版
印　次	2016 年 6 月第 6 次印刷
印　数	12001— 14000 册
书　号	ISBN 978 - 7 - 81138 - 852 - 7
定　价	28.00 元